日本史の表舞台から消えた

「その後」の顛末大全《たいぜん》

歴史の謎研究会［編］

JN142789

青春出版社

はじめに

歴史とは、古い価値観と新しい価値観とのぶつかり合いによって紡《つむ》ぎ出されていくものだという。そんな歴史の狭間《はざま》で一瞬の光芒《こうぼう》を放って消えていった多士済々《たしせいせい》の偉人たち――。本書では、日本史の表舞台に登場し、輝かしい足跡を遺《のこ》して消えていった人たちの「その後」を追ってみた。

たとえば、明智光秀《あけちみつひで》。史上稀《まれ》に見る謀叛《むほん》劇を演じてみせた光秀はその後「三日天下」に終わったのはご存じのとおり。しかし実際は本能寺から落ち武者狩りに遭って横死するまで十二日間あったことがわかっている。本書は、この本能寺後の十二日間に光秀が犯してしまった決定的な「失敗」にスポットライトを当てた。

ほかにも、関ヶ原の戦いで西軍を裏切り徳川家康《とくがわいえやす》に味方した小早川秀秋《こばやかわひであき》のその後、主君浅野内匠頭《あさのたくみのかみ》の無念を晴らすため吉良上野介《きらこうずけのすけ》を討ち果たした大石内蔵助《おおいしくらのすけ》一族のその後、日本政府の意向に背《そむ》いてユダヤ難民に「命のビザ」を発給した杉原千畝《すぎはらちうね》のその後――など日本の長い歴史の中から、知られざるその後を持つ人たちをバラエティー豊かに取り上げた。日本史の奥深さ、面白さを堪能してほしい。

二〇一九年四月

歴史の謎研究会

日本史の表舞台から消えた「その後」の顚末 大全●目次

三　日本史の重要人物が表舞台から下りた後で　93

四 歴史的事件のキーパーソンが遺した足跡 119

六 名もなき主役たちを待ち受けていた運命のドラマ 209

七 あの人の血脈を伝える人々はどうなったか

九　時代を駆け抜けたあの人たちのその後の顚末　

カバー写真提供……ピクスタ
chiikun / PIXTA
本文写真提供……shutterstock
Yulia Burlakova/shutterstock.com
ZVERKOVA/shutterstock.com
DTP……ハッシィ
協力……カミ通信（新明正晴）

一　「歴史の敗者」はどこに消えたのか

「本能寺の変」の後の明智光秀、最期の十二日間の謎

明智光秀《あけちみつひで》（?～1582年、享年55?）
戦国時代から安土桃山時代にかけての武将、大名。前半生は不詳。本能寺の変で主君織田信長《おだのぶなが》を自害に追い込む。羽柴秀吉《はしばひでよし》に敗れ、三日天下で終わる。

光秀の謀叛に大義はなかった?

天正《てんしょう》十年（一五八二年）六月二日未明、明智光秀《あけちみつひで》が一万三千の軍勢で京都・本能寺に宿泊していた主君織田信長《おだのぶなが》を急襲し、自害に追い込む。当時の人々の誰一人として予想しなかった、「魔王」とまで怖れられた男のあっけない最期だった。

光秀はその後、中国方面から急ぎ駆け付けた羽柴《はしば》（豊臣《とよとみ》）秀吉《ひでよし》によって滅ぼされたのはご存じのとおり。このときの戦いは「山崎合戦」、または「天王山の戦い」の名でもよく知られている。のちの人はこの光秀の謀叛《むほん》を「三日天下」と呼んだが、実際は六月十三日に亡くなっているため十二日間の天下だったことがわかる。

光秀の企《くわだ》てが失敗したことについては、行動が突発的すぎたために人々が納得する「大義」がそこに見受けられなかったこと。秀吉が光秀の予想をはるかに上回る早さで備中《びっちゅう》（岡山県西部）から戻ってきてしまい、準備が整う暇《いとま》がなかったこと――などがあがっているが、この本能寺後の十二日間の光秀や秀吉の行動を丹念に見ていくと、まだまだ世に広く知られていない光秀が犯した失敗が潜《ひそ》んでいることがわかった。そのあたりを以下で述べてみたいと思う。

●焼け跡から遺体が見つからず

光秀の軍勢が本能寺に突入したのは、夜がまだ明けぬ午前四時ごろとみられている。迎え撃った信長方は森蘭丸《もりらんまる》など小姓《こしょう》衆が中心で百にも満たない寡勢《かぜい》であった。結果は最初から明らかだったが、蘭丸らは主君信長を何とかこの場から落ち延びさせようと必死の抵抗を見せる。信長自身も弓や槍を手に奮戦するも、敵は次々と押し寄せてくる。そのうち屋敷に火が放たれると信長は覚悟を決め、屋敷の奥深くに籠《こも》り、自決したという。

信長方の大半が討ち死にし、抵抗が止《や》んだ午前八時ごろになると、光秀は家来に命じて消火作業に当たらせる一方で信長の遺体を探させた。ところが、焼け跡をどんなに探し回っても遺体が見つからないのだ。ぐずぐずしていると、近くにいる信長の嫡男信忠《ちゃくなんのぶただ》が軍勢を集めて駆け付けてくるおそれがあった。

この日、信忠は、信長と共に備中高松城を包囲する羽柴秀吉への援軍に向かうべく、本能寺から北方向に一・二キロメートルほど離れた妙覚寺《みょうかくじ》という寺に宿泊していた。信忠は本能寺が光秀の襲撃に遭い、父信長が自害したらしいという急報に接すると、妙覚寺に隣接する、構えがより堅固な二条新御所に移動し、守備態勢に入った。この信忠に近隣の武将たちが味方についてしまっては厄介《やっかい》なことになるため、光秀にすれば一刻も早く信忠を滅ぼしてしまう必要があったのだ。

●橋を落とされ三日間の足止め

そこで光秀は後ろ髪を引かれる思いで本能寺を後にすると、二条新御所に軍を進めた。結果的にこの判断は間違いだった。光秀はこのとき何をおいても信長の遺体発見を優先するべきだった。このときの誤った判断によって光秀は三日天下に終わってしまったといっても過言ではない。

その後の光秀だが、二条新御所を襲って信忠を自害に追い込むと、その足で信長の居城である琵琶湖東岸の安土城《あづちじょう》へと向かう。ところが勢多城《せたじょう》の山岡景隆《やまおかかげたか》が瀬田橋を落として進路を妨害したため、仮設の橋が完成するまで光秀は自らの居城である琵琶湖南岸の坂本城に三日間も足止めを食らってしまう。この間、各地の勢力に密使を送り、抱き込み工作を行ってはいるが、のちにこの三日間のつまずきが大きく響いてくることになる。

五日、光秀は何の抵抗を受けることもなく安土城に入る。同時に重臣の斎藤利三《さいとうとしみつ》らに命じて秀吉の居城の長浜城や丹羽長秀《にわながひで》の居城の佐和山城を攻略させ、近江《おうみ》一国をほぼ手中に収める。光秀自身は美濃《みの》や尾張《おわり》の平定に動いたり、引き続き有力な周辺勢力に対し抱き込み工作を行ったりしている。その後、八日に安土城を発《た》って京都に向かうまで、大した動きはない。

●アテにしていた相手に背かれる

九日に上洛《じょうらく》した光秀は、昇殿して朝廷に銀五百枚を献じている。そして翌十日には、山城八幡《やましろやわた》（京都府南部）の洞ケ峠《ほらがとうげ》に着陣する。中国方面から攻め寄せてくる秀吉軍をこのあたりで迎え撃つ作戦だった。

光秀はこの洞ケ峠では、自分にとって組下大名になる大和郡山《やまとこおりやま》の筒井順慶《つついじゅんけい》と合流する予定だったという。ところが順慶は秀吉方に寝返り、籠城《ろうじょう》の構えをとったことから、光秀の目算は見事に外れてしまった。

悪いことは重なり、有力武将のうち、間違いなく自分に味方してくれるはずと期待していた細川藤孝《ほそかわふじたか》・忠興父子《ただおきおやこ》からも加勢を断られてしまう。美人と評判の光秀の三女たま（ガラシャ夫人）が忠興の正室となっていただけに、これもまた光秀にとって大きな誤算だった。

十二日、光秀軍は天王山の麓《ふもと》の、現在の京都と大阪の府境にある山崎において、秀吉軍と対峙《たいじ》する。秀吉軍四万に対し、光秀軍は一万六千（それぞれ兵力については異説あり）。秀吉軍の中に、かねてより信長を嫌っていた摂津衆《せっつしゅう》（中川清秀《きよひで》、池田恒《つね》興《おき》、高山右近《うこん》など）が含まれているのを知り、光秀を大いに落胆させたという。

こうして、戦前にアテにしていた有力武将たちから悉《ことごと》くそっぽを向かれ、滅亡への道を加速させる光秀であった。

●信長公は生きている

十二日の昼過ぎに始まった山崎合戦は、三時間ほどで大勢が決したという。光秀はわずかな家来に守られ、戦場の北側にあった勝竜寺城《しょうりゅうじじょう》（現在の京都府長岡京市）に逃げ込んだ。ところが、すぐに秀吉軍が迫ってきたため、「この小城では守りきれない」と判断し、翌十三日深夜に城を抜けて坂本城を目指す。

その途中、山科小栗栖《おぐるす》（京都市伏見区）のあたりの竹藪《たけやぶ》に差しかかったとき、落ち武者狩りに遭遇し、非業《ひごう》の最期を遂《と》げた。

光秀の場合、生まれた年がはっきりしないため没年齢はわからないが、通説では五十代の半《なか》ばとみられている。光秀にとっては、天下人から逆賊、そして落人《おちうど》へとめまぐるしく人生が変転する十二日間であった。

ところで、肝心の光秀がこの十二日間に犯した失敗についてだが、第一に、本能寺で主君信長の遺体を発見できなかったことがあげられる。信長の首さえあれば、それを満天下に晒《さら》すことでその死を「現実」として人々に知らしめることができたのである。ところが、遺体が発見されなかったたために、「信長公は生きている」という噂が勝手に一人歩きを始めてしまった。
そうした根も葉もない噂を巧みに利用したのが、秀吉だった。

生きていた場合の報復が怖ろしい

備中高松城を水攻めしているさなかに、主君信長の死を知った秀吉。急いで毛利方との間で講和を取りまとめると、畿内をめざしてUターンを開始した。備中高松から山城山崎までざっと二百二十キロメートル。この距離を重装備の兵士らは実質六日間で走破したという。世にいう「中国大返し」である。

中国路を駆けながら秀吉は、畿内にいる光秀に加勢しかねない武将たちに次々と書簡を送り、懐柔《かいじゅう》工作を行っている。その手紙には大要、こう書かれてあったという。

「信長公は難を逃れ安全なところに避難されている。ご安堵《あんど》されたし。くれぐれも軽率な行動はお控えあって……」と、信長の無事を伝えると同時に光秀の誘いに安易に乗らないよう釘を刺すものだった。

この懐柔策の効果は絶大で、「信長が本当に生きているなら、もしも光秀に味方した場合、あとで信長からどんな報復を食らうか、考えただけでも怖ろしい。ここはしばらく様子を見るに如かず」と、ほとんどの武将が光秀からの要請を無視したのである。先述した摂津衆はまさにそうした武将たちだった。

秀吉お得意の詐術《さじゅつ》——情報操作が見事に

功を奏した結果であった。

ほかにも、天王山の敗因については、光秀ならではの「権威主義」が邪魔をしたからという説もある。それは一体どういうことだろうか。

究極の権威に酔いしれたかった？

本能寺後の光秀の行動は、普段の戦上手《いくさじょうず》らしからぬ無計画かつ緩慢《かんまん》だ。本当に天下を取りたいと思ったのなら、その障害となる対抗勢力を排除するため、一人でも多くの有力武将を味方につけなくてはならないのに、そのために奔走《ほんそう》したという事実が見受けられないのである。なぜか余計なことばかりしているのだ。

たとえば、本能寺で信長を滅ぼした後、光秀はその足で京都から離れて安土城に向かっている。しかも、その途次《とじ》、行く手を邪魔されて三日間も坂本城で無駄な時間を過ごしてしまう始末。あのときの光秀に最優先で安土城に入らなければならない戦略的・戦術的な意味はなにもない。

信長の権威の象徴である安土城をわがものとすることで、新しい天下人となった自分を満天下に知らしめる効果があったと見る向きもあるが、そんなことより、あのときは自分の味方を増やす努力をしたほうがはるかに得策だった。光秀が安土城を奪取した真意は、ようやく手に入れた「究極の権威」に酔いしれたかったからにほかならない、と思えるのだが、いかがだろうか。

朝廷に挨拶に出向いたのも時期尚早《しょうそう》だ。

朝廷からこのたびの謀叛には正当性があるとお墨付きをもらいたかったのだろうが、そんなことは秀吉を破って真に天下人の座に駆け上がってからすればよいことである。

秀吉軍にいち早く布陣される

光秀のルーツは謎だが、足利将軍家に近い美濃の名門土岐《とき》明智氏の流れという説もあるだけに、権威には人一倍敏感な人物だったのだろう。それを証明する山崎合戦のときの一つの逸話がある。

山崎に軍を進める直前に開かれた軍議の席で、光秀は重臣の一人から、「敵より兵力で劣るわが軍は山崎に布陣し、そこで秀吉軍を迎え撃つのが上策」と進言されるが、光秀はこの策をいったん却下していた。そのとき光秀はこう言ったという。

「山崎は朝廷の御料所《ごりょうしょ》（直轄地）ゆえ、そこを戦場にすることは畏《おそ》れ多い」

この逸話の真偽は定まっていないものの、いかにも権威や体面にこだわる光秀が言いそうなことである。その後、山崎に進んだ秀吉軍がいち早く布陣したことで、敵よりもひと足早く陣を構えて迎撃するはずが、逆に誘い出される形となり、光秀軍はかっこうの餌食《えじき》となってしまった。

こうしてみてくると、光秀には本当に天下を取る気があったのかと疑いたくなる行動のオンパレードだ。この十二日間の行動の謎が解けたとき、いまだに解明されていない謎の本丸――謀叛を起こすに至った動機が浮上してくるに違いない。

真田昌幸・信繁父子をめぐる血と運命のドラマとは

真田信繁《さなだのぶしげ》（幸村《ゆきむら》、1567〜1615年、享年49）
安土桃山時代から江戸時代初期にかけての武将、大名。祖父幸隆《ゆきたか》（幸綱《ゆきつな》）、父昌幸《まさゆき》に続く戦国期を代表する智将。大坂の陣で徳川家康《とくがわいえやす》を追い詰め名を上げる。

●徳川軍の「天敵」、真田昌幸・信繁父子

真田昌幸《さなだまさゆき》は豊臣秀吉《とよとみひでよし》から「表裏比興《ひきょう》の者」と評された稀代《きたい》の謀将だ。これは、「煮ても焼いても食えないやつ」というほどの意味らしい。昌幸は徳川家康《とくがわいえやす》の軍勢と二度合戦し、寡勢《かぜい》でありながら二度とも徳川軍を撃退することに成功した稀有《けう》な武将でもある。しかも、息子信繁《のぶしげ》（幸村《ゆきむら》）は大坂夏の陣において、家康の懐深く突入し、家康に一時は切腹を覚悟させるほどに追い詰めたこともあった。まさに、家康にとって真田昌幸・信繁父子《おやこ》は「天敵」以外のなにものでもなかった。

そんな昌幸は、関ヶ原合戦で西軍に味方したことから、合戦後、家康によって紀州

（和歌山）・九度山《くどやま》での蟄居《ちっきょ》を命じられ、そこで没している。九度山での配流《はいる》生活は十一年間にも及んだ。死の間際まで、家康ともう一度戦いたいと念願していた昌幸。配流生活を伝える史料は数少ないが、そんな少ない史料を読み解きながら、どんな暮らしぶりだったのかを探ってみたいと思う。

さらに、父昌幸の遺志を受け継ぎ、大坂の陣で家康と戦った信繁にまつわる〝その後〟についても触れてみたい。信繁は大坂夏の陣において戦死したとされているが、戦《いくさ》のさなかに豊臣秀吉の遺児・秀頼《ひでより》を連れて大坂城を脱出し、薩摩（鹿児島）へ逃れたという伝説があるのをご存じだろうか。はたして、信繁は本当に秀頼と共に薩摩へ落ち延びたのだろうか。

地方小豪族の戦国乱世を生き残る術

真田昌幸は天文十六年（一五四七年）、武田信玄《たけだしんげん》麾下《きか》の真田幸隆《ゆきたか》の三男として誕生した。幸隆は智略に優れ、外様《とざま》衆でありながら武田二十四将の一人に数えられるほど信玄の信頼が厚い武将であった。その幸隆の血を受け継いだ昌幸もまた才気煥発《かんぱつ》で、若くして信玄の近習《きんじゅ》に取り立てられている。

昌幸二十九歳のとき、兄二人が相次いで戦死したため、真田家を継ぎ、安房守《あわのかみ》を称した。その七年後、武田氏が滅亡すると、昌幸は真田家の自立を図るため、次々と目の前に現れる権力者の間を渡り歩いた。

まず、北条氏につき、ついで織田信長《おだのぶなが》に帰服した。信長が滅ぶと越後の上杉景勝《うえすぎかげかつ》の傘下《さんか》に入り、その後、再び北条氏に従属したのち、最後は徳川家康に臣従した。昌幸はこれをわずか半年間で行ったのだ。つまり、半年間で五度、主君を四人もくるくると変えていったのである。地方の小豪族ゆえ戦国乱世を生き残るために仕方がないことかもしれないが、よく言えば時勢を見る目が確か、悪く言えば節操や信義に欠ける人物と評価されても仕方がないだろう。

その後、昌幸は徳川家康も裏切ることになる。自分の領地（上野《こうずけ》国・沼田）を家康が勝手に北条方に引き渡そうとしたからだ。昌幸は家康との断交を宣言し、上杉景勝に泣きついてかつての変節を詫びたうえで救援を依頼する。怒った家康は七千の兵を昌幸がこもる信州・上田城に向かわせた。これが天正十三年（一五八五年）八月の第一次上田合戦である。

この合戦で、昌幸とその長男信之《のぶゆき》、次男信繁の真田父子はわずか二千の寡勢で徳川の大軍を翻弄《ほんろう》する。城の東を流れる神川《かんがわ》の流れを最大限利用するなど地の利を生かした昌幸の作戦が悉《ことごと》く成功し、徳川軍は撤退を余儀なくされる。

この第一次上田合戦後、昌幸は秀吉に臣従するが、やがて、その秀吉も亡くなり、関ヶ原合戦が近付くと、東軍の家康につくべきか、西軍の石田三成《みつなり》につくべきかで頭を悩ませることになる。昌幸は二人の息子（信之、信繁）と相談を重ね、結果的に自分と信繁は西軍に、信之は東軍につくことにする。これなら戦の結果がどちらにころんでも後世に真田家が残ると踏んだのである。

そして、昌幸・信繁父子は、関ヶ原の前《ぜん》哨《しょう》戦《せん》ともいうべき第二次上田合戦に臨むと、中山道を西上する徳川秀忠《ひでただ》の軍勢三万八千余を迎撃し、上田城下に五日間釘付けにしたのである。このため秀忠軍は肝心の関ヶ原合戦に遅参し、のちに秀忠は父家康から大目玉をくらっている。

九度山では生活に困り借金を重ねる

関ヶ原後、家康に二度も煮え湯を飲ませた昌幸・信繁父子は当然打ち首になるはずだった。ところが、関ヶ原では徳川方で戦った信之の必死の助命嘆願運動が奏功し、昌幸・信繁父子は罪一等を減ぜられ高野山での蟄居と決まる。人里離れた山奥にある高野山は昔から流刑地のひとつであった。

こうして昌幸・信繁父子は一族郎党を引き連れ高野山へと向かった。家族や随伴した近臣、侍女なども含めざっと五十人余りの一団とみられている。当初、高野山の蓮《れん》華《げ》定《じょう》院《いん》に入る予定だったが、そこには少し滞在しただけですぐ山麓の九度山村に居を移している。その理由として、一団の中に幸村の妻など女性が同行していたため、女人禁制の高野山に入れなかったからとも、高野山の冬はあまりにも寒く我慢できなかったからとも言われている。

昌幸・信繁父子の九度山での生活は、経済的にかなり苦しいものだった。国元の信之からの仕送りと、監視役の紀伊和歌山藩主・浅野長晟《ながあきら》からも毎年多少の援助はあったが、それだけではとても足りず、今日に伝わる「真田紐《ひも》」を織っては堺の商人を通じて販売し、暮らしの足しにしていたという。

昌幸が国元へ仕送りを要請したときの手紙が残っている。最初に四十両を送ってほしいと信之に頼んだが、なぜか半分の二十両しか届かなかった。そこで昌幸は再度手紙を出し、

「こちらは借金が多く困っている。残りの二十両を一日も早く届けてほしい。できないなら五両でも十両でもよいから」

と送金の催促をしている。家康にひと泡吹かせた戦国期きっての智将も借金の始末だけは勝手が違ったようである。

生活は苦しかったが、外出は自由だった。昌幸は近所の川でよく釣りを楽しんだという。また、真田家歴代の系譜および事績をまとめた史書『真武内伝《しんぶないでん》追加』には信繁の話として、

「常に野人老僧に交《まじ》わり、或《ある》いは寺院に入って囲碁双六《すごろく》に日を暮らし、宿所にては夜深更《しんこう》に及ぶまで兵書等に目をさらし……」

とある。昼間はのんびり囲碁や双六で遊んでいても、人目のない夜になると来たるべきときに備え、兵法の勉強を欠かさなかったことがわかる。

また、昌幸は嫡男の信之や親交のあった浅野長政《ながまさ》（長晟の父）を通じて、家康に蟄居を解いてもらうよう何度も懇願していたという。しかし、その願いがかなうことは

ついぞなかった。

昌幸は九度山に流されて十一年目の慶長十六年(一六一一年)六月四日、息子信繁に看取られながら彼岸へと旅立った。享年六十五。最期の瞬間まで、家康との再戦を念願していたというから、根っからの戦国武将といえるだろう。この昌幸の悲願を託された信繁と家康との最終決戦はすぐそこまで迫っていた。

●英国商館長も日記に生存説を記す

慶長二十年五月七日。この日、もはや豊臣方の勝ち目はなくなり、最後の賭けに出た信繁は家康の本陣に突撃を敢行したが、あと一歩のところで長蛇《ちょうだ》を逸してしまう。信繁は三度に及ぶ突撃で全身傷だらけとなり疲労困憊《こんぱい》して小休止しているところを敵兵に発見され、首を取られる。享年四十九。終焉《しゅうえん》の地は天王寺の安居《やすい》神社の境内であったという。

こうして家康を倒すという、昌幸・信繁父子の悲願は潰《つい》えてしまったが、最後まで豊臣家に忠誠を尽くして潔く死んでいった信繁の生き様は、当時の人々に強い衝撃を与えた。薩摩藩の初代藩主島津忠恒《しまづただつね》は大坂の陣における信繁の活躍を評して、

「真田日本一《ひのもと》の兵《つわもの》」

という言葉を手紙に残している。まさに、この大坂の陣を境に真田信繁は花も実もある武将として後世に語り継がれていくことになるのである。

ところで、そんな信繁に関して、天王寺

で亡くなったのは影武者で、本物の信繁は豊臣秀頼を連れて大坂城を脱出し、薩摩へ逃れたという伝説がある。戦後、秀頼の遺体が発見されていないところから出た説で、大坂城が火に包まれているさなか、信繁は秀頼と共に抜け穴から脱出し、海路で薩摩へ渡ったという。

大坂城にはいくつもの抜け穴があったことは事実で、現在も天王寺区の真田山にその遺構を見ることができる。この真田山はかつて信繁が築いた出丸だ。

当時、長崎にいた英国商館長のリチャード・コックスはその日記の中で、

「秀頼は数人の重臣と共に生存していて、おそらく薩摩か琉球にいるだろうという噂が世間で広まっている」

と記している。この世間の噂を裏付けるように、京の童歌《わらべ》にも、

花のような秀頼さまを
鬼のような真田が連れて
退《の》きものいたり加護島（鹿児島）へ

と、主従二人の逃避行がうたわれている。

また、鹿児島市内の谷山というところに秀頼の墓と称する宝塔が現存している。この地で秀頼は、自らの運命を呪い、酒浸りの日々を過ごしたと伝わる。名前は父秀吉の旧姓「木下」を名乗ったという。一方、信繁の墓と称するものも、薩摩半島にある現在の南九州市頴娃《えい》町に伝わっている。

秋田・大館に定住し酒造業を始める

信繁に関しての伝説には続きがあり、い

ったんは鹿児島に来たものの、すぐに長男大助と共に巡礼姿に身をやつし、諸国を行脚《あんぎゃ》して神仏に豊臣家再興を祈願したという。そして、秋田の大館に立ち寄ったときにその地を気に入り、定住する。

信繁は、自分は信濃から来た商人であると称し、「信濃屋」の屋号で酒造業を始めたという。信繁がこの大館で亡くなったのは寛永十八年（一六四一年）十二月のことで、享年七十六。大館の一心院という浄土宗の寺で信繁の墓と伝わる史跡を見ることができる。

これらの伝説の真偽は定かでないが、大坂の陣で秀頼が城を脱出することはまず不可能だ。戦国時代、城に籠っていた総大将が敵陣を突破して落ち延びたという例は稀有に等しいからだ。ましてや、秀頼や信繁は超大物だ。徳川方の十重二十重の囲みを破り、報奨金目当てに押し寄せる土民らの目もかいくぐって大坂湾から船に乗ることなど到底不可能である。

したがって、秀頼と信繁が薩摩へ逃れたという伝説はあくまで風説の類《たぐ》いであって、真実とは考えられない。しかし、歴史上、壮絶な敗死を遂げ、その後生存していたという伝説が許される有名人もそうはいない。せいぜい、源義経《みなもとのよしつね》とこの秀頼、信繁、そして西郷隆盛《さいごうたかもり》くらいだ。その意味では、後世に名を残すことができ、秀頼も信繁もきっと本望に違いない。

上杉家を〝柱石〟として支えた直江兼続の「関ヶ原後」

直江兼続《なおえかねつぐ》（1560〜1620年、享年60）
戦国時代から江戸時代前期にかけての武将、米沢藩の家老。主君上杉景勝《うえすぎかげかつ》の片腕として軍事・民政の両方で辣腕《らつわん》をふるい、上杉家の柱石《ちゅうせき》と称えられる。

●景勝と上杉家のために命をかける

戦国大名の覇業《はぎょう》を補佐した名参謀にも数多《あまた》いるが、その中であなたは誰の名前を思い浮かべるだろうか。

参謀の中で史上最も有名なのが、武田信玄《たけだしんげん》の軍師を務めた山本勘助《やまもとかんすけ》であろう。甲州流軍学書『甲陽軍鑑《こうようぐんかん》』では、勘助は『三国志』の伝説的軍師・諸葛孔明《しょかつこうめい》に勝るとも劣らない智謀の将として登場する。あとは、豊臣秀吉《とよとみひでよし》の天下統一事業を支えた竹中半兵衛《たけなかはんべえ》と黒田官兵衛《くろだかんべえ》、徳川家康《とくがわいえやす》の影に徹し、まさに「謀臣」の異名がふさわしい本多正信《ほんだまさのぶ》、伊達政宗《だてまさむね》の家臣で、その人物に惚《ほ》れ込んだ秀吉から引き抜かれそうになった片倉小十郎景綱《かたくらこじゅうろうかげつな》……などがいる。

しかし、もう一人、忘れてならない参謀がいる。上杉景勝《うえすぎかげかつ》の片腕にして、上杉家の柱石と称された直江兼続《なおえかねつぐ》である。越後の竜・上杉謙信《けんしん》の養嗣子《ようしし》となり、二十五歳で上杉家の当主となった景勝。その景勝が全幅の信頼を置いたのが、自分より五歳年下の兼続であった。

幼少期より謙信の薫陶《くんとう》を受け育った兼続は、十代の半ばに景勝の側近くに仕えると、以来、上杉氏の内乱・御館《おたて》の乱、豊臣秀吉との和議、新発田重家《しばたしげいえ》討伐、佐渡平定、さらに天下分け目の関ヶ原の戦いにおける徳川家康との虚々実々の駆け引き……などなど事あるごとに文武両面でその才能を如何《いかん》なく発揮し、景勝と上杉家のために命がけで働いた。

そんな戦国期の上杉家最大の功臣である兼続は、関ヶ原の戦いで家康に降伏した後、一体どんな人生を歩んだのであろうか。

追撃していたら歴史は変わっていた？

徳川家康が、会津（福島県）の上杉氏を討つべく兵を挙げたのは、関ヶ原の戦いが起こる三カ月前、すなわち慶長五年（一六〇〇年）六月初旬のことであった。

その二カ月前、家康は上杉景勝に対し、弾劾《だんがい》状を送っていた。その内容とは、近頃、軍事力を増強しはじめた景勝の行いを咎《とが》め、「異心がないのなら、わしのところへ来て、弁明してみせるがよい」と景勝を恫喝《どうかつ》したのである。

これに対し、直江兼続が主君になりかわ

って家康に返書をしたためた。その内容がなんともふるっていた。謀叛《むほん》の疑いを全面的に否定するばかりか、堂々と家康を批判する言葉を散りばめていたからだ。

家康は、この通称「直江状」を読んで憤慨し、上杉討伐を決心したと伝えられる。

ところが、上杉討伐軍が下野国《しもつけ》（栃木県）小山まで北上して来たときのことだった。石田三成《いしだみつなり》挙兵の一報が家康の陣にもたらされる。この報《しら》せを心待ちにしていた家康は全軍に対し、上杉討伐を中止してただちに西進するよう命じた。

家康軍が下野から引き揚げたことを知った兼続は、景勝の前に進み、「即刻会津から打って出て、追撃するべきです」と具申したという。ところが、景勝はこう言って動かなかった。

「謙信公は敵の背後を襲うがごときふるまいは、かつて一度もしなかった」

まさに、謙信同様、子の景勝もまた義の人、義将であった。歴史に〝もしも〟は許されることではないが、もしもこのとき、上杉軍が家康軍の背後をついていたなら、家康軍はあれほど素早く西進することができず、三成にたっぷり準備の時間を与えたはずである。そうなれば、のちの関ヶ原決戦の結果は違ったものになっていたかもしれないのだ。

洪水対策に心血を注ぐ

関ヶ原の戦いが家康の大勝利に終わると、景勝は潔く家康に降伏を申し出た。当初は、御家の改易や景勝と兼続主従の切腹も予想されたが、家康は、それまでの百二十万石から出羽米沢三十万石への減移封にとどめ、上杉家の存続を認めた。景勝と兼続主従に切腹や謹慎を命じることもなかった。

これは、上杉家が代々武功の名門であること、そして、今回の徳川への反抗は故太閤《たいこう》（豊臣秀吉）への忠誠を示した結果に過ぎないこと、などを家康が汲《く》んだからであった。そもそも、上杉に謀叛の疑いありと騒いで、火の無いところに煙を立てたのは家康のほうだっただけに、家康自身、そのことを内心負い目に感じていて厳しい処分を下せなかったのであろう。

慶長六年（一六〇一年）十一月二十八日、上杉景勝は米沢城に入った。大幅な減封にもかかわらず、景勝は家臣をリストラするようなことはしなかった。当時の記録を調べると、家臣とその家族、さらに商人、職人、寺社の関係者などおおよそ三万人が会津から米沢に移住したとみられている。

主君景勝から米沢の町づくりの責任者に命じられた兼続は、それこそ寝る間も惜しんで働いた。城の普請《ふしん》をはじめとする城下町の建設、治水と植林、新田開発、農商工業の振興、技術導入、鉱山開発……などなど課題は山積していた。兼続は、これらをすべて同時進行で着実に一歩一歩推し進めていったのである。

なかでも、このとき兼続が河川の洪水を防ぐために、城下の東を流れる暴れ川・松川(最上川《もがみがわ》の支流)に築いた二つの堤防(「谷地河原川除《かわよけ》」と「蛇《へび》土手」は特筆されてよい。前者は長さ約三キロメートル、後者は約八キロメートルもあった。洪水を何としても食い止めたいという、兼続の治水にかける執念をしのばせる一大土木事業だった。これらの遺構は今日も見ることができる。

金山開発や鉄砲の製造まで

兼続は新田開発にも努め、表高三十万石に対して内高五十一万石と言われるまでに開発を進めたという。鉱山開発では、現在の山形県中部の白鷹町や南陽市荻などにあった金山から相当量の金を産出していたようである。

兼続はまた、一朝事あるときを想定し、鉄砲の製造にも力を入れていた。鉄砲産地として知られた近江《おうみ》国（滋賀県）国友《くにとも》村から職人を高禄でスカウトし、城下のはずれの山中で密かに製造させていたのである。一年に二百挺《ちょう》以上の生産能力があったとみられている。火薬の原料である硫黄《いおう》は領内の各所から豊富に産出されたという。

このように兼続は国力を高める努力を怠らない一方で、上杉家と徳川家の融和を図ることにも心を砕いている。その一例が、徳川家の重臣本多正信の次男政重《まさしげ》を自身の娘の婿養子にもらい受けたことだ。お陰で、大坂の陣の際には正信のとりなしが功を奏し、三分の一にあたる十万石分もの軍役が免除されたという。

兼続は戦場にあっては優れた武将だったが、賢明さと実行力を兼ね備えた一流の政治家でもあったのだ。さらにまた、文化人・蔵書家としての顔もあり、自ら漢詩を詠《よ》んだほか、連歌もよくした。蔵書では、『史記』『漢書』『後漢書』（以上、国宝）、医学書の『備急千金要方《びきゅうせんきんようほう》』（重文）の四書が知られている。いずれも宋代の古い木版印刷で、本国の中国ですら完全な形で伝わっていない稀覯《きこう》本である。

上杉鷹山の登場で再評価が高まる

慶長十九年（一六一四年）十月の大坂冬の陣の際は、言うまでもなく徳川方に加勢した。同月二十五日の鴫野《しぎの》の戦いでは、上杉勢は味方に倍する敵の守備隊を蹴散らし、その勇猛さを見せつけている。翌年の夏の陣では上杉勢は京都警備を担当し、戦闘には直接かかわっていない。

元和五年（一六一九年）十二月十九日、兼続は米沢藩の江戸屋敷で亡くなった。肺結核とみられている。享年六十。将軍秀忠は兼続の死去を知り、香典として銀五十枚（七十枚とも）を下賜《かし》した。陪臣《ばいしん》としては異例のことだった。

兼続の死後、家康に刃向かい、上杉家を窮地に陥らせた奸臣《かんしん》と評価されることもあったが、のちに米沢藩第九代藩主上杉鷹山《ようざん》が登場し、兼続を手本に藩政改革を行なったことから次第に再評価が高まり、今日の兼続人気につながったのだという。

兼続の死から四年後、兼続にとっては主君であり兄同様であった景勝が六十九歳で亡くなった。

関ヶ原で西軍についた宇喜多秀家の永すぎた余生とは

宇喜多秀家《うきたひでいえ》（1572〜1655、享年83）
安土桃山時代の武将、大名。豊臣政権下では五大老の一人。関ヶ原の戦いでは西軍についたため八丈島へ配流《はいる》となる。以来、約五十年間、流人生活を送る。

●豊臣政権を支えていた大大名

宇喜多秀家《うきたひでいえ》は、天下分け目の関ヶ原合戦（慶長五年＝一六〇〇年）において、石田《いしだ》三成《みつなり》が率いる西軍に属した武将だ。傍観者が多かった西軍諸将の中にあって、真剣に戦ったのはこの宇喜多勢のほか、小西行長《こにしゆきなが》、大谷吉継《おおたによしつぐ》、島左近《しまさこん》らの軍勢くらいであった。

しかし、そのため敗戦後に秀家は黒潮洗う八丈島へと流され、流人暮らしを余儀なくされてしまう。

秀家が八丈島へ流されたのは今からざっと四百年前の慶長十一年（一六〇六年）のことだ。島の公式記録では、秀家が流人の第一号であった。

八丈島は伊豆諸島の南端に位置し、本土

から直線距離で約二百九十キロメートル。東海道本線でいえば東京～豊橋間に相当する距離で、東海汽船の客船を利用すれば東京からおよそ十時間の船旅だ。

ちなみに、江戸時代に八丈島に送られた罪人ののべ人数は「千八百十六人とカラスが一羽」だという。このカラスは、「生類憐みの令」で有名な徳川五代将軍綱吉《つなよし》の頭に糞をひっかけたために捕らえられたのだ。綱吉は「無礼なやつ」と怒ってはみたが、自分が出した法令なので殺すわけにもいかず、八丈島へ流したのだという。

閑話休題――。

豊臣秀吉にかわいがられ、最盛期は備前《びぜん》（岡山県南東部）や美作《みまさか》（岡山県北部）などを領する五十七万石の大大名となり、中納言《ちゅうなごん》にも昇進。さらに、豊臣政権を支える五大老の一人にも任ぜられるなど栄光の日々を過ごしていた秀家。それが、関ヶ原後は一転して、「鳥も通わぬ」八丈島で流人生活を送ることになろうとは……。一体、島ではどんな暮らしぶりだったのだろうか。

秀吉の養子となり一門衆の厚遇を受ける

宇喜多秀家の父直家《なおいえ》は、備前国上道郡沼城に本拠を構える土豪の身分から出発して大名にまでのし上がった戦国武将である。直家は斎藤道三《さいとうどうさん》や松永久秀《まつながひさひで》などと並ぶ、いわゆる「戦国の梟雄《きょうゆう》（残忍で猛々《たけだけ》しい人の意）」の一人だ。

直家は天正七年（一五七九年）には毛利《もうり》

氏を見限り、織田信長《おだのぶなが》に従属する。この一か八かの賭けは見事に成功した。なぜなら毛利氏に従っていたのでは、その後、信長の後継者となった羽柴秀吉《はしばひでよし》によって攻められ、家が滅んでいた可能性もあったからだ。

天正十年（九年説も）に直家が五十三歳で病死すると、次男の秀家が家督を継いだ。まだ十歳の少年だったが、数年後に思わぬ幸運が舞い込む。元服した際、秀吉から「秀」の一字を賜《たまわ》ったばかりか、養子に迎えられたのだ。さらに、天正十四年には秀吉の養女・豪姫《ごうひめ》（前田利家《まえだとしいえ》の娘）を正室とし、以来、秀吉の一門衆としての待遇を受けることになるのである。

このように秀家は自分を引き立ててくれた秀吉に対し強い感謝の気持ちがあっただけに、関ヶ原合戦では迷うことなく西軍に味方したのである。

関ヶ原後、秀家はいったん薩摩に潜伏していたが、やがて島津家から徳川家康にその身柄を引き渡される。その後、前田家と島津家から助命嘆願があり、秀家は死罪を免れる。そして一時駿河《するが》国久能山に幽閉された後、嫡子《ちゃくし》孫九郎、家臣十二名と共に八丈島へ流されたのである（妻豪姫は伴わず）。このとき秀家三十四歳。

三十四歳から五十年間も流人生活を

島での秀家だが、関ヶ原後、逃げ延びる途中ですでに剃髪《ていはつ》していた秀家は島では休復（久福、休福とも）と号した。また、一族は「宇喜多」の名をはばかり、「浮田」

を名乗った。かつて五十万石を領した備前の太守にとって、島での生活はけっして楽ではなかったはずだ。妻豪姫の実家である前田家から隔年ごとに生活物資が仕送りされたが、それだけでは到底足りなかったようである。

こんな逸話が島に伝わっている。秀吉のかつての寵臣《ちょうしん》で、のちに徳川方についた福島正則《ふくしままさのり》にまつわる話だ。ある日のこと、正則の領国の安芸《あき》広島から将軍家へ献上する酒を積んで江戸を目指していた船がシケに遭い、八丈島に漂着してしまう。

風がやむのを待つことにした一行は、島の役人がいる番小屋で小休止していると、役人が、流刑囚の中に関ヶ原合戦で名をはせた宇喜多秀家がいることを教えてくれた。

福島家の武士たちは零落《れいらく》した秀家に同情し、船の積み荷から酒樽を一つ運んでくると、「これを宇喜多殿に差し上げてほしい」と役人に頼み、島を後にしたという。

のちに主君正則から「大切な献上品なのに勝手なことをしおって」と叱られることを覚悟した家来たちだったが、案に相違して正則は、

「よくぞしてのけた。天晴《あっぱれ》、それでこそ福島の家来じゃ」

そういって激情家らしく、大粒の涙を流した。その後、福島家からも幾度か贈り物が秀家のもとに届けられたという。

秀家が流刑囚のまま島で亡くなったのは、明暦元年（一六五五年）十一月のことだった。享年八十三（八十四歳説も）。このと

きすでに江戸幕府第四代将軍・徳川家綱《いえつな》の治世であった。

秀家は三十四歳から実に五十年間も流人生活を過ごしたのである。確かに島での生活はなにかと不自由だったに違いないが、戦乱に明け暮れ、ときには敵を追い落とすために権謀術数《けんぼうじゅっすう》をめぐらせたかつての日々は一刻も気がやすまらなかったはずだ。それを考えると、気候のよい八丈島でのんびりと余生を過ごせたことが秀家にとってはかえってよかったのかもしれない。八十三歳という長命がなによりもそのことを物語っているように思えるが、いかがだろう。

●明治になっても扶助し続けた前田家

明治二年（一八六九年）二月、明治新政府は宇喜多家の流罪を免じ、金沢藩に一族の扶助を命じた。翌年八月、加賀前田家のさしまわした便船に乗り、宇喜多（浮田）一族二十家のうち七家が八丈島を離れた。その後七家は、二十二万坪という広大な敷地を誇る旧加賀藩江戸下屋敷平尾邸（現在の板橋区加賀のあたり）のうち二万坪の提供を受け、その地で帰農した。

秀家と豪姫との結び付きだけで江戸から明治新政府になっても宇喜多一族を扶助し続けた前田家。さすがに加賀藩の祖・前田利家は豊臣秀吉から「戦国一の律義者」と評されただけのことはある。

ところが、こうした前田家の支援もむなしく、一族の多くは生活環境の変化になじめず、すぐに八丈島に舞い戻ったという。

大坂の陣で光芒を放った豊臣方の豪傑たちが遺したもの

木村重成《きむらしげなり》（?～1615年、享年22?）
安土桃山時代から江戸時代初期にかけての武将。豊臣氏の重臣。花も実もある美丈夫として有名。大坂の陣では後藤又兵衛《ごとうまたべえ》らと共に最期まで潔く戦った。

●寄せ集めの浪人集団だった

徳川と豊臣による最終決戦――すなわち慶長十九年（一六一四年）冬と翌二十年夏の二度にわたる大坂の陣は、史上最大の籠《ろう》城《じょう》戦とも言われている。なにしろ、城に籠《こ》もる豊臣軍は十万、寄せ手の徳川幕府軍は二倍の二十万という空前絶後の大軍同士の合戦だった。

幕府軍の武将の顔ぶれをみると、上杉景《うえすぎかげ》勝《かつ》、伊達政宗《だてまさむね》、前田利常《まえだとしつね》、福島正則《ふくしままさのり》……など大物が綺羅《きら》星の如く参陣していた。

では、一方の豊臣軍となるとどうだろう。この大坂の陣で城に籠った豊臣方の武将と聞いて、あなたは誰を思い浮かべるだろうか。ほとんどの人は真田信繁《さなだのぶしげ》（幸村《ゆきむら》）くらいで、少し詳しい人なら木村重成《きむらしげなり》、薄田《すすきだ》兼相《かねすけ》、後藤又兵衛《ごとうまたべえ》、塙団右衛門《ばんだんえもん》……らの名前をあげるだろう。

いま名前をあげた真田信繁ら籠城側の主だった武将はすべてこの大坂の陣で戦死している。大半が風雲に乗じて一旗揚げようと各地からやって来た浪人の寄せ集めで、到底勝ち目がないことは誰の目にも明らかだったのに、彼らはなぜ豊臣に殉じようとしたのだろうか。

この項では籠城軍の主だった武将を取り上げ、豊臣方に加わった動機や経緯と、城に籠ってから戦死するまでの短い〝その後〟を追った。

なお、真田信繁に関しては別項のとおりである。

●秀頼とは乳兄弟として育つ

まず、木村長門守重成。戦場に出る際は討ち死にして首を取られることを覚悟し、兜《かぶと》に香を焚《た》きこめていたという伊達男だ。目元の涼やかな美丈夫で立居振舞が雅《みやび》な半面、槍や刀、騎馬の術に長《た》け、将としても申し分なかった。大坂城内では女たちから例外なく秋波《しゅうは》を送られ、艶書が連日降るように舞い込んだという。

生年や父母は未詳。一説に、豊臣秀吉《とよとみひでよし》の家臣木村重茲《しげこれ》の子と言われている。重茲は秀吉の甥《おい》の豊臣秀次《ひでつぐ》付の家老だった人物。秀次は一時、秀吉の後継者と目されていたが、秀頼が誕生すると秀吉から疎《うと》まれ、結果的に無実の罪によって切腹させられてしまう悲劇の若者だ。

この秀次事件に連座し、重茲は長男高成《たかなり》とともに秀吉から切腹を命じられるが、次男重成は幼年ゆえに助命された。そして母親が秀頼の乳母となったことで幼少期から秀頼に小姓として仕《つか》えたという。この説が正しいとすると、重成と秀頼は乳兄弟の間柄ということになる。

幼少期から兄弟のように育っただけに秀頼の信頼は厚く、元服すると若くして豊臣家の重臣となる。慶長四年（一五九九年）には豊臣姓を与えられるほどだった。やがて豊臣家と徳川家康《とくがわいえやす》との関係が険悪になると、重成は大野治長《おおのはるなが》や渡辺糺《わたなべただす》らとともに開戦を主張したという。

慶長十九年十月、大坂の陣が勃発。重成は八千の兵を率いて、徳川方の佐竹・上杉連合軍と対峙《たいじ》した。この「今福の戦い」が重成の初陣だった。両軍、激しく鉄砲を撃ち合う激戦となったが、重成は敵方の武将渋江内膳《しぶえないぜん》と一騎打ちをし、その首を取るという武功をあげている。

家康も惜しんだその才能

総大将の秀頼は、重成が寡勢《かぜい》で敵を追い払ったことを称賛し、感状と正宗作の名刀を下賜《かし》しようとした。ところが重成は、こう言ってそれを断っている。

「このたびの戦は自分一人の働きにあらず。また、感状は他家に仕えるときの経歴の飾りとなるもの。わたしは二君に仕える気は毛頭ありませんので、無駄と思った次第」

この言葉を聞いて、秀頼は大いに感じ入った様子だったという。

その後、難攻不落の大坂城に対し力攻めをあきらめた家康は、策をめぐらせて豊臣方との和睦《わぼく》にこぎつけ、冬の陣は一応の終息をみた。このとき重成は秀頼の正使に抜擢《ばってき》され、二代将軍秀忠《ひでただ》の陣に出向き、秀忠から誓書を受け取っている。そのときの態度が堂々として実に見事だったので、居合わせた徳川方の諸将から感嘆の声があがったという。

この誓書の受け取りは、講談などでは秀忠ではなく家康と対面し、重成が家康をやりこめたことになっているが、そのような事実はないという。

さて、運命の夏の陣である。最終決戦を覚悟した重成は兜に香を焚き、新婚の妻青柳と別れの盃《さかずき》を交わすと、長宗我部盛親《ちょうそかべもりちか》らとともに大坂城を打って出た。兵力は合わせて一万一千。河内路から大坂城に向かう徳川本軍十二万を迎撃する狙いだった。これが現在の東大阪市南部で繰り広げられた「八尾・若江の戦い」である。

この戦いでは、重成隊六千は藤堂高虎《とうどうたかとら》隊や井伊直孝《いいなおたか》隊と若江方面で激戦を展開したものの、奮戦むなしく壊滅状態となり、重成も討ち死にした。五月六日の早朝のことだった。

『難波《なんば》戦記』によると、髪から香が漂う重成の首を検《あらた》めた家康が、

「若輩なりける木村がかくの如きの行跡、稀代の勇士なるを、不憫《ふびん》なる次第かな」

そう言って惜《お》しんだという。

長政とソリが合わず禄を離れる

後藤又兵衛（基次《もとつぐ》）は、黒田官兵衛《くろだかんべえ》（孝高《よしたか》）とその子長政《ながまさ》、そして豊臣秀頼に仕え、豊臣秀吉の九州征伐、朝鮮の役、関ヶ原、大坂の陣など数多くの合戦で戦功を重ねた。戦国期を通じて、豪傑という形容がこれほどふさわしい男もいないであろう。

幼少期から黒田官兵衛に養われ長政とともに育った又兵衛は、長政が筑前《ちくぜん》（福岡県北西部）国に移封されると、大隈《おおくま》城の城主となり一万六千石を与えられた。ところが、幼いころから長政とはソリが合わず、官兵衛が亡くなると、いよいよ両者の軋轢《あつれき》は表面化した。

そのあげく又兵衛は思い切った行動に出る。筑前を出奔《しゅっぽん》して浪人になってしまったのだ。慶長十一年（一六〇六年）のことで、四十代半ばと思われる。

その後、京都に隠棲《いんせい》した又兵衛のもとに、諸国の大名から仕官の誘いがいくつも舞い込むが、やがてそのいずれもが立ち消えに終わる。又兵衛を憎んだ長政が、他家への仕官をできなくする「奉公構《ほうこうかまい》」の回状を諸大名に出したため、諸大名はそれに遠慮したのである。

そうなると、武士として生きる道は、孤立した豊臣家を頼るしかなかった。又兵衛は秀頼からの依頼に応じる形で大坂城に入ると、城に集まった浪人衆を束ねる大将格の身分を与えられる。

●徳川方の引き抜きにあう

用兵にも長けていた又兵衛は、真田信繁とともに徳川方への奇襲作戦を秀頼の側近の大野治長らに進言したが、その作戦が採用されることはついになかった。大野らは、又兵衛や信繁を頼りにしながらも、「しょせん浪人の分際で」とどこか見下すところがあったからだと言われている。

又兵衛の戦死は木村重成と同じ五月六日とされている。「道明寺の戦い」において、味方に十倍する伊達政宗隊らと激戦を繰り広げ、乱戦の中、伊達隊の先手片倉小十郎が率いる鉄砲隊に狙撃され落命した。享年は五十代半《なか》ばだった。

これは又兵衛が存命中の逸話だが、徳川幕府の使いと称する一人の僧侶が城に籠る又兵衛のもとへ密《ひそ》かに訪ねてきて、「播州《ばんしゅう》（兵庫県南西部）を与えるので、貴殿を幕府方にお迎えしたい」と言ったという。これに対し又兵衛は、

「大坂の勢いが強く、関東（幕府方）が危ういときなら知らず、落城寸前になって寝返ることは武士の道に外れる行いだ」

きっぱりとそう断ったあと、

「それにしても、故太閤《たいこう》（秀吉のこと）の遺児と徳川将軍の双方から頼みにされたのだから、世に自分ほどしあわせな男もいないだろう」

しみじみと語ったという。この逸話の真偽は定かではないが、曲がったことが大嫌いな一本気な男であったことは間違いない

ようだ。

又兵衛の家来長沢九郎兵衛という者が、又兵衛の勇敢さを物語る逸話としてこんなことを書き遺している。

「一緒に風呂に入った折、五体に負った刀《とう》槍《そう》の傷跡を数えてみたところ、全部で五十三個もあった」

その傷跡の一つひとつが、戦塵《せんじん》の中でしか生きられない男――後藤又兵衛の人生を物語っていたのである。

目立つことが大好き

あと二人、大坂の陣で超人的な活躍をみせた塙団右衛門（直之《なおゆき》）と薄田隼人正《はやとのしょう》（兼相）についても簡単に触れておこう。

団右衛門は若いころ諸国を放浪したのち加藤嘉明《かとうよしあき》に仕え、一千石を頂戴する。ところが関ヶ原の戦いで軍令違反（命令無視）を犯したため嘉明の勘気を蒙《こうむ》り、禄を捨て出奔する。その後、諸家を転々とし、京都では寺の坊主にもなったようである。

大坂冬の陣が始まると、豊臣方に参加し、大野治房《はるふさ》（治長の弟）の指揮下に入った。和議が迫ったころ、団右衛門は上層部に対し「ここで和議の条件を少しでも有利なものにするため夜襲を仕掛けるべき」と進言し、それが認められた。

勇躍した団右衛門は、百五十余の兵を率いて蜂須賀《はちすか》隊の中村右近の陣に攻め込み、右近以下二十一人の首を討ちとって帰還する。味方の戦死者はわずか一人で、夜襲は大成功。団右衛門の名は一躍城の内外にとどろいた。

この夜襲では、団右衛門は「夜討ちの大将、塙団右衛門直之」と書いた木札を敵陣にばらまかせたという。加藤嘉明の下で戦ったさきの関ヶ原の戦いにおいても、団右衛門は青い絹地に赤い日の丸が描かれた長さ十メートルもの旗指物《はたさしもの》を背負って戦場を駆けめぐったと言われており、とにかく目立つことが大好きな男だった。

そんな団右衛門も、夏の陣では三千の兵を率いて浅野長晟《ながあきら》隊と交戦（「樫井《かしい》の戦い」）し、華々しい討ち死にを遂げた。一番槍の功名を狙い、自分一人が先行したため敵に囲まれて討ち取られるという、この男らしい死に様だった。享年四十九。とかく独断専行が激しいため、城中での評判はよくなかったという。

幕府軍と三度戦い三度引き分ける

一方の薄田兼相だが、若いころは豊臣秀吉の馬廻りだったという。慶長十六年（一六一一年）ごろには秀頼から三千石をもらっている。冬の陣では侍大将に任ぜられ、五千石を頂戴するが、すぐに大失態を犯し、敵味方関係なく嘲笑《ちょうしょう》の対象となってしまう。

なぜそんなことになったかというと、木津川沿岸を守備するために浪人兵七百余を引き連れ、博労淵《ばくろうぶち》（現在の大阪市西区立売堀付近）に砦を築いたまではよかったが、自分一人が抜け出して遊郭《ゆうかく》で浮かれている間に徳川方の攻撃を受け、砦が陥落してしまったのだ。

そんな兼相に対し、味方から「橙武者《だいだいむしゃ》」の渾名《あだな》が付けられたという。見かけは立派だが、酸っぱくて食べられない橙は、せいぜい正月飾りがいいところだというところから、見かけ倒しの武士――といった意味である。

こうなっては豪傑も肩身が狭い。なんとか汚名を返上したいものだと日々念じていると、すぐにその機会がやってきた。それが夏の陣の「道明寺の戦い」である。

兼相は、盟友の後藤又兵衛が戦死した後も、幕府の大軍と三度戦って三度引き分けるという離れ業を成し遂げたが、敵方に次々と新手が加わったことでついに力尽き、乱戦の中で討ち死にした。こうして兼相は豪傑としての自らの誇りを守り抜いたのであった。

なお、薄田兼相は、狒狒《ひひ》退治で知られる伝説的豪傑岩見重太郎の後身とする説もあるが、架空の人物とされる岩見重太郎に信《しん》憑性《ぴょうせい》を持たせるために講釈師が張扇《はりせん》の中からたたき出した絵空事と考えて間違いないだろう。

とにかく、大坂の陣ではこうした個性の強い豪傑が豊臣方に少なからずいたようである。彼らを統率するには彼ら以上に強烈な個性を持つ将が上に居なければならないが、惜しいかな寄せ集めの城中にはそれにふさわしい将は見当たらなかった。このことも豊臣方の敗因の一つと考えられている。

会津戦争に敗れた藩主・松平容保がひた隠しにした「書簡」

松平容保《まつだいらかたもり》（1836〜1893年、享年59）
会津藩第九代藩主。京都守護職に就いたことから薩長など討幕派の憎しみを買い、戊辰《ぼしん》戦争で会津藩は壊滅的な被害を蒙《こうむ》る。のち日光東照宮の宮司《ぐうじ》となる。

●青森・下北半島へ移住を命じられる

幕末、会津藩主・松平容保《まつだいらかたもり》は京都守護職となり、尊皇攘夷《そんのうじょうい》派と血みどろの抗争を展開した。そんな容保が鳥羽・伏見の戦い（一八六八年一月）で敗れ、徳川慶喜《とくがわよしのぶ》に随《したが》って大坂を脱出、江戸へ逃れた。江戸で慶喜に再戦を説くが聞き入れられず、容保は仕方なく領国の会津に戻り慶喜と同様、恭順謹慎の日々を送る。

しかし、官軍側にとって容保と会津藩は最大の憎しみの対象だった。容保と会津藩を見逃すことは将来に大きな禍根《かこん》を残すことになると判断した新政府は奥羽鎮撫《ちんぶ》総督府を編成、朝敵・会津藩討伐《とうばつ》に向かう。

このときの合戦（会津戦争）はすさまじ

いものだった。一カ月間の籠城《ろうじょう》戦で会津方の戦死者は三千人にも達した。白虎隊自刃の悲劇もこのとき起きている。その後、会津藩がたどった悲惨な運命は言語に絶した。

生き残った藩士とその家族、一部の領民たち約一万七千人は、青森県下北半島にある斗南《となみ》へ移住を命じられる。斗南は一年の半分以上が雪に覆われた北方の僻地《へきち》である。そんな不毛の土地を開拓することになった会津人たちは、貧しさと地獄のような寒さに耐え、必死に鍬《くわ》を振るった。しかし、生活は一向に好転せず、人々は海藻や雑穀でどうにか飢えをしのいだという。

そのうち廃藩置県（明治四年＝一八七一年）を迎えるが、貧しい生活は変わらない。貧困に耐えかねた会津人の多くは東京などへ流出した。最終的に三千人ほどが斗南に残り、今に伝わる西洋式牧場経営などに従事したという。

●容保の子に家督相続を許した新政府

ところで、藩主容保のその後だが、会津若松城が落城したとき、三十四歳だった。新政府の目の敵にされた松平容保という人は、尾張徳川家の分家である美濃の高須藩松平家三万石の六男として誕生した。会津藩八代目の松平容敬《かたたか》に男子がなく、十二歳のとき養子に入る。

当時、養子といえば家格の低いところへ行くのが普通だっただけに、三万石から二十三万石に入った容保は羨望《せんぼう》の目で見られたという。

しかし、大藩の殿様として安穏《あんのん》と暮らせる時代ではなかった。容保は生まれつき蒲柳《ほりゅう》の質（体が壮健でないこと）ではあったが、男らしい芯の強さと誠実さを持ち合わせていた。そんな人柄を徳川幕府に見込まれ、だれも引き受け手がなかった京都守護職を任されることになる。容保二十七歳のときだ。まさに貧乏くじを引いたようなものだったが、容保は律儀に職務を遂行した。

会津若松城が落城し、新政府軍に降伏した容保は命を助けられ、永禁固処分と決まる。その身代わりに家老の一人が切腹して果てている。容保は因幡《いなば》藩（鳥取県）に預けられ幽閉の身となる。容保や会津藩に対するこうした処分がさすがに行き過ぎたと反省したのか、新政府は容保の子の容大《かたはる》に家督相続を許し、会津松平家を存続させた。容大は廃藩置県後に東京へ出て、学習院から近衛騎兵隊に入り、のちに子爵に叙された。

●後年、明らかになった書簡の存在

明治四年三月、容保は自宅謹慎に切り替えられ、翌五年正月に晴れて赦免《しゃめん》となる。そればかりか、九年には従五位に叙されて名誉を回復、その後も累進《るいしん》して正三位までのぼった。十三年には上野と日光の東照宮、そして二荒山《ふたらさん》神社の宮司となり、最晩年までその職にあった。いかにも生真面目な容保らしい徳川家への忠義の尽くし方である。

しかし、自分たちを見捨てたかつての主君・

徳川慶喜を日光に迎えたときはさすがに心中複雑だったに違いない。

一応、名誉を回復したとはいえ、「朝敵」の汚名はそう簡単に消えるものではなかった。もともと、容保は孝明《こうめい》天皇に最も信頼されていた大名だった。それが証拠に、二度も内密の宸翰《しんかん》（天皇直筆の文章）を贈られていた。その一通は容保の忠誠を称える文になっており、容保に信頼を寄せていたことがよくわかる。

しかし、容保自身、天皇の書簡のことを一切口外することはなかった。書簡が入った箱をいつも首から下げ、他人に触れさせなかったという。白虎隊をはじめ無数の家臣や領民たちに辛い犠牲を強いてしまったことに対し悔いを残していた容保は、天皇の書簡を唯一の生きるよすがとして自らを慰めたのであろう。

明治二十六年、容保が会津若松において五十九歳で亡くなったとき、はじめて書簡の存在が明らかとなった。

箱館戦争終結後、榎本武揚が政府の要職に就いた本当の理由

榎本武揚《えのもとたけあき》（1836〜1908年、享年73）
幕臣の子として生まれる。戊辰《ぼしん》戦争では函館で最後まで抵抗を見せるが、降伏。のち赦《ゆる》され明治新政府で外交官を経て、政治家として様々な大臣職を歴任。

黒田清隆らが盛んに赦免運動を展開

榎本武揚《えのもとたけあき》ら旧幕軍が箱館（函館）で樹立した「蝦夷《えぞ》共和国」に対し、官軍の総攻撃が始まったのは、明治二年（一八六九年）四月下旬のことだった。

榎本らが立て籠《こ》もる五稜郭《ごりょうかく》めがけて連日海と陸から激しい砲撃が加えられ、陥落は時間の問題となった、そんな五月十二日、攻める側の官軍参謀・黒田清隆《くろだきよたか》より榎本のもとに降伏を促す使者が派遣される。

榎本はその勧告を拒絶すると、自身のオランダ留学で持ち帰った『海律全書』（海上国際法）二冊を黒田に贈った。

「開化途上の日本には必要なこの書が戦火で失われないように」

添え書きにはそう記されていた。黒田はこの期に及んで国の行く末を想う榎本の赤心に感激し、酒樽を贈って応えた。榎本とはそういう男だった。のちに榎本は政界に進出し栄達を遂げるが、その際、「新政府に寝返った変節漢」と陰口をたたかれもした。しかし、彼自身は一片の私心もない憂国の士であった。

明治五年三月六日、榎本は二年半の禁固生活の後、晴れて自由の身となる。このとき三十七歳。榎本のような人物を埋もれさせておくのは国家の損失であると、黒田や西郷隆盛《さいごうたかもり》らが盛んに赦免《しゃめん》運動を展開し、それが奏効したのである。

出獄して二日後、黒田のもとに呼ばれ、蝦夷から改称したばかりの北海道の開拓を命じられる。

働きどころを得た榎本は勇躍、北海道に渡った。まず、取り掛かったのは埋蔵資源の調査である。石油や砂鉄、石英、鉛鉱、陶土などが対象だった。

それが一段落すると、次は北海道・北東部の物産調査。榎本は開拓が始まったばかりの道なき原野を倦《う》むことなく踏査《とうさ》した。その結果、釧路の石炭、厚岸の塩、広尾・浦川の穀類や麻、たばこ栽培などが有望であると報告書に述べている。

千島・樺太をめぐる領土問題を解決に導く

北海道調査を成功させた榎本が次に命じられたのは、外交官として対露交渉に当たることだった。当時、日本とロシアは樺太《からふと》をめぐって領土問題でもめており、これを解決できる人物は榎本をおいて他になしと黒田が強く推挙し、実現したものだった。

明治七年三月五日、榎本は天皇より特命全権公使露国公使館在勤を拝命する。その五日後、全権一行は横浜から船に乗り、シンガポール、インド洋、スエズ運河経由でマルセイユに到着。そこで汽車に乗り換え、当時の露都ペテルブルグに到着したのは六月十日ごろのことだった。

樺太問題に関する会談は六月下旬から翌年五月にかけて、回を重ねて開かれる。その結果、「日本は樺太全島をロシアに譲渡する代わりに、千島列島を領有する」という千島・樺太交渉条約が、榎本と露国外務大臣ゴルチャコフとの間で締結・調印される。

どうにか大役を果たし、ほっとした榎本だったが、実はもう一つ使命があった。それは、ロシアの国情視察である。彼は広大なシベリア大陸を横断することでその使命を果たそうとした。

明治十一年七月二十六日、榎本は二人の若い日本人留学生と共にペテルブルグを馬車で出発した。目指す極東のウラジオストクまではおよそ一万キロ。榎本らはこれを六十五日間かけて踏破した。

なにしろ、シベリア鉄道が着工される十三年も前の話だ。当然、道路事情は悪い。おそらく、悪戦苦闘の日々だったに違いない。それでも、計算上は一日あたり百五十キロ強を走ったことになる。これはかなりのハイスピードである。

大臣職を歴任する

しかも、榎本はただ無闇に馬車を急がせたわけではなかった。途中、彼は鉱物・地質・化学・気象・地理・植物・民俗学などの身に付けた諸学問と、英・仏・蘭・露・独・漢・蒙の七カ国語を駆使し、シベリアの大地を精力的に調査して回ったのである。

こうした苦労の末に帰国後、『西比利亜《シベリア》日記』を完成させる。まさに、旺盛な行動力と博覧強記の知識をあわせ持つ榎本にしか成しえない任務だったのである。

その後の榎本だが、伊藤博文《いとうひろぶみ》や黒田清隆、山県有朋《やまがたありとも》、松方正義《まつかたまさよし》などの各内閣で逓信《ていしん》、文部、外務といった大臣職を歴任。順風満帆の後半生を送った。

退官後は、生活に困っている旧幕府出身者の救済に力を尽くした。明治四十一年、七十三歳で没した。

二　戦国の世を生きた勇者たちの「その後」

関ヶ原の戦いで徳川家康についた真田信之の知られざるその後

真田信之《さなだのぶゆき》（1836~1908年、享年73）
安土桃山時代から江戸時代前期の武将、大名。真田幸《ゆき》村《むら》の実兄。信濃上田藩の初代藩主にして、信濃《しなの》松代《まつしろ》藩の初代藩主にも。戦国期きっての長命の武将。

●気苦労ばかりが多い後半生

真田信之《さなだのぶゆき》は、戦国期随一の智将と称された真田昌幸《まさゆき》の嫡男《ちゃくなん》にして、関ヶ原合戦後の大坂の陣において徳川家康《とくがわいえやす》を大いに苦しめた真田信繁《のぶしげ》（幸村）の実兄でもある。父や弟の華々しい活躍に比して信之の存在感は至って薄いと言わざるを得ない。せいぜい信州（長野県）松代《まつしろ》藩の初代殿さまで、九十三歳という戦国武将の中でもナンバーワンの長命を保ったことで知られるくらいだ。

天下分け目の関ヶ原合戦では、父昌幸と弟信繁が石田三成《いしだみつなり》（西軍）に味方し、自分一人が徳川家康（東軍）についた。どっちが勝っても真田家が後世に残るようにと考えた昌幸の指示によるものだった。この関ヶ原合戦後、信之はなんと六十年近くも生きたことになる。信之にとってその六十年はどんな人生だったのだろうか。

実は、かつて父や弟が徳川家に弓を引いたばかりに、いつ真田家が幕府から取り潰しを命じられるかと信之は戦々恐々の日々を過ごしていたことがわかっている。おまけに最晩年には真田家の命運を左右する家督争いに巻き込まれる始末だった。

このように、けっして派手さはないが、松代藩真田家を明治維新まで存続させる礎を築いた信之の、気苦労ばかりが多い後半生をたどった。

●上田藩から松代藩へ加増転封

慶長五年（一六〇〇年）九月の関ヶ原合戦後、真田信之はそれまでの上州（群馬県）沼田領に、父昌幸の旧領だった信州上田と新たな加増分も加え、九万五千石の大名となった。このとき、徳川家に背《そむ》いた父との決別を表明するため、名をそれまでの信幸から信之に改めている。

昌幸と信繁の父子《おやこ》はかつて二度にわたる上田合戦で家康に煮え湯を呑ませていただけに、関ヶ原後は当然のように死罪になるはずだった。ところが信之の必死の嘆願と、信之には舅《しゅうと》に当たる本多忠勝《ほんだただかつ》のとりなしが奏功し、二人は罪一等を減ぜられ紀伊国（和歌山県）九度山に配流となった。信之の妻小松姫は、家康麾下《きか》にあって猛将ぶりをうたわれた忠勝の娘で、このときの忠勝のとりなしがなければ家康は十中八九、昌幸と信繁を殺していたはずである。

その後、大坂冬・夏の両陣が起こると、病床にあった信之は自分の名代として息子の信吉《のぶよし》と信政《のぶまさ》を参陣させた。このころ信之は軽い中風を患っていたとされているが、実はこれは仮病だったという説がある。

大坂城に籠《こ》もる弟信繁と争うのは肉親の情としてどうしても避けたかった信之は、徳川からの参戦要請にしばらくはぐずぐずと態度を決めかねていたという。そこに登場したのが妻小松姫だ。

「このままでは真田家が滅びかねない」

そう考えた小松姫は夫に相談せず独断で二人の息子を大坂に向かわせたというのだ。

真相は不明だが、父本多忠勝の血をひいた小松姫は知恵も度胸もある賢夫人だったことがわかっており、この逸話はあながち嘘とは言い切れないだろう。

そんな小松姫も信之が五十五歳のとき、四十八歳で病死した。その際信之は、「わが家の灯《ひ》が消えた」と思わず漏らしたという。この一言は普段からそれだけ妻を信頼していた証拠と言えよう。

大坂夏の陣の翌年（一六一六年）、信之は嫡男信吉に沼田領を譲り、自らは上田城に移る。その六年後、信之は上田藩六万五千石から松代藩十万石への加増転封を徳川幕府から命じられる。沼田領三万石はそのまま安堵《あんど》されたため、この時点で信之は合計十三万石を領したことになる。

九万五千石から十三万石と数字だけを見ればこの転封は喜んでいいはずだったが、

松代は肥沃《ひよく》な上田に比べると水害も多く実質は減収だった。しかも父祖伝来の上田の地を離れることは信之以下真田の人々にとって身を切られるに等しい出来事だった。

この転封劇の裏側には、多分に二代将軍秀忠《ひでただ》の意志が反映していた。秀忠は関ヶ原直前の第二次上田合戦において、自ら大軍を率いていながら寡勢《かぜい》の真田軍に翻弄《ほんろう》されるという失態を犯していただけに、真田のことが大嫌いだった。そこで、真田を要衝《ようしょう》の地の上田にとどめておくのは危険と判断し、江戸からは少しでも遠ざけようとしたというのが真相らしい。

信之は余程腹に据えかねたのか、引っ越しの際、検地資料などの重要書類を焼き捨てた上で、城内の植木や石灯籠などをすべて引き抜き、持ち去ったと伝わる。そのため信之の代わりに仙石忠政《せんごくただまさ》が信州小諸から移ってきた際、内情を把握できず大いに困ったことが記録されている。子供っぽいと言ってしまえばそれまでだが、信之は、この転封に納得していないぞと将軍秀忠に対しささやかな抵抗を示したわけである。

藩を二分する跡目相続騒動

その後信之は初代松代藩主として、町づくりや産業振興に力を尽くす。一方で、質素倹約を励行するとともに文武を奨励し、松代藩真田家の礎を築き上げた。

信之が最晩年になっても隠居しなかったのは、後継者が次々と早死にしたからである。彼自身が非常な長寿だったのに比べ、周囲の人たちは皆早世であった。前述したように妻小松姫が四十八歳で亡くなり、さらに嫡男信吉四十二歳、その子の沼田三代城主熊之助七歳、三男信重《のぶしげ》四十九歳、二男信政六十二歳——という具合で、父昌幸以来の重臣らも次々に彼岸《ひがん》へと旅立った。そこで仕方なく、老骨に鞭《むち》打ち、自らが先頭に立って藩のかじ取りを行ったのである。

幕府へ出していた隠居願いが聞き入れられたのは四代将軍家綱の治世下で、明暦二年（一六五六年）、信之九十一歳のときだ。信之は、松代領十万石を信吉亡きあと沼田城主となった二男信政に譲り、沼田領は信吉の二男信直《のぶなお》に与えた。そして自らは松代の北方にある寒村に移り住み、剃髪《ていはつ》して「一当斎」と号した。

これでようやく安穏とした隠居生活が送れるはずだった。ところが、松代藩主となったばかりの信政が万治元年（一六五八年）二月に病没したため、信之は再び表舞台に担ぎ出されてしまう。

信政の後継者には遺言によって子の幸道《ゆきみち》が指名されていたが、なにぶんまだ二歳の幼児だったため、これを好機と見た信直が「年齢から言って自分こそが後継者にふさわしい」と横から口出ししてきたのだ。こうして幸道派と信直派との間で、幕府をも巻き込んでの激しい跡目争いが勃発《ぼっぱつ》したのである。

我、生き過ぎたり

この確執は途中までは信直派が優勢だっ

た。幕閣の酒井忠清《さかいただきよ》などに手を回して後ろ盾になってもらったことが功を奏したのだ。ところが、松代入府の際、故信政が沼田から引き連れてきた家臣らが中心となって信直を排除しようとする機運が盛り上がり、やがて藩は真っ二つに割れてしまった。

この状況を収束させることができるのはやはり信之しかいなかった。信之は、自分が幼い幸道の後見になることを宣言したうえで、信直には浪費癖があり、酒色にも溺れやすいことを理由にあげ、次期藩主には信政の遺言通り、幸道を推戴《すいたい》するよう断を下したのである。

この事件を契機に沼田領は松代藩から独立し、信直は初代沼田藩主となった。しかし、やがて信直が行った強引な検地がアダとなり、天和元年（一六八一年）、沼田藩は幕府から改易を命じられている。信直はやはり藩主の器ではなかったのである。

こうして御家騒動は信之の働きによって最小限に抑えることができた。しかし、このときの心労が祟《たた》ったものか、まもなく信之は体調を崩して床についてしまう。

家士たちが薬を飲むようにすすめると、

「もはや医術の及ぶところにあらず。我すでに生き過ぎたり」

そう言って拒んだという。

表舞台に再登場したその年（万治元）の十月十七日夜半、信之は静かに息を引き取った。後世に真田家を伝えるという父昌幸との約束を果たし終えたからなのか、その死に顔はどこか満足げであったという。

信長の重臣・荒木村重はなぜ主君に刃を向け、新たな人生を選んだのか

荒木村重《あらきむらしげ》（1535～1586年、享年52）
戦国時代から安土桃山時代にかけての武将、大名。池田、三好《みよし》氏に属したのち、織田信長《おだのぶなが》の麾下《きか》に。信長に背いたため、剃髪《ていはつ》。利休十哲《りきゅうじってつ》の一人でもある。

●女子供を含め捕虜六百人余を虐殺

織田信長《おだのぶなが》の重臣の一人に、荒木村重《あらきむらしげ》という武将がいた。戦国乱世に数多《あまた》登場する武将の中でも、後世この荒木村重ほど悪い評判をとった人物も珍しい。

摂津国《せっつのくに》（大阪府北西部と兵庫県南東部）の一豪族から信長に引き上げられた村重は、やがて信長家臣団の中で順調に出世を遂げ、摂津一国を任されるまでになる。ところが、突如として謀叛《むほん》の疑いをかけられたことから、やむなく信長を裏切ることに。

こうして村重は、本拠とする有岡城《ありおかじょう》（伊丹城）に立て籠《こ》もるわけだが、その籠城《ろうじょう》のさなかに誰もが予想もしなかった行動に出る。妻子や家臣を置いたまま、わずかな家

来だけを連れて城を脱出してしまったのである。やがて主を失った有岡城は織田軍に攻められて陥落、信長の命によって捕虜となった六百数十人は女子供を含め、一人残らず磔刑《たっけい》や斬刑、焼殺刑に処された。

その後、村重は毛利《もうり》氏を頼って備後《びんご》（広島県東部）尾道に亡命し、そこで本能寺の変を知る。そのまま世をはかなんで隠遁《いんとん》生活を送るかと思いきや、羽柴秀吉《はしばひでよし》が政権を握ると、のうのうと大坂に舞い戻り、茶人として活躍するようになる。

戦国武将から数寄《すき》の道へ――。まさに百八十度の方向転換だが、そもそも、なぜ村重は信長から謀叛の疑いをかけられたのだろうか。そのあたりの真相と城脱出の顚末、晩年の茶人としての暮らしぶりを探った。

敵の本願寺方に糧米を横流し

なぜ村重は、戦線離脱という突拍子もない行動に出たのであろうか。それを知るには村重の有岡城籠城に至るまでの経歴を知る必要がありそうだ。

荒木村重は天文四年（一五三五年）、摂津の守護池田氏の家臣荒木義村《よしむら》の嫡男《ちゃくなん》として、現在の大阪府池田市で誕生した。最初は池田勝正《かつまさ》に仕《つか》えたが、やがて頭角を現し、勝正を追放するなど池田家を乗っ取ってしまう。

天正元年（一五七三年）には摂津茨木城主となり、同年、織田信長が足利《あしかが》十五代将軍義昭《よしあき》のいる槇島《まきしま》城（京都府宇治市）を攻めた折、織田軍に加わって戦功を立てたことから、信長は村重を気に入り、翌年には村重に摂津一国の支配を任せるほどだった。

その後、村重は信長の傘下に入って越前一向一揆の鎮圧や石山本願寺攻略、紀州征伐など各地を転戦し、武功を重ねた。この間、忠勤ぶりが認められ、従五位下摂津守にも任ぜられている。ここまでの村重は武将としてまさに順風満帆であった。

突如、安土城にいる信長の耳に「村重が本願寺方に寝返ったらしい」という噂が届いたのは、天正六年秋のことだった。村重が、敵の石山本願寺方に糧米を密《ひそ》かに売っているというのだ。

信長は最初、その噂を信じなかった。しかし、どうやら本当らしいとわかり、糾問《きゅうもん》の使者として明智光秀《あけちみつひで》を村重がいる有岡城に派遣した。すると村重は自分には謀叛の意志などさらさら持ち合わせていない。すぐにでも安土へ参上して信長にそのことを弁明するつもりだと光秀に語った。

ところが、何日たっても信長のもとに村重が来ることはなかった。村重自身は信長のもとに弁明に出向く考えだったが、それを村重の重臣らがこう言って押しとどめたからである。

「信長公は人一倍猜疑心《さいぎしん》が強いお方。一度でも疑念を抱いたからには、後々きっと滅ぼされるに違いない。ここは織田を見限ってほかにつくしか生き残る道はない」

村重がやって来ないことに業を煮やした信長は、羽柴秀吉と相談し、今度は村重とは旧知の仲である黒田官兵衛《くろだかんべえ》を使者に出した。しかし、村重が官兵衛を捕らえて土牢に監禁してしまったことから、ここに至り信長は村重の謀叛を確信する。

天正六年十一月、有岡城に籠る荒木村重を織田の軍勢二万余が取り囲んだ。村重は織田の大軍を向こうに回し、よく奮戦したが、村重の傘下に入っていた中川清秀《きよひで》と高山右近《うこん》が相次いで織田軍に降伏。両翼をもがれてしまった籠城方では兵糧が尽き始めていたこともあり、あとは落城の瞬間を待つだけとなった。

●茶道具と愛妾は連れ出す

籠城開始から十カ月がたった天正七年九月二日、村重は数人の家来を連れただけで密かに城を脱出し、嫡男村次《むらつぐ》（村安とも）がいる尼崎城《あまがさき》へと走る。このとき自慢の茶道具と愛妾《あいしょう》だけは連れて出ている。

その後、有岡城は織田軍の総攻撃を受けて陥落し、村重の一族と家臣、その家族ら六百数十人が捕虜となった。ここで信長は、尼崎城を明け渡せば、捕虜は全員助命してやろう、と使者を通じて村重に対し交換条件を提示してきた。しかし、村重はこれを拒否したため、捕虜は一人残らず虐殺されてしまった。

つまり村重は自分の命かわいさに有岡城に残る妻子や家臣らを見捨てたのである。これでは大将失格の烙印《らくいん》を押されても仕方がないだろう。

この有岡城をめぐる脱出劇からもわかるように、荒木村重という男は後世言われるように「卑怯者」で「身勝手」、おまけにどうしようもない「恥知らず」だったことがわかる。

その根底にあるのが、徹底した「現実主義者」だったということだ。謀叛の発端とされる石山本願寺への糧米横流しにしても、「織田信長」対「石山本願寺＋毛利」を天秤にかけ、勝が後者に転んだ場合を想定し、恩を売っておいたのだとする説が有力視されている。

村重は四十歳近くなってから信長の家来になっただけに、利害では結びついていても、羽柴秀吉や柴田勝家らほかの信長麾下《きか》の武将と違って信長に対し心服する気持ちは希薄だったのであろう。

村重はこうした現実主義者だったからこそ、戦国乱世という大舞台から自分がはじかれたことを悟ると、世をはかなんで自害するようなことはせず、武士を捨ててもしぶとく生き抜く道を選んだのだ。

村重を擁護するため、もうひとつ言わせてもらえれば、群雄が割拠するこの時代、勢いのある相手と手を組むことが、戦国武将にとって家を存続させる唯一の方法だった。普段から敵対勢力にもそれとなく秋《しゅう》波《は》を送っておくことは、戦国武将であればけっして恥ずべき行為ではない。

村重はきっと「信長にしたって、一時は足利義昭にすり寄って、その権威を利用したではないか。わしだけが卑怯だ身勝手だと後ろ指を指されるのは間尺に合わない」と声を大にして言いたかったに違いない。

茶人になっても讒訴癖はやまず

有岡城を脱出してからの村重だが、いったんは尼崎城に籠ったものの、すぐに花隈《はなくま》城（神戸市中央区）へと移る。しかし、ここも信長配下の池田恒興《つねおき》に攻められたため、城を脱出して毛利氏を頼った。天正八年七月のことだ。そして村重は最終的に備後尾道に潜伏すると、剃髪《ていはつ》して道薫《どうくん》と号した。

その二年後、村重を追い詰めた元凶である信長が本能寺で横死する。もはや危難が去ったと判断した村重は故郷の大坂へと舞い戻る。そして泉州（大阪府南西部）堺に居を構えると、親交があった千利休《せんのりきゅう》を頼り、茶人としての道を歩み始める。

そのうち、かつての同僚で、今や天下人となった秀吉に迎えられる。御伽衆《おとぎしゅう》の列に加わり、禄も頂戴した。どうやら秀吉は、信長から謀叛の疑いをかけられ、一族郎党を皆殺しにされてしまった村重の境遇を憐《あわ》れんでいたようである。

そんな秀吉だったが、一時、村重を遠ざけたことがあった。それは、村重がかつて自分の傘下にあった高山右近を讒訴《ざんそ》（相手を悪く言うこと）したことに起因する。村重が信長と一戦交《まじ》えることになった際、右近が早々に信長方に寝返ってしまい、それが原因で村重方は一気に不利となった。以来、そのことを村重はずっと根に持っていたのである。

切支丹《キリシタン》大名としても知られる右近は、本能寺の変ののち、秀吉の幕下に入り、今や秀吉の忠実な家来の一人になっていた。そんなかわいい家来を悪く言われ、秀吉は怒ったのである。

この村重の讒訴癖は、名利にとらわれない茶人となっても改まることはなかった。こんな話がある。秀吉が小田原征伐で出陣中に秀吉の悪口を言ったところ、それが回りまわって秀吉の妻北政所《きたのまんどころ》の耳に入り、北政所から叱責《しっせき》を受けたこともあったという。

そんな村重も、本能寺の変から四年後の天正十四年、堺で没した。五十二歳だった。記録によると、大坂に戻ってからの二年間で、村重自身が主催した茶会は八回あったという。

武将時代とは打って変わって、ときには好き勝手なことも言うが、全体的には平和で穏やかな茶人として明け暮れた晩年だった。嫡男村次は秀吉に仕え、その子村常《むらつね》は徳川三代将軍家光《いえみつ》の治世下、五百石の旗本に列している。

また、村重の茶人としての教養の高さは、有岡城攻めでかろうじて生き残った息子の岩佐又兵衛《いわさまたべえ》によって受け継がれた。又兵衛は江戸時代初期に絵師として活躍し、のちに浮世絵の祖と称されている。

豊臣政権の末期を支えた五奉行の知られざるその後

浅野長政《あさのながまさ》（1547〜1611年、享年65）
戦国時代から江戸時代初期にかけての武将、大名。豊《とよ》臣秀吉《とみひでよし》とは縁故《えんこ》関係にあり、豊臣政権では五奉行の筆頭格。「太閤検地《たいこうけんち》」では中心的な役割を果たす。

●五大老と五奉行による合議制

関ヶ原の戦いが起こる二年前の慶長三年（一五九八年）八月十八日、一代で天下人の座に駆け上がった豊臣秀吉《とよとみひでよし》が死去した。亡くなる十三日前のことだが、秀吉は徳川《とくがわ》家康《いえやす》、前田利家《まえだとしいえ》、毛利輝元《もうりてるもと》、上杉景勝《うえすぎかげかつ》、宇《う》喜多秀家《きたひでいえ》ら有力大名五人に対して遺言状をしたため、わが子秀頼《ひでより》の行く末をたのんだ。その遺言状には追伸として以下のようなことが書かれていた。

「秀頼の事、たのみ申し候、五人のしゅたのみ申し上げ候、いさい五人の物に申しわたし候、なごりおしく候　以上」

ここにある「五人の衆」とは、家康以下の五人であることは言うまでもない。いわゆる「五大老」である。そして、「五人の物」とはのちに「五奉行」と呼ばれることになる、すなわち前田玄以《まえだげんい》、浅野長政《あさのながまさ》、石田三成《いしだみつなり》、増田長盛《ましたながもり》、長束正家《なつかまさいえ》の五人をいう。

秀吉亡き後、この五大老と五奉行による合議制で豊臣政権が運営されたのはご案内の通り。五大老は政治の大まかな舵《かじ》取りを受け持ち、五奉行のほうはその実行部隊として、まず前田玄以が京都所司代（京都に設置された行政機関の長官）を兼ねることとし、朝廷や公家、寺社などを管轄《かんかつ》。さらに浅野長政は司法、石田三成は行政、長束正家は財政、増田長盛は土木の分野を受け持った。

この五大老・五奉行制度は関ヶ原の戦いが始まるまでのわずか二年足らずで崩壊することになるのだが、本項では秀吉亡き後のそんな彼らの足跡をたどった。五大老に関してはほとんど知られているので、ここではあまりその足跡が知られていない五奉行、それも石田三成を除いた四人の奉行たちのその後にスポットを当てた。

長政を家康に密告した人物とは？

秀吉が亡くなって、五大老・五奉行が最初に取り組んだのが、慶長の役《えき》（朝鮮出兵）後、朝鮮に残していた日本軍の将兵を帰還させることだった。石田三成らの働きでその年の十一月下旬までにこれを完了させると、それを待っていたかのように家康が策動を始めた。

まず家康は、三成とは対立関係にあった

福島正則《ふくしままさのり》や加藤清正《かとうきよまさ》、黒田長政《くろだながまさ》ら有力大名に相次いで接近し、豊臣氏には無断で縁戚《えんせき》関係を結ぼうとした。こうした家康の勝手な行為は秀吉の遺命に背《そむ》いたことになるため、家康を除いた四大老・五奉行は家康に激しく抗議し、いったんは家康の動きも沈静化する。

ところが、慶長四年閏《うるう》三月三日に前田利家が大坂で死去すると、自分に対抗しうる唯一の勢力が消滅したことで、家康は三成ら五奉行に対し露骨に揺さぶりをかけ始めた。

まず、福島正則や加藤清正ら武断派が石田三成に対し襲撃計画を企てたことを好機ととらえ、事件の鎮静化を図るためと称し、三成を領地の近江国《おうみのくに》（滋賀県）佐和山に蟄《ちっ》居《きょ》させ、五奉行は四奉行となった。

ついで十月二日、浅野長政が家康から暗殺の嫌疑をかけられると、家督を嫡男幸長《よしなが》に譲って武蔵国《むさしのくに》府中（東京都府中市）に隠居した。これで三奉行だ。実は、長政に謀《む》叛《ほん》の疑いありと家康に密告したのは五奉行の一人、増田長盛だった。

翌慶長五年五月三日、家康は上杉景勝を討伐するための軍を起こすのだが、すでに五奉行の中では支柱的存在だった石田三成と浅野長政が脱落しており、残った三奉行にはその家康を止めるだけの知恵も権力も残っていなかった。

こうして運命の関ヶ原へと突入するわけだが、以下では石田三成を除いた四奉行のその後について述べてみたい。

五奉行の中では筆頭格だった長政

まず石田三成の次に脱落した浅野長政について――。長政は秀吉の正室・北政所《きたのまんどころ》の妹婿《むこ》にあたる。はじめ織田信長《おだのぶなが》に仕《つか》えたが、間もなく秀吉に仕えて与力となる。親戚が少なかった秀吉には頼りになる存在だった。信長没後の賤ヶ岳《しずがたけ》の戦いで功があり、秀吉から近江国大津二万石を与えられる。

以後は秀吉の裏方として内政面に手腕を発揮。秀吉が実施した「太閤検地《たいこうけんち》」では中心的役割を果たした。天正十五年（一五八七年）には、九州平定で活躍したことなどが評価され、若狭国《わかさ》（福井県）小浜八万石の国持ち大名となる。

朝鮮の役では軍監として渡海した。文禄二年（一五九三年）、甲斐《かい》で二十二万五千石を与えられる。いわゆる五奉行になったのはその五年後の慶長三年のことである。秀吉との関係性の深さから、長政は五奉行の中では筆頭格であった。

関ヶ原の戦いの直前、長政は増田長盛の讒訴《ざんそ》にあっていったんは隠居していたが、合戦が近付くと家康への加担を表明し、子の幸長とともに東軍に属した。幸長は東軍の先鋒として信長の嫡孫《ちゃくそん》・織田秀信《ひでのぶ》が守る岐阜城の攻略で功を立て、関ヶ原における本戦でも活躍した。

家康と仲が良かった長政

これにより幸長は紀伊国和歌山三十七万石へ加増転封《てんぽう》となる。長政自身は江戸幕府成立後、家康に近侍《きんじ》し、慶長十年（一六〇五年）には江戸に移住した。翌十一年、幸長の所領とは別に常陸《ひたち》国（茨城県）真壁五万石を隠居料として与えられる。

長政は慶長十六年（一六一一年）四月七日、六十五歳で亡くなった。長政という人は、治めた国では常に領民からしたわれる名君であった。囲碁を好み、家康ともしばしば盤を囲んだ。家康は長政が亡くなったことを知ると、以来、碁を絶ったという。

幸長の没後は嗣子《しし》が無かったため長政の次男で備中《びっちゅう》国（岡山県西部）足守藩主であった長晟《ながあきら》が家督を相続した。のちに長晟は安芸国広島藩に加増転封となる。また、長政の三男長重《ながしげ》は、長政の隠居料を相続した後、子の長直《ながなお》の代に播磨《はりま》国（兵庫県南西部）赤穂《あこう》藩に転封となる。

この長直の孫が赤穂事件で有名な浅野内匠頭長矩《たくみのかみながのり》である。

豊臣氏を滅ぼした元凶？

次は、長政に謀叛の疑いありと家康に密告したとされる増田長盛。父母や生誕地などについてはよくわかっていない。二十代後半で秀吉に仕え、秀吉と家康が戦った小牧・長久手の戦いでの功により、二万石を与えられる。

石田三成と同様、軍事よりも内政に秀でており、検地奉行などを務めている。文禄四年（一五九五）、秀吉の甥《おい》羽柴秀保《ひでやす》が亡くなると、その居城であった大和国（奈良県）郡山城を与えられ、二十万石を領した。

秀吉没後は秀頼補佐の中心的役割を担い、関ヶ原の戦いでは西軍に属して大坂城の留守居を務めた。その一方で、三成の挙兵や、大坂城内の様子を家康に知らせるという利敵行為を働いている。

戦後、長盛は頭を丸めて家康に謝罪したが、家康はそれを許さず、所領没収の上、高野山へ追放する。のちに武蔵国岩槻（埼玉県岩槻市）城主・高力清長《こうりききよなが》に預けられた。

慶長二十年（一六一五年）の大坂夏の陣では、子の増田盛次《もりつぐ》が大坂方に与《くみ》したことがわかり、戦後その責任を追及され、自害を命じられた。享年七十一。

長盛のことを、豊臣氏を滅ぼした元凶と指摘する史家もいる。その理由は、三成の失脚後、長盛が百万石以上に相当する豊臣氏の直轄地を一括管理していたからだ。この直轄地がもたらす莫大な資金を豊臣氏と西軍のために活用していたなら、関ヶ原の戦いは違った結果になっていたかもしれないという。

腹が据わらない態度に終始した長盛こそは、うまく時勢を泳ぎきろうとしてかえって失敗した典型であろう。

西軍の二人は異なる処分を受ける

四奉行の残りの二人、前田玄以と長束正家だが、まず前田玄以。出自はほとんど不明だ。元は比叡山の僧侶だとも言われている。織田信長に請《こ》われて嫡男信忠《のぶただ》付の家臣となり、本能寺の変では信忠の嫡男三法師（秀信）を保護し、のちに傅役《もりやく》となった。

秀吉が覇権を握ると京都所司代となり、朝廷との交渉や市中の民政に大いに実績を上げた。この所司代の職務は関ヶ原まで十七年間も続けた。在任中はどんな罪人であっても一人として死刑にしなかったという。秀吉の信任も厚く、常々秀吉から「智深《ちえ》く して私曲《しきょく》（不正を働くこと）なし」と称されたという。

秀吉没後は豊臣政権下の内部抗争の沈静化に尽力した。石田三成が挙兵すると西軍に加担したが、一方で増田長盛同様、三成の挙兵を家康に内通する裏切り行為を働いている。

玄以は秀頼の後見人を申し出て大坂に残り、さらには病気を理由に関ヶ原には最後まで出陣しなかった。こうした姿勢が家康に評価され、戦後、玄以は所領の丹波亀山（京都府亀山市）五万石を安堵《あんど》された。慶長七年（一六〇二年）五月二十日、六十三歳で没した。

増田長盛と同じような顛末《てんまつ》をたどったのに、玄以が処分を受けなかったのは、京都所司代時代に培った朝廷や寺社との間に太いパイプがあり、これを無駄にする手はないと家康が頭の中でそろばんをはじいたからだった。

関ヶ原では絶好の場所に居ながら動かず

長束正家は、はじめ織田信長の重臣丹羽《にわ》長秀《ながひで》に仕え、天正十三年（一五八五年）に豊臣秀吉の直参《じきさん》となった。財務能力に長《た》け、のちに豊臣氏の直轄地の管理や太閤検地に携わった。文禄四年（一五九五年）、近江水口城《みなくち》（滋賀県甲賀市）五万石を頂戴し、五奉行に名を連ねる。慶長二年（一五九七年）には十二万石に加増された。

関ヶ原の戦いでは西軍に属し、安国寺恵瓊《あんこくじえけい》、長宗我部盛親《ちょうそかべもりちか》とともに関ヶ原の東南方向にある南宮山に布陣した。そこは関ヶ原の主戦場から遠く離れていたが、東軍の背後をつくには絶好の位置にあった。しかし、結果的に三人は動かなかった。

戦後、正家は本領の水口城に籠もったが、寄せ手の池田長吉《ながよし》に欺《あざむ》かれて城から出たところを捕縛され、のちに切腹。首は京都・三条河原にさらされた。没年は四十前後とみられる。

――このように、五奉行とは石田三成以下、行政や財政のスペシャリストぞろいであった。この中に軍事や駆け引きに長けた人物が一人でもいたなら、家康の独走をあるいは防ぐことができたかもしれない。

史上最大の裏切り劇の主役・小早川秀秋の「それから」

小早川秀秋《こばやかわひであき》（1577?～1602年、享年26）
安土桃山時代の大名。豊臣秀吉《とよとみひでよし》の正室高台院《こうだいいん》の甥《おい》。関ヶ原では史上最大の裏切り劇を演じた。関ヶ原後、備前岡山城主になるが、すぐに謎の若死にを遂《と》げる。

●家康に勝利をもたらした男

戦国期を代表する「裏切り者」といえば、誰しも小早川秀秋《こばやかわひであき》の名をいの一番にあげるだろう。一時は豊臣《とよとみ》家の跡継ぎ候補にもなりながら、天下分け目の関ヶ原の戦いでは豊臣方を裏切り、敵方の徳川家康《とくがわいえやす》に勝利をもたらした秀秋。

彼の裏切りがなければ、のちの徳川の世は訪れなかったか、あるいは訪れたとしても、あれほどすんなりとは家康の手に天下の覇権が移らなかったはずである。

そんな秀秋は、関ヶ原の二年後にわずか二十六歳で早世した。その死因については、『備前軍記《びぜんぐんき》』などによれば、ある日鷹《たか》狩りに出かけ、無礼討ちにしようとした農夫に反撃され股間（睾丸《こうがん》）を蹴《け》られて悶死《もんし》した、小姓《こしょう》を手討ちにしようとして逆に返り討ちにあった、裏切り者といわれ続けたために酒におぼれて体を壊した、あるいは関ヶ原で死んだかつての味方にあの世から呪い殺された——など様々な説があり、確かなことは不明だ。

本稿では秀秋の実像に迫りつつ、関ヶ原から亡くなるまでの〝晩年〟をどう生きたかについて述べてみたい。

●三成への憎しみと家康に対する恩義

小早川秀秋は天正五年（一五七七年）の生まれ（天正十年説もあり）で、関ヶ原のときは二十四歳、死亡したのは二年後の慶長七年（一六〇二年）のことである。豊臣秀吉《ひでよし》の妻北政所《きたのまんどころ》の兄木下家定《いえさだ》の子で、天正十三年に義理の叔父である秀吉の養子となり、元服後、羽柴秀俊《ひでとし》を名乗る。

このころから、秀秋同様秀吉の養子となっていた豊臣秀次《ひでつぐ》に次ぐ豊臣家の有力な後継者候補と周囲からみられたが、文禄二年（一五九三年）、秀吉に実子秀頼《ひでより》が誕生すると運命が急転。翌年、秀吉の命により小早川隆景《たかかげ》（毛利元就《もうりもとなり》の三男）と養子縁組をさせられ、小早川秀秋となった。

文禄四年、隆景の隠居により、その所領であった筑前《ちくぜん》（福岡）・名島城主となり、三十万七千石を相続する。

慶長二年、二十一歳になった秀秋は日本軍の総大将として朝鮮出兵に参加。秀秋にとっては初陣である。このときの蔚山《ウルサン》城の戦いで秀秋は、敵軍に包囲され全滅の危機に瀕していた加藤清正《かとうきよまさ》の軍勢を救うため、自ら槍を引っ提げて敵の包囲網を蹴散らし、敵将を生け捕りにするという華々しい活躍をみせている。

のちにこのことを伝え聞いた秀吉から「大将のすることではない」と秀秋は厳しく叱責《しっせき》されたそうだが、後世の小説やドラマでよく知られた「臆病者」というイメージからは程遠い勇猛果敢さだ。

ところで、これまで通説とされてきた天正十年誕生説をとった場合、この朝鮮出兵の際は十六歳ということになり、これでは若すぎる。

慶長三年八月に秀吉が亡くなると、秀秋は筑前に戻り、朝鮮の役で疲弊《ひへい》した領国を立て直すために「年貢《ねんぐ》の免除」など農村の復興に務めている。

そして運命の関ヶ原合戦（慶長五年＝一六〇〇年）。秀秋は一万五千余の大軍勢を率いて西軍（豊臣方）に参加した。このときの秀秋の心はすでに西軍から離れており、九分九厘、東軍（徳川方）に味方する腹積もりだったとみられている。

なぜなら秀秋には、秀頼が誕生して以来、叔父秀吉から疎《うと》んじられてきたという実感があり、もうひとつ、家康に大きな「借り」があったことも見逃せない。それは朝鮮の役に遡《さかのぼ》る。蔚山城での活躍を評して石田《いしだ》三成《みつなり》が「大将の器に非ず」と秀吉に言上《ごんじょう》した。そのため秀秋は秀吉の怒りを買い領国筑前を召し上げられ越前《えちぜん》（福井）への大減封の国替えを命じられてしまう。

なにもかも三成の讒言《ざんげん》（人を陥れるために事実を曲げて目上の人に報告すること）によるものだと思い込んだ秀秋は、のちに伏見城で三成と出会った際、怒りにまかせて三成を斬ろうとさえした。それを制したのが、たまたまその場に居合わせた家康である。このとき家康のとりなしがなければ、秀秋の運命はもっと悲惨なものになっていたはずである。これが「借り」の一つ。

さらにまた、秀吉が病死したためにその国替えはなされなかったが、のちに家康が五大老の名において、筑前は元通り秀秋のものであると宛行状《あてがい》を出したことで、秀秋は家康に二つめの「借り」をつくってしまったのである。つまり、三成は自分を讒言によって追い落とそうとした憎い男であり、一方の家康は自分の窮地を二度も救ってくれた大恩人であったわけだ。

このときの秀秋の心情を思えば、関ヶ原での寝返りは全面的に味方を裏切る卑怯な行為であるとは言い切れないように思えるが、いかがだろう。

城下町や農地の整備で岡山の礎を築く

関ヶ原の戦いが終結後、秀秋の軍勢はただちに三成の父石田正継《まさつぐ》が守備する佐和山城を攻めている。堅城をうたわれた佐和山城だったが、秀秋軍はこれに猛攻撃を仕掛け、わずか半日で陥落させている。城攻めにおいても秀秋は凡将でなかったという証明だ。

こうした活躍もあり、戦後の論功行賞において秀秋は旧宇喜多秀家領の岡山藩五十五万石に加増・移封された。

岡山に入った秀秋は、居城の岡山城を改築するとともに、領内の総検地の実施、寺社の復興、農地整備など急速な近代化を推進した。文字通り、岡山の礎を築いたといっても過言ではないのだ。最も有名なのは「二十日堀」で、従来の岡山城の外堀の外側に、新たに二倍の幅を持つ総延長約二・五キロメートルの堀をつくって城下町の拡大を図った。この工事には領内から多くの人々を動員し、わずか二十日間で完成させたという。

小早川秀秋といえば、その没後、「裏切り者」「日和見《ひよりみ》」「臆病で暗愚《あんぐ》」……など様々なマイナスイメージで語られてきたが、そうしたイメージと、かつての領国筑前やこの岡山でみせた数々の見事な政治手腕とはどうしても相容《い》れないものがある。この齟齬《そご》は一体なぜ生まれたのだろうか。

江戸の世になり、豊臣恩顧の大名たちが軒並み冷遇されたり、家を取り潰されたりしたことからもわかるように、ときの権力者がかつて自分が服従した為政者《いせいしゃ》を殊更《ことさら》悪く言い立てるのは世の常だ。現在の為政者である徳川が喜ぶように豊臣の縁につながる秀秋を悪者に仕立てたということは十分考えられる。若くして急死し、その死の真相が謎に包まれていることもあって余計に話に尾ひれが付いてしまったのだろう。

関ヶ原の戦い後、〝奥州の覇王〟伊達政宗はどう過ごしたか

伊達政宗《だてまさむね》（1567～1636年、享年70）
奥州の覇王《はおう》と呼ばれた仙台藩初代藩主。豊臣秀吉《とよとみひでよし》による後北条氏討伐《とうばつ》の小田原合戦では秀吉に刃向かうか恭順するかで直前まで迷った。食道楽でもあった。

●外様大名として生き残る道を

天正十七年（一五八九年）六月、伊達政《だてまさ》宗《むね》は宿敵・芦名《あしな》氏を滅ぼし、二十三歳の若さで奥州の覇者となる。その勢いで天下さえもうかがおうとした矢先、豊臣秀吉《とよとみひでよし》、徳《とく》川家康《がわいえやす》という巨大な敵が次々と現われ、その夢は打ち砕かれてしまう。

まず、秀吉によって小田原参陣への遅参を咎《とが》められ、二百万石の領地を五十八万石にまで削られる。秀吉亡き後、関ヶ原合戦では徳川方に味方したにもかかわらず、その実力を恐れた家康によってわずか二万石加増されるにとどまった。

関ヶ原合戦（慶長五年＝一六〇〇年）のとき、政宗は三十四歳。実力・名声共に備

わり、徳川家に対抗して天下を狙ったとしても何ら不思議はなかった。しかし実際は家康の前に膝を屈し徳川家の外様大名として生き残る道を選んだ。

合戦後、亡くなるまでの三十六年間、奥州の覇王は何を思って後半生を過ごしたのだろうか。

●トイレで毎日の献立を考える

元和二年（一六一六年）、この年が明けてすぐ、家康が病に倒れる。「政宗起つ」の噂は全国をかけめぐり、二代将軍・秀忠《ひでただ》は諸大名に出陣を命じたほどだった。

しかし、政宗はついに挙兵することはなかった。理由ははっきりしないが、関ヶ原合戦から十六年の間に、家康によって幕藩体制の礎が築かれ、一大名がどんなに頑張ってみてもどうにもならないことを悟ったからだとみられている。

家康亡き後の政宗だが、意外なことに凝り、周囲を驚かせている。それは「食道楽」だ。一般に戦国大名というのは食べ物にこだわりがなく、粗食に甘んじた。政宗も例外でなかった。それが、家康の死をきっかけに突然、「グルメ大名」へと変身してしまったのである。

証拠がある。江戸時代、仙台藩の屋敷が東京・港区の汐留にあった。その発掘調査によって、ごみ捨て場の中から鶴、鯛、鴨、牛、鹿、羊など他藩ではあまり見られない骨がたくさん発掘されている。もちろん、食料にしたのだ。この仙台藩の豊かな食文化の基礎を作ったのが政宗なのだ。

仙台藩主となった政宗には、ある変わった日課があった。午前と午後の一日二回、一回につき二時間もトイレにこもったのである。そのトイレは二畳敷の広さがあり、棚には筆記用具がそろえられていた。ちょっとした書斎である。

そのトイレで何をしたかというと、これがなんと自分が食べる朝晩の献立を考えていたのだ。ある日の朝食メニューを記した、政宗直筆の献立が残っている。

一の膳
赤貝焼き
ふくさ汁（キジ肉のみそ汁）
ごはん
二の膳
ヒバリの照り焼き
鮭のなれ寿司
香のもの

政宗は大食漢としても知られ、一回の食事で二合半の米を腹に収めたというから、すごい。また、江戸屋敷にいるときは泥酔し、大名らしからぬ振る舞いに及ぶこともしばしばだったという。

藩の生き残りをかけた孤独な戦い

食道楽や酒に迷うとは、奥州の覇王と言われた大名にしては何とも解《げ》せない行動だが、実はその裏に政宗一流の深謀遠慮があった。政宗は幕府の大名取り潰し政策を恐れたのである。

家康が亡くなってから、全国の有力大名

は次々に改易された。特に外様大名が最大の標的となった。広島の福島家、熊本の加藤家がその典型だ。そこで、各藩は幕府に弱みを握られ取り潰しに遭わないためにあれこれ智恵を絞った。

秀忠の娘を自国へ輿入《こしい》れさせたり、将軍家の縁につながる男子を養子に迎えたり、藩をあげて学問にいそしんだりと、それはそれは涙ぐましいものがあった。政宗の場合、食道楽や酒におぼれることで、「自分は天下を狙う気持など毛頭ありませんよ」と幕府に対し無言のアピールを行ったのである。

政宗は自分だけが珍味佳肴《かこう》を楽しむのではなく、秀忠や三代将軍・家光《いえみつ》を藩邸に招いてご馳走で接待することにも熱心だった。

寛永七年（一六三〇年）四月、家光を接待したときの献立が残っている。

このとき、なんと政宗自身が台所に立って監督し、五十四品もの料理を家光に供したという。また、贈り物攻勢にも積極的で、仙台の名産品を次々に将軍家に献上した。多い月は六度にもなったという。

政宗のこうした「グルメ戦略」が奏効したのか、仙台藩は取り潰しに遭うことがなかった。いつの世も人は食い物の恩に弱いようである。

寛永十三年六月、伊達政宗は江戸屋敷で七十年の生涯を閉じる。政宗にとって食道楽は、仙台藩の生き残りを懸《か》けたたった一人の合戦だった。死因は暴飲暴食がたたったものか、胃癌《いがん》だったという。

三　日本史の重要人物が表舞台から下りた後で

大宰府へ追いやられた後の菅原道真は その後、どんな日々を送ったか

菅原道真《すがわらのみちざね》（845〜903年、享年59）
平安時代の貴族、学者、漢詩人、政治家。左大臣藤《ふじ》原時平《わらのときひら》の讒訴《ざんそ》によって大宰府《だざいふ》へ左遷《させん》され、現地で没した。のち天神様、学問の神様として崇《あが》められる。

●無実の罪で大宰府へ流される

今日、学問の神様として信仰を集める太《だ》宰府《ざいふ》天満宮《てんまんぐう》（福岡県太宰府市）。祀《まつ》られているのは言うまでもなく、菅原道真である。道真は平安中期の学者で政治家。学者の家に生まれ、詩文をよくした。

特に、宇多《うだ》・醍醐《だいご》両天皇に寵愛《ちょうあい》され、右大臣にまで出世する。しかし、左大臣・藤原時平《ふじわらのときひら》の讒言《ざんげん》にあい、九州・大宰府へ左遷《させん》され、そこで没する。左遷が決まり、京都から任地に赴くに際し、自邸紅梅殿《こうばいでん》で有名な、

東風《こち》吹かば　匂ひおこせよ　梅の花　あるじなしとて　春を忘るな

という歌をものにしている。もう二度と

中央政界に復帰できないだろうと観念し、その思いを歌に込めたのである。のちにこの梅は大宰府に飛んでいって、そこで根付いた。有名な「飛び梅伝説」である。

道真が大宰府に左遷させられたのは、九〇一年一月。息子たちもそれぞれ遠国へ流罪となり、一家離散の憂き目に遭ってしまった。道真に与えられた配所のひどさは言い様がないほどで、床は朽《く》ち、縁は落ち、屋根は雨漏りがひどかった。

道真は生来の胃弱で、栄養失調からくる脚気や皮膚病にも苦しみ、夜もろくに眠れない日々を過ごした。胃痛が耐え難くなると、石を焼いて腹を温めるのだが、それでも痛みはなかなか去らない。そこで「強いて酒半盞《はんさん》を傾く」ことになる。

道真は、実はまったくの下戸だった。讃岐守《さぬきのかみ》時代の詩に「性は酒を嗜《たしな》むことなく、愁《うれ》い散じ難し」という一節があることからそれがわかる。そんな下戸の道真も、左遷させられた悔しさや望郷の思い、そして胃の痛みを紛《まぎ》らすため、飲めない酒をむりやり半杯あおって眠りについたわけである。

道真の死後、京都では天変地異が頻発

大宰府に流されて二年目の春、道真は失意の内に没する。享年五十九。埋葬のために葬儀の列が進むなか、突然、遺骸を乗せた車が立ち止まり、車を引く牛をいくら押しても動かなくなってしまった。そこでやむなく、その場所を墓所と定め埋葬することにした。これが、現在の太宰府天満宮の

前身の安楽寺だという。

ほどなくして、京都周辺では洪水が頻発し、疫病《えきびょう》が流行する。しかも、道真左遷の首謀者・藤原時平と、二人の皇太子が相次いで亡くなる。人々は「無実の罪で左遷させられた道真の怨霊《おんりょう》の祟《たた》りではないか」と噂しあった。その噂が広がりをみせるなか、決定的な災厄《さいやく》が降り掛かった。

九三〇年六月、天皇が起居する清涼殿《せいりょうでん》を雷が直撃、何人もの貴族が死に、醍醐天皇も崩御《ほうぎょ》する。あわてた宮廷側は、すでに亡くなっている道真を右大臣に復し、正二位を追贈する。ところが、災厄はやむことがなかった。

そこで、道真の怨霊を「天満自在天神」として祀ることになった。落雷事件と天神(雷神)信仰との習合がなされたわけである。菅原道真を「天神様」と呼び慣わすのはこうしたいきさつがあったからだ。

ともかく、これが現在の北野天満宮(京都市上京区)の始まりとなった。さらに、一〇世紀後半には文道の祖、学問の祖としても尊崇されることになり、今日に至っている。

室町幕府最後の将軍をめぐる哀切と痛切の物語

足利義昭《あしかがよしあき》（1537〜1597年、享年61）
室町幕府最後（第十五代）の将軍。幕府再興を悲願としたが織田信長《おだのぶなが》の傀儡《かいらい》と成り果てる。豊臣《とよとみ》政権では秀《ひで》吉《よし》の御伽衆《おとぎしゅう》に加えられ、穏やかに暮らした。

●三つ年上の信長を御父と呼んで敬う

足利義昭《あしかがよしあき》——。室町《むろまち》幕府第十五代将軍、つまり室町幕府最後の征夷《せいい》大将軍である。

義昭の人生を語るとき、欠かすことのできない人物がいる。織田信長《おだのぶなが》である。義昭にとって信長という存在は、服用法を間違えればこちらの身をも害しかねない劇薬であった。そんな劇薬、信長が本能寺で亡んだ後、義昭は一体どんな人生を歩んだのであろうか。本能寺の変から六十一歳で亡くなるまでの十六年間の足跡をたどってみた。

足利義昭は天文六年（一五三七年）十一月三日、室町幕府第十二代将軍・足利義晴《よしはる》の次男として誕生した。六歳で仏門（興福寺一乗院）に入り、覚慶《かくけい》を名乗る。兄の足利義輝《よしてる》は天文十五年、わずか十一歳で十三代将軍に就任している。

本来ならば覚慶はそのまま僧侶として生涯を全うするはずであったが、世は戦国時代。永禄八年（一五六五年）五月に松永久秀《まつながひさひで》らによって義輝が暗殺されると、覚慶は興福寺にそのまま幽閉されてしまう。

その二カ月後、覚慶は寺を脱出して近江に身を寄せる。翌年二月、還俗《げんぞく》し、名を義秋《よしあき》と改めると、このころに自分の手で足利家を再興しようと腹を括ったらしい。その後、従五位下・左馬頭《さまのかみ》にのぼると、越前の朝倉義景《あさくらよしかげ》を頼る。この地で名を義昭と変えたときはすでに三十二歳になっていた。

その三カ月後の永禄十一年七月二十五日、当時日の出の勢いだった織田信長の招きに応え、美濃の立政寺《りゅうしょうじ》に入る。同年九月二十六日、信長と共に上洛を果たす。このころ十四代将軍・足利義栄《よしひで》が死去したため、義昭は信長の後押しもあって十月十八日、十五代将軍に任ぜられた。

念願の将軍の座に就いたことで義昭は有頂天となった。わずか三歳年上の信長に対し、「御父《おんちち》」と呼び、さらに「武勇天下第一」とまで称えた。しかし、信長の真意は義昭の権威を利用し、畿内支配を強めることにあった。義昭は日をおかずそのことに気付かされることになる。

信長包囲作戦は挫折の憂き目に

元亀《げんき》三年（一五七二年）十月、各地の勢力と独自の外交を繰り広げる義昭に対し、怒った信長は十七条からなる意見書を送りつける。これに反発した義昭は、信長から御所として提供されていた二条城に籠《こ》もって戦備えを始めた。

同年十二月に起こった三方ヶ原の戦いで織田と同盟関係にあった徳川家康《とくがわいえやす》が武田信玄《たけだしんげん》のために苦杯をなめると、義昭の立場は一気に強まった。そこで信長は、義昭のもとへわが子を人質に差し出し、和睦《わぼく》を図ろうとしたが、義昭はこれを拒否。

信玄の力を借りて信長を倒すことができると喜んだ義昭だったが、運命は皮肉だった。信玄が西上途中で急死し、武田軍が甲斐《かい》に退却したため、義昭と信長の立場は一気に逆転したのである。義昭は山城・槇島《まきしま》城に籠もって抵抗を見せるが、織田の大軍に城を包囲され、天正元年（一五七三年）七月、わずか十七日間の籠城《ろうじょう》の末に信長に降伏する。

その後、義昭は京を追放され、再び流浪生活が始まる。これをもって、室町幕府は実質的な権威を失ったとされている。義昭は山城・枇杷庄《びわのしょう》、河内・若江城、和泉・堺、紀伊由良・興国寺と転々とし、天正四年四月には毛利《もうり》氏を頼って備後《びんご》（広島県東部）・鞆《とも》の津へと移る。

この地で義昭は、越後の上杉謙信《うえすぎけんしん》や甲斐の武田勝頼《かつより》などに信長追討《ついとう》を呼びかけ、当時信長と争っていた石山本願寺とも連携しつつ、上洛して信長を討つよう毛利輝元《てるもと》や吉川元春《きっかわもとはる》らを焚《た》き付けている。もしもこの全国的規模の信長包囲作戦が即座に実行に移されていたとしたら、信長の死期はもっと早まっていたに違いない。

しかし、上杉謙信が死去し、石山本願寺も信長の前に降伏すると、一気にこの信長包囲作戦はトーンダウンしてしまう。

ところが、天正十年六月二日、義昭にとってこれ以上ない歓喜の瞬間が訪れる。宿敵信長が、家臣の明智光秀《あけちみつひで》によって討たれてしまったのだ。同年十一月二日付で、薩摩の島津義久《しまづよしひさ》に宛てた義昭の手紙が残っている。その手紙には、

「織田の事、天命遁《のが》れ難《がたく》に依《よ》り自滅候」

とあった。きっと義昭は、天下の征夷大将軍たる自分に弓を引いたばかりに、そんな悲惨な運命に見舞われたのだ、と声を大にして言いたかったに違いない。

新しい権力者・秀吉にすり寄る義昭

天正十六年一月、信長の後継者となった豊臣秀吉の計らいで、義昭は京へ戻ることを許される。このとき五十二歳。山城・槇島一万石を給された義昭は自主的に将軍職を辞するとただちに出家し、「昌山《しょうざん》」と号した。そして大坂城下に住み、関白秀吉の御伽衆《おときしゅう》の一人として秀吉のご機嫌をうかがう日々を過ごす。

最大の宿敵・信長との足掛け十五年に及ぶ暗闘により、義昭は神経をすり減らしてしまったのであろう。自分が豊臣政権の権威づけに利用されることを百も承知で、新しい権力者（秀吉）の庇護の下、余生を穏やかに過ごしたいと考えたに違いない。

名ばかりとはいえ前征夷大将軍の義昭と位人臣を極めた関白の秀吉。征夷大将軍も関白も、相当する位階が設定されていない「令外官《りょうげのかん》」なので、どちらが「偉い」とは一概に言えないが、周囲の人々の目に映る二人の上下関係は明らかだった。

こんな話がある。

義昭が京に戻ってすぐ、大坂の宇喜多秀《うきたひで》家《いえ》邸にあいて関白秀吉の御成《おなり》があった。もう間もなく秀吉がやって来るという刻限になると、義昭は屋敷の外にまで出て、恭《うやうや》しくかしこまって秀吉を出迎えたという。

このときの義昭の心情は察するに余りある。元はといえば、秀吉は信長の家臣、つまり、将軍である自分にとって秀吉は陪臣《ばいしん》の一人に過ぎないのだ。このとき義昭の腹の中は屈辱で煮えくり返っていたのだろうか。それとも、永い流浪生活から解放されて内心はほっと安堵《あんど》のため息をもらしていたのだろうか。これぱかりは神のみぞ知るである。

朝鮮に侵攻した文禄の役（文禄元年＝一五九二年）では、義昭は秀吉本軍の第二陣として嬉々として参加し、本営がある肥前《ひぜん》（佐賀）・名護屋城まで三千五百余の将兵を引率している。これが義昭の前征夷大将軍らしい最後の仕事だった。

慶長二年（一五九七年）八月二十八日、義昭は背中にできた腫《は》れ物が原因で亡くなった。他人をとことん利用し、他人にとことん利用された六十一年の生涯だった。

わずか三歳で織田家の盟主となった三法師の波瀾のその後

織田秀信《おだひでのぶ》（1580〜1605年、享年26）
織田信長《のぶなが》の嫡孫《ちゃくそん》、幼名三法師《さんぼうし》。わずか三歳で羽柴秀吉《はしばひでよし》の周旋《しゅうせん》により織田家の継嗣《けいし》と決められる。秀吉の死後、関ヶ原で西軍に味方したことから、高野山へ。

秀吉に推され織田家の後継者となる

織田秀信《おだひでのぶ》――。羽柴《はしば》（豊臣《とよとみ》）秀吉《ひでよし》によって、わずか三歳で天下人の座に推《お》された人物である。この名前を聞いてピンとこなくても、織田信長《のぶなが》の孫の三法師《さんぼうし》と言えば、おわかりになるはずだ。

天正十年（一五八二年）六月二十七日、尾張の清洲城において織田家の宿老が集まり会議が開かれた。世に言う「清洲会議」である。秀吉が主君信長を弑逆《しぎゃく》した明智《あけち》光秀《みつひで》を滅ぼしてから、わずか十四日後のことだった。

主な議題は、信長亡き後の織田家を誰が継ぐか、遺領をどう分配するかの二点だった。当日、会議に出席したのは宿老中の首席として自他共に認める柴田勝家《しばたかついえ》のほか、丹羽《にわ》長秀《ながひで》、池田恒興《いけだつねおき》、羽柴秀吉、そして信長の遺児である信雄《のぶかつ》・信孝《のぶたか》の兄弟が主な顔ぶれだった。

　母親が違う信雄と信孝はともに二十五歳。当時、総領の信忠《のぶただ》は本能寺で父と一緒に死んでおり、次男信雄は北畠具房《きたばたけともふさ》の養子となって北畠氏を継いでいた。三男信孝も、信長が北伊勢の神戸《かんべ》具盛《とももり》と和睦を結んだ際、具盛の養子となり、神戸家を相続していた。

　いつの時代でも、いったん他家を継いだ者が実家に戻って継ぐということはそうそう許されるものではなかった。勝家はそれを百も承知の上で、信孝を跡目に推した。暗愚《あんぐ》と噂された信雄に対し、信孝は父信長の勇猛さを受け継いでいたからである。

「信孝さまこそ、人物、年齢共に不足なしと存じ候。方々の存念はいかに」

　そう言って、一座を見回す勝家。戦場では「鬼柴田」と恐れられた猛将だけに、その炯々《けいけい》とした眼光に誰一人視線を合わせることができず、下を向いてしまった。

　一座が沈黙するなか、末座から「あいや待たれよ」と声がかかった。秀吉である。

「修理亮《しゅりのすけ》どの（勝家のこと）、それは筋違いでござろう。筋目から申せば、三法師さまよりほかに人はござらぬではないか」

　三法師は信忠の長子で、このとき三歳。信長にすれば直系の孫ということになる。秀吉に理路整然とした筋目論を持ち出されてはさすがの勝家も分が悪かった。

「三つの和子にこの乱世を治められると思

うてか。寝ぼけるのもいい加減にしろ筑前（秀吉のこと）」

満面に朱を注いで激昂《げっこう》する勝家。織田家筆頭家臣としての誇りを懸《か》けて、必死に自論を展開するが、人望厚い丹羽長秀が秀吉側についたこともあり、信孝推戴《すいたい》論はもろくも却下されてしまう。

●追善法要で見せた秀吉の自己演出

こうして三法師が織田家の後継者と決まった。まだ幼少のため後見として勝家、秀吉、丹羽長秀、池田恒興の宿老四人が補佐役となり、守り立てていくことになった。四人の合議制とはいえ、天下奪りレースの争いは秀吉が勝家より一歩先んじたことは誰の目にも明らかだった。そして、やがてそれを決定づける出来事が起こる。

信長の死から四カ月後の十月十一日から七日間にわたり、秀吉は京の大徳寺で盛大な追善法要を営む。それは、自分が信長に替わる新しい覇王となったことを天下に誇示するための一大セレモニーであった。

いざ焼香の段になって、正装に威儀を正した秀吉が悠然と現われる。その姿を見て、人々は目を見張った。肩の上にちょこんと座っているのは幼い三法師ではないか。人々は新しい織田家の盟主の登場に一斉に頭を下げたが、ハタから見れば、三法師よりも秀吉に対して頭を下げているような印象を拭えなかった。

やや子供じみた演出のように見えるが、これが秀吉一流のやり方だった。人々の前でどう振舞えば自分をより印象付けられるかを知り抜いている男だった。

この瞬間、三法師は人生最高のスポットライトを浴びたことになる。しかし、それは秀吉というフィルターを透かして当てられたあまりにも悲しい光芒であった。

その後の三法師だが、賤ヶ岳合戦で勝家を滅ぼした秀吉によって、「秀信」の名を与えられ、従四位下・侍従に叙任《じょにん》される。秀吉の秀と信長の信を組み合わせたものだが、自分の名の秀を頭に持ってきたところに秀吉の明確な意図がうかがえる。織田家の盟主も今やわしの家来であると天下に公表したも同然だった。

秀信にすれば精神的な下剋上《げこくじょう》に見舞われたに等しい。しかし、秀信はそれ以後も秀吉の要求に唯々諾々《いいだくだく》と従っている。仮にも信長の直孫で、秀吉の主筋だ。秀吉に対して抵抗の気振りのひとつも見せてよさそうだが、ものごころつくかつかぬかで秀吉に懐柔された秀信にそれを期待するのは無理というものだった。

東軍に囲まれ、自殺を図ろうとする

その後、秀信は参議に進み、文禄元年（一五九二年）、岐阜城主となって十三万石を領する。このとき十三歳。無謀な朝鮮出兵にも文句一つ言わず従い、慶長三年（一五九八年）には従三位・権中納言となる。

こうして秀吉の庇護《ひご》のもと、安穏《あんのん》に成人していった秀信だったが、同年八月、秀吉が伏見城で没すると、運命が暗転する。

慶長五年八月、石田三成《いしだみつなり》は岐阜城主の秀信のもとへ使者を送る。

「中納言《ちゅうなごん》さま（秀信のこと）は故太閤《たいこう》殿下のお力添えあってこそ、世に出られたお方。そのご恩に報いるため、今こそ大坂城におわす秀頼《ひでより》さまにご助勢願いたい」

使者の口上を聞いて、秀信は心中どう思っただろう。三成もまた秀吉同様、自分を天下奪りの道具に使うつもりかと暗鬱《あんうつ》な気分に陥ったのではないだろうか。それでも三成の要請を受け容れることにした秀信。すぐに戦の準備を始めたまではよかったが、これが清洲城にいた福島正則《ふくしままさのり》、池田輝政《いけだてるまさ》、黒田長政《くろだながまさ》ら東軍諸将に知られるところとなり、岐阜城はたちまち取り囲まれてしまう。

そして大した抵抗を見せることもなく、城は陥落。捕らえられた秀信は、

「今日の憂《う》き目は予の不甲斐無き故《ゆえ》じゃ」

そう言って、さめざめと泣きながら自刃しようとしたが、福島正則に止められている。その後、秀信は一命を助けられ、城下の円徳寺に入って剃髪《ていはつ》。さらに、高野山へ追放され、そこで二十六年の短い生涯を終える。織田の嫡系はこれをもって断絶する。

秀信の人生は、秀吉の次は三成と、権力者二人の天下奪りに立て続けに利用されただけの憐《あわ》れな一生だった。高野山に幽閉されて亡くなるまでの短い歳月だけが、今度は誰に利用されるのかとあれこれ気をもまなくてよい心安らかで幸福な時間だったかもしれない。

大政奉還後、閑居の身となった徳川慶喜は明治の世をいかに生きたか

徳川慶喜《とくがわよしのぶ》①（1837～1913年、享年77）
江戸幕府最後（第十五代）の将軍。明治に入ると写真、狩猟、投網《とあみ》、囲碁、謡曲《ようきょく》など趣味に没頭する生活を送る。在任中に江戸入城しなかった唯一の将軍。

●政治とは無縁の趣味三昧に明け暮れる

大政を朝廷に奉還し、江戸城を明け渡した最後の将軍・徳川慶喜《とくがわよしのぶ》。歴代将軍の中で最も損な役回りを演じることになった慶喜が公職を解かれ、閑居《かんきょ》の身となったのは三十二歳のとき。その後、大正時代を迎えるまで四十五年にも及ぶ後半生を彼はどう生きたのだろうか。

慶応四年（一八六八年）七月、それまで寛永寺大慈院から水戸弘道館へと謹慎場所を移していた慶喜は、駿府《すんぷ》の徳川家菩提寺《ぼだいじ》である宝台院に入る。謹慎が解除される翌年九月までここで恭順・謹慎の日々を過ごした。その後、元駿府代官の屋敷（紺屋町＝現在の静岡駅前）へ移住し自由の身とな

る。慶喜は美賀子夫人を呼び寄せると、ここで悠々自適の生活を送った。

慶喜は公的な仕事とはまったく無縁の趣味に明け暮れた。馬術、弓術、狩猟、投網、囲碁、将棋、小鼓、能、油絵のほか、自転車や自動車、写真撮影にも手を出している。とりわけ、当時の日本では珍しい舶来物を集めることに情熱を傾けた。

女性関係もなかなか華やかで、つねに何人かの側室がいた。新村信《しんむらのぶ》、中根幸《なかねさち》などの名前が知られている。慶喜は生涯に男十人、女十一人の子を成した。ほとんどがこの静岡時代に生ませた子だ。しかし、父親の水戸藩主・徳川斉昭《なりあき》は男の子だけで三十七人もうけているから、上には上がいる。なお美賀子夫人との間にも女子を一人もうけたが、早世している。

明治天皇より盃を賜る

明治三十年（一八九七年）、夫人の病死をきっかけに慶喜は一家をあげて東京・巣鴨へ移住する。六十一歳のときだ。東京に戻ったとはいえ、慶喜は新政府や世間に気を遣い、朝敵とされた将軍時代の家臣や知人に会うことはなかった。そんな慶喜の律儀さを新政府は高く評価した。

慶喜ほど明治維新を挟んで評価がガラリと変わった人物も珍しい。当初こそ、鳥羽・伏見の戦いを前に敵前逃亡した臆病将軍とあざけられたが、大政奉還を素早く実行し、自ら将軍職を辞して恭順・謹慎したからこそ天下を二分する内乱が避けられ、速やかに明治維新を迎えることができたのだと世の人々はようやく気付いたのである。

事実、謹慎が解かれた明治五年には従四位が授与され、十三年には将軍時代と同じ正二位、二十一年にはそれを上回る従一位が贈られる。その裏に勝海舟《かつかいしゅう》のとりなしが大きくものを言ったことは確かだ。極め付けは東京に移住してすぐ、明治天皇に拝謁し盃《さかずき》を賜ったことだ。これにより朝敵の汚名は完全に拭い去られた。

三十四年、現在の文京区春日へ移転、翌年、公爵を授爵し、四十一年には勲一等旭日大綬章を受ける。徳川宗家は田安家から入った幻の十六代将軍といわれる家達《いえさと》が継いでいたため、慶喜が公爵になった年に、徳川慶喜家が新たに立てられた。

晩年になるほど慶喜の地位と評価は上がった。しかも子沢山でもあり、縁組があちこちから舞い込んだ。静かに老後を過ごすという訳にはとてもいかなかったようである。

それでも慶喜は社交界への出入りをつとめて避け、少しでも時間があると趣味の狩猟や山歩きに没頭した。特に実弟の水戸昭武《あきたけ》との山歩きは無上の楽しみだったようだ。

●登場するのが遅かった「英明の将軍」

四十三年、慶喜は七男の慶久《よしひさ》に家督を譲り、隠居生活に入る。そして大正二年（一九一三年）十一月二十二日、七十七年の生涯を閉じた。好きな趣味に生き、多くの旧幕臣たちとは逆に晩年になるほど盛り上がりをみせた後半生だった。

日本を深く理解し、将軍時代と晩年の二度にわたり慶喜と面会した英国の外交官がこんな慶喜評を残している。

「――四十年後、私が彼と再会したとき、歳月はほとんど彼の姿を変えていなかった。彼の魅力的な物腰は以前のままであったし、顔にしわが増えていたが、あの端正な容貌は変わることなく、名家の血筋を引く特徴は昔のままにはっきりとしていた。もし偉大な貴人というものがいるとすれば、彼こそまさにその人といえよう。惜しむらくは、彼は時代に遅れた人だったのである」（ヒュー・コータッツィ編・中須賀哲朗訳『ある英国外交官の明治維新――ミットフォードの回想』）

確かに、徳川慶喜という人は最後の将軍としてではなく、もっと早い時代に将軍職についていたなら「英明の将軍」として後世に名を残したに違いない。

暴漢に襲われた板垣退助は、その後の四十年をどう生きたか

板垣退助《いたがきたいすけ》（1837〜1919年、享年83）
土佐藩士のとき討幕運動にかかわり、明治に入ると政治家に。清廉潔白で庶民派の政治家として国民から圧倒的な支持を受ける。民主政治の草分け的存在。

●国会の創設を求めて運動

「百円札」を知らない世代が増えている。全体が茶系の紙幣で、印刷された肖像画は板垣退助《いたがきたいすけ》。細面で目がギョロリと大きく、立派な髭《ひげ》をたくわえた、あの顔である。

板垣退助といえば民権運動指導者として政治活動に一生を捧げた、明治期を代表する政治家の一人。遊説《ゆうぜい》先で暴漢に襲われた際、「板垣死すとも自由は死せず」と一喝した話は有名だ。

このとき板垣四十六歳。彼は一命をとりとめ、なんとその後八十三歳まで長寿を保った。遭難後、板垣は一体どんな後半生を送ったのだろうか。

板垣退助は天保八年（一八三七年）、土

佐藩で馬廻役の子として生まれた。のちに同じ政治家となる後藤象二郎《ごとうしょうじろう》とは一つ違いの遊び友達である。戊辰《ぼしん》戦争では、板垣は東山道先鋒《せんぽう》総督府参謀として抜群の戦功を挙げている。廃藩置県後、参議となるが、明治六年（一八七三年）、征韓《せいかん》論争に敗れて西郷隆盛《さいごうたかもり》と共に下野《げや》する。

このとき板垣は西郷に、

「政治が一握りの人間によって動かされるのはおかしい。欧米のように選挙で選ばれた国民の代表が政治を行うべきだ。私はこれに一生をかける」

と宣言したという。

明治十年、板垣は国会の創設を求めた「立志社建白」を天皇に提出するが、却下される。十四年、わが国最初の全国的政党である「自由党」を結成、総理に就任する。以来、板垣は民権運動のシンボル的な存在となる。

十五年四月六日、それは岐阜遊説中に起こった。演説を終えて帰ろうとした板垣は突然暴漢に襲撃される。板垣は胸など数カ所を刺され、重傷だった。犯人は二十七歳の小学校教員相原某。相原は父母宛ての遺書で「勤皇《きんのう》の志止《や》み難《がた》くして国賊板垣を誅《ちゅう》す」と記していたが、それ以上のことは一切語らなかった。

後年有名になる「板垣死すとも……」の言葉は随行の竹内綱《たけうちつな》らが党本部宛ての書簡に、板垣の言として引用したものだが、本当にそのとき板垣が吐いた言葉かどうか真偽は定まっていない。

政界引退後は社会福祉事業に携わる

板垣は傷が癒《い》えると後藤象二郎らと欧州諸国を巡遊する旅に出る。この旅の費用は政府が三井財閥の陸軍省御用を三年間延長することを条件に、三井から出させたものだった。のちに、このことが大問題に発展する。外遊から戻った板垣は自由党内部から金の出所について厳しい追及を受け、進退窮まった板垣は十七年、解党に踏み切る。

二十年、五十一歳になった板垣は伯爵を授けられる。このため三年後に帝国議会が創設された際、板垣は衆議院議員になれなかった。爵位を持つ者は貴族院議員になることが決まっていたからである。

ただし、大臣になることは問題がなかった。国会創設に合わせて自由党を再結成し党首となった板垣は、日清戦争後の二十九年、第二次伊藤（博文《ひろぶみ》）内閣で内務大臣の座につく。

三十一年、わが国初の政党内閣である憲政党・大隈《おおくま》（重信《しげのぶ》）内閣でも板垣は内務大臣を務める。憲政党は進歩党の大隈と自由党の板垣が協力して結成した政党だ。いわゆる隈板《わいはん》内閣である。この内閣は内紛によって四カ月であっさり崩壊する。その後、板垣は内務大臣の職権で憲政党の看板を握るが、策士の伊藤博文に乗っ取られ、伊藤の政友会に吸収されてしまう。ここに至り、失意の板垣は政界引退を表明する。六十四歳のときである。

政界を退《しりぞ》いたとはいえ、大物だけにしば

らくは板垣の周りに生臭い噂が絶えなかった。自由党を再結成しようという動きに担がれかかったこともあったが、結局は頓挫《とんざ》した。

●財産はほとんど残さず

四十年、七十一歳のときに「社会改良会」の総裁に就任。労働者の保護や盲人教育などの社会福祉事業に携わる。晩年は清貧の生活を続け、大正八年（一九一九年）、八十三歳で亡くなった。

板垣という人は清廉潔白な人柄で、金や名誉にはおよそ無頓着だった。たとえば明治二十年七月の新聞では板垣の財産について「猟犬三匹、家鴨《あひる》二十羽、猟銃二挺《ちょう》」と伝えている。板垣が政界を上手に泳ぎきれなかった理由はそのあたりにありそうだ。

この気質は息子にも受け継がれ、没後、子の鉾太郎《ほこたろう》は父の遺志を守って伯爵相続を辞退した。

江戸無血開城を実現した勝海舟、新政府入りを蹴った意外な経緯

勝海舟《かつかいしゅう》（1823〜1899年、享年77）
幕末、微禄の幕臣の子として生まれる。西郷隆盛《さいごうたかもり》との会談で江戸城を無血開城に導いた立役者。明治に入ると政府とは距離を置いて旧幕臣の救済に努める。

●生計の道を断たれた旧幕臣を救済

勝海舟《かつかいしゅう》——。咸臨丸《かんりんまる》の艦長として日本人初の太平洋横断に成功した人物であり、のちに陸軍総裁となって官軍総参謀の西郷《さいごう》隆盛《たかもり》と直談判し、江戸無血開城を実現して江戸市中を戦火から救った立役者である。彼がいなければ明治維新の夜明けは間違いなく遅れていたはずである。そんな維新の最大の功労者である海舟は、明治になってどんな人生を送ったのだろうか。

江戸開城のとき、海舟は四十六歳。この年（明治元年＝一八六八年）の十月、徳川家は駿府静岡に移住となり、海舟も旧幕臣らと共に静岡に移り住んだ。海舟が東京に戻ったのは明治五年のことである。

新政府から海軍大輔《たいふ》（次官）として迎えられた海舟は、もと住んでいた家の近くにあった赤坂氷川町の旗本屋敷を買い取り、そこに住んだ。妻妾《さいしょう》と子供たち（四男五女）でにぎやかな家庭だったという。

海舟は翌六年、参議兼海軍卿《きょう》（大臣）となる。七年には元老院議官に任ぜられるが、すぐにこれを辞し、以後、政局に関わることはほとんどなかった。薩長の人材で占められた新政府に嫌気がさしていたのである。海舟は自邸に閉じ籠り時局を論じたり執筆活動に明け暮れたりした。やがて、暇を持て余した海舟はあることに熱中する。旧幕臣の救済がそれである。

幕府の解体によって生計の道を断たれた旧幕臣たちは家財道具を売り払い、その日その日をどうにか過ごしていた。それにも困ると、娘を遊廓《ゆうかく》に売ったり、一家離散したりする例も珍しくなかった。海舟は同じ旧幕臣としてこうした状況を憂慮し、生活に困っている人の品物を預かり、これはと見込んだ人物に購入話を持ちかけた。つまり、骨董品売買の仲介である。

やはり刀剣が多く、備前吉房《びぜんよしふさ》などの逸品が海舟の手を経ている。書では千利休《せんのりきゅう》や芭蕉《ばしょう》、西行《さいぎょう》、定家《ていか》のものなどがあった。海舟からこうした骨董品をよく購入したのが、学者で官僚、のちに日本近代哲学の父と言われた西周《にしあまね》である。掘り出し物があると聞くと西はすぐに海舟邸に飛んで来るほど骨董好きだったようである。

しかし、そんな骨董品売買の仲介も明治

十年代に限られ、明治二十年に伯爵となってからはパッタリ止めてしまった。その理由として、このころから旧幕臣たちも士官や就職で生活が安定してきたからとみられている。

●伊藤博文とは対決姿勢を貫く

海舟は翌二十一年に枢密《すうみつ》顧問官、二十三年に貴族院議員となるが、政治の場で活躍することはなかった。野にあって自慢話や大言壮語を好き勝手にいい、著述に健筆をふるった。特に伊藤博文《いとうひろぶみ》内閣を痛烈に批判した。海舟は伊藤が嫌いだった。優秀な人材が次々と死に、どさくさに乗じて成り上がった伊藤など所詮《しょせん》小物と見ていたのである。

海舟は第二次伊藤内閣による日清戦争でも終始批判する立場を貫いた。伊藤ら政府高官が、日本はいまや欧州と並ぶ文明国であるとして、ほかのアジア諸国を一段低く見るようになっていたことが我慢できなかったのである。

日本だけが優越意識を持ち、アジア諸国を蔑視《べっし》して戦争を進めようとするのは愚の骨頂である、と海舟は断じた。のちの日本人にも当てはまる卓見であった。

その後、海舟は西南戦争で逆賊となった西郷隆盛の名誉回復とその功績を称える運動を展開、西郷の子供たちの面倒もみた。明治二十五年、そんな海舟の身に悲劇が起こる。嫡男で海軍少佐の小鹿《ころく》が四十一歳で病死したのだ。嫡男の突然の死に落胆した海舟はいったん絶家を決め、財産をすべて徳川家へ返上すると宣言する。

●江戸っ子に徹した潔さ

ところが徳川慶喜《よしのぶ》のとりなしがあり、慶喜の十男の精《くわし》を小鹿の娘伊代の養子に迎え勝家を相続させる。慶喜の子供を迎えることで徳川からもらった禄、これまでに受けた恩を返すことになるという海舟独特の論理だった。

三十一年、海舟は軍事大国へと突き進む日本の未来を憂いながら、七十七年の生涯を閉じる。壮年までの人一倍強い上昇志向に比して、維新後の海舟はこれが同一人物かと疑うほど無欲だ。

海舟ほどの大物なら、望めば新政府でどんな要職にも就けたはずである。きっと海舟は、自分は幕臣・勝海舟に徹しようとしたのだろう。いかにも江戸っ子の海舟らしい潔さである。

四

歴史的事件のキーパーソンが遺した足跡

大奥の屋台骨を揺るがせた絵島生島事件のその後

絵島《えじま》（1681〜1741年、享年61）
江戸時代中期の江戸城大奥御年寄《おとしより》。歌舞伎役者・生島《いくしま》新五郎《しんごろう》とともに大奥につとめる多数が処罰された風紀粛正《しゅくせい》事件の中心人物。本来は「江島」が正しい。

●女と男の火遊びが一大疑獄事件に

江戸城大奥――将軍の正室《せいしつ》（御台所《みだいどころ》）や側室《そくしつ》（いわゆる妾《めかけ》）、さらにそれらの世話を受け持つ女中たちが暮らしていた男子禁制の女の園である。その存在理由とは、言うまでもなく将軍が「子づくり」を行うためにあった。世嗣《せいし》となる子を成すことが、代々の将軍に課せられたもっとも重要な務めであったからだ。

大奥の基本形が確立したのは徳川二代将軍秀忠《ひでただ》の時代で、のちの三代将軍家光《いえみつ》の乳《う》母《ば》であった春日局《かすがのつぼね》が秀忠を焚《た》き付け「大奥法度《はっと》」を出させると、自らがその統括の任に当たり、幕末に至るまで連綿と存続することになる大奥の礎《いしずえ》を築いたのである。

江戸城本丸御殿は、将軍のプライベート空間である大奥、幕府政庁である表向き、将軍の執務空間である中奥に分かれていた。大奥だけでも本丸御殿全体のほぼ半分を占め、敷地面積は六千三百坪（約六百室）もあった。これは東京ドームの約半分ほどの広さだ。この広い空間に千人以上、ときには二千人近い女性が起居《ききょ》を共にしていたのである。

　女中たちは、幕政《ばくせい》を担《にな》う老中と同等の権限を持つ御年寄《おとしより》を筆頭に、将軍や御台所の世話をする中臈《ちゅうろう》、物資の調達を行う表使《おもてづかい》、公文書を管理する御祐筆《ごゆうひつ》、衣装を仕立てる呉服之間係、さらに火の番やお茶くみまで二十もの役職に分かれていた。幕府の年間予算はおおよそ八十万両（六百四十億円）、うち二五％に当たる百六十億円もの大金がこの大奥のために――極論すれば将軍の子づくりのために毎年毎年浪費されたわけである。

　七代将軍家継《いえつぐ》の時代、この大奥の屋台骨を根底からゆさぶる大スキャンダルが勃発《ぼっぱつ》した。すなわち「絵島生島《えじまいくしま》事件」である。絵島が御年寄という高級奥女中の地位を利用して御用商人から賄賂《わいろ》を取り、あまつさえ役者の生島《いくしま》新五郎に入れ揚げ、御勤《おつと》めをおろそかにした、という理由で信州（長野県）へ流罪と決まる。事件の関係者たちも次々に摘発されてしまった。

　一体、単なる女と男の火遊びが、なぜこんな一大疑獄《ぎごく》事件に発展してしまったのだろうか。そのあたりの真相と、信州へ流されてから亡くなるまでの二十七年間という絵島の幽閉《ゆうへい》生活についても語ってみたいと思う。

●四歳下の主人に仕える

絵島は天和《てんな》元年（一六八一年）の生まれとされているが、出生、経歴については不明な点が多い。本名はみよ。

みよが小さいころに母が小普請組《こぶしんぐみ》旗本・白井平右衛門《しらいへいえもん》と再婚したため、みよは平右衛門の養女として育ったという。平右衛門の妹とする説があることも付記しておく。

若いころ、いくつかの武家屋敷で奉公したのち、二十代前半で甲府宰相綱豊《こうふさいしょうつなとよ》の桜田御殿に上がり、側室のお喜世《きよ》の方に仕《つか》える。このことが、みよの人生の転機となった。天性の美貌と聡明さを持つみよは、四つ年下のこのお喜世の方からすぐに気に入られたようである。

宝永《ほうえい》元年（一七〇四年）十二月、綱豊が五代将軍綱吉《つなよし》の世嗣となり、名を家宣《いえのぶ》と改め、江戸城の西の丸御殿に移ると、みよもお喜世の方に随《したが》って大奥に入った。同六年（一七〇九年）五月、家宣が六代将軍となる。

このころお喜世の方が家宣の子（四男鍋《なべ》松丸《まつまる》）を生むと、それに合わせてみよは御年寄に抜擢《ばってき》され、名を絵島と改めている。

当時の大奥には、家宣の御台所として五《ご》摂家《せっけ》筆頭の近衛《このえ》家から入った熙子《ひろこ》がいて、一男一女を生んでいたが、いずれも夭折《ようせつ》していた。側室では次男家千代《いえちよ》（夭折）をもうけたお古牟《こん》の方、三男大五郎を生んだお須免《すめ》の方などがいた。

そこで、三男大五郎が世嗣に指名されるだろうと誰もが思っていると、突然大五郎がわずか数え三歳で急死してしまう。宝永七年八月のことだ。お須免の方は衝撃のあまり狂乱し、お喜世の方が手を回して毒殺させたと騒ぎ立てたという。

●増上寺代参の帰りに芝居見物

その真偽はともかく、こうしてお喜世の方が生んだ四男鍋松丸が将軍世嗣となることは間違いないものとなり、大奥におけるお喜世の方の権勢は一気に高まった。そばに付き随う絵島を見る周囲の目もかわり、御用商人から絵島のもとに頻繁に付け届けがなされたという。

正徳《しょうとく》二年（一七一二年）十月、将軍就任四年足らずで家宣が死去する。享年五一。すると御台所は落飾《らくしょく》して天英院《てんえいいん》と号し、お喜世の方もそれにならって月光院《げっこういん》と号した。そして、鍋松丸が家継と名を改め将軍職に就いた。しかし、なにぶん四歳の幼児だ。そこで月光院は、家宣の遺言を楯《たて》に、自分にとって甲府時代からの寵臣《ちょうしん》であった御《お》側用人《そばようにん》の間部《まなべ》詮房《あきふさ》をその補佐役に指名する。

こうして、江戸城は表も裏も月光院一派に牛耳られようとしていた、そんな矢先、思いもしない不幸が月光院一派を襲ったのである。

正徳四年（一七一四年）正月十二日、文《ぶん》昭院《しょういん》（家宣）の月命日の二日前、絵島は

月光院の名代として、大奥女中たちを引き連れ、芝の増上寺《ぞうじょうじ》へ代参に出かけた。

帰途、絵島らは木挽町《こびきちょう》の芝居小屋・山村座に立ち寄り、観劇を楽しんだ。幕間《まくあい》には絵島を接待した御用商人や小屋の座元《ざもと》(興行主)、そして絵島ご贔屓《ひいき》の美男役者・生島新五郎らが入れ代わり立ち代わり絵島がいる二階桟敷《さじき》席に挨拶にやってきた。絵島はこののち茶屋で新五郎と密会したとされている。

●事件に連座した千五百人が処分される

絵島一行が大奥に帰ったのは申《さる》の刻《こく》(午後四時ごろ)の門限が若干過ぎたころだったが、後日、このことが大問題となる。硬《こう》骨漢《こっかん》で鳴らした月番老中秋元喬知《あきもとたかとも》は、代参のあとで芝居見物をするなどもってのほか、しかも門限まで破るとはなにごとか、と大いに怒り、大目付らに関係者を厳しく取り調べるよう命じた。

絵島はまっ先に訊問《じんもん》されたが、三昼夜眠らせないという苛酷《かこく》な拷問《ごうもん》を受けたという。絵島は新五郎との密会はあくまで事実無根と否定したが、聞き入れてもらえなかった。さらに、月光院と間部が男女の仲であろうと疑われ、もしもそのことを証言すれば、お前の罪は問わない、とまで持ちかけられたが、絵島はそれについても事実無根と突っぱねている。

取り調べが始まってわずか二カ月後、絵島は遠島を申し渡される。当時としてもきわめて短い詮議《せんぎ》期間であった。絵島にすれば過去に二回、同じように代参のあと芝居見物をしていただけに、なぜ今回ばかりが咎《とが》められることになったのか、不思議でならなかった。

処分は絵島だけにとどまらず、絵島の兄は死罪、弟は重追放となり、接待した御用商人は芝居小屋の座元や生島新五郎らと共に流罪（島流し）を命じられた。結局、この事件に連座した関係者は千五百人余にも及んだという。

絵島が新五郎と密会したにせよしないにせよ、かなり厳しい処分であることは間違いない。どうやら絵島は権力闘争の犠牲になったとする見方が正しいいだろう。

大奥には、今や将軍生母となった月光院のことが気に入らない天英院とお須免の方がいて、そこにつけ込んだのが、月光院の寵臣にしてこのところ幕閣《ばっかく》で幅をきかせてきた間部詮房に反感を持つ勢力、すなわち秋元喬知ら幕閣の反間部派で、彼らは天英院派とタッグを組み、月光院が片腕ともたのむ絵島を追放し、結果的に月光院と間部の権力を削《そ》ごうとしたのである。

食事は一日二回、一汁一菜

さて、遠島を申し渡された絵島だが、その後、月光院の嘆願が功を奏し、減刑されて信州高遠藩《たかとう》にお預けとなる。幽閉先への出立は三月二十六日のことで、罪人となった絵島が乗った駕籠《かご》には錠がかけられていたという。絵島三十四歳のときだった。

高遠には四月一日に到着した。絵島はそ

のまま高遠城の東、約三キロメートルの距離にある非持《ひじ》村という集落のはずれに用意された屋敷に入る。そこの一室（八畳間）に幽閉され、昼夜十人近くの武士や足軽に見張られての息苦しい生活を送ることになった。

山間の集落だけに日照時間は短い。冬場、雪はあまり積もらないが、寒気の厳しさは並大抵ではなかった。さらに、幕府から「日々艱難《かんなん》な生活をさせよ」という意地の悪い通達があり、衣類は木綿《もめん》、下女は一人、食事は朝夕二回、それも一汁一菜《いちじゅういっさい》と決められていた。ほんの三カ月前まで江戸城大奥で権勢を誇った女性にしてはあまりにさびしい配流《はいる》生活だった。

しかし、絵島が凄いのはこうした苛酷な暮らしを六十一歳で病没するまで二十七年間も続けたことである。きっと江戸表より赦免《しゃめん》の報が届くことを夢見て、それだけを生きるよすがとして日々暮らしていたに違いない。

絵島はこの非持村で約五年過ごした後、城からほど近い花畑という所に移される。ここは名前からもわかるように日当たりがよかった。藩主内藤清枚《ないとうきよかず》の奥方がここに花を植えさせたことからこの名が付けられたという。

高遠藩では幕府に対し、絵島を移住させた理由として「病気になっても目が届きかねるため」と届け出ていたが、その裏には絵島の境遇を不憫《ふびん》に思った藩主夫妻のやさしい配慮があったものとみられている。

絵島が死んで十一年後に月光院も

この花畑に移ってからは監視の目も緩《ゆる》み、外出も、近くの寺への参詣《さんけい》に限って許されたという。こうした質素だが平穏な暮らしを続けるうち、いつしか老境に至ると体のあちこちに痛みが出るようになる。結局、寛保《かんぽう》元年（一七四一年）四月十日、絵島は下女に看取《みと》られて亡くなった。遺体は日蓮宗蓮華寺《れんげじ》（伊那市高遠町）に葬《ほうむ》られた。

さて、絵島との密会が疑われた生島新五郎のその後だが、三宅島に流された新五郎は、絵島が亡くなって二年後、ようやく赦《ゆる》され、三十年ぶりに江戸に舞い戻ることができた。生きて江戸の土を踏んだ喜びもつかの間、その翌年、病死してしまう。七十三歳だった。

七代将軍家継は絵島が流罪となった二年後の正徳六年（一七一六年）、風邪がもとで急死した。わずか八歳だった。月光院は宝暦二年（一七五二年）、六十八歳で亡くなった。絵島が死んで十一年後だ。月光院は絵島が流罪になった後も大奥で隠然たる力をふるっていたと考えられているが、それにしては絵島の赦免運動に動いた形跡はない。これをどう考えたらよいのだろう。

最後に、月光院の寵臣間部詮房のその後だが、徳川吉宗《よしむね》が八代将軍になると、詮房は側用人を解任され、領地をそれまでの高崎から遠方の越後国《えちご》（新潟県）村上に転封《てんぽう》された。そして、絵島生島事件から六年後、暑気あたりで亡くなった。享年五十五。

赤穂事件後の浅野家、大石家、吉良家それぞれの顛末

吉良上野介義央《きらこうずけのすけよしひさ》（1641～1703年、享年62）
江戸幕府前期の高家《こうけ》旗本（肝煎《きもいり》）。赤穂《あこう》藩主・浅野長矩《あさのながのり》をいじめたことから松の廊下事件が起こったとされている。領地があった三河国では名君として有名。

●浅野本家へお預けとなった大学長広

元禄十四年（一七〇一年）三月十四日、江戸城中において一大事が出来する。播《ばん》磨《しゅう》赤穂《あこう》藩主浅野内匠頭長矩《たくみのかみながのり》が幕府の礼式を司《つかさど》る高家筆頭吉良上野介義央《きらこうずけのすけよしひさ》に対し、突然刃傷《にんじょう》に及んだのである。これにより、内匠頭は即日切腹を命じられ、赤穂浅野家は断絶と決まる。一方、軽傷を負った上野介にお咎《とが》めはなかった。

翌年十二月十五日未明、亡君内匠頭の仇を報ぜんものと大石内蔵助良雄《くらのすけよしお》ら旧赤穂藩の家臣四十七人が、江戸本所にあった吉良邸に討ち入る。

押し入ってから約二時間後、浪士らは首尾よく上野介の首をあげる。その後、幕府

に自首して出た浪士達は「徒党を組んで御府内を騒がせた罪軽からず」として、全員切腹を命じられる。

これが赤穂事件の顛末《てんまつ》である。史上有名な事件だけに、ここまでは誰でも知っているだろう。しかし、事件の当事者や身内がその後どんな運命をたどったのか、意外に知られていない。本稿では「忠臣蔵」外伝として、そのあたりを探ってみよう。

まず、赤穂浅野家について。江戸城中において内匠頭が刃傷に及んだことを伝え聞いた実弟の長広《ながひろ》は即座に鉄砲洲の上屋敷に駆け付け、内匠頭夫人の阿久利《あぐり》に事件を報告した。

長広はこのとき三十二歳。一時、赤穂領のうち新田三千石を分地してもらい、幕府旗本寄合に列していたが、二十六歳のとき内匠頭が大病を患い、世継ぎのない内匠頭の養嗣子《ようしし》となった。

阿久利は最初こそ取り乱した素振りを見せたものの、黙って話を聞き終えると、喧嘩相手の吉良の生死を長広に問い質《ただ》した。一瞬、ぽかんとする長広。事の重大さにあわてふためき、肝心のことを確かめていなかったのだ。

「そんなことで内匠頭さまの御舎弟《ごしゃてい》と言えるのですか」

阿久利は義弟に向かい冷ややかにそう言い放つと、以後、長広との交際を断ったという。

その後、赤穂浅野家は城地召し上げとなり、長広も閉門を命じられ、木挽町《こびきちょう》の屋敷に引き籠《こ》もった。大石内蔵助らは大学を跡目に立てて浅野家再興の運動を展開するも、一向に進展は見られなかった。そのうち長広は閉門を許され広島の浅野本家へお預けとなる。元禄十五年七月のことだ。ここに赤穂浅野家再興の望みは完全に断たれてしまった。

広島に移った長広は本家から屋敷を賜《たまわ》り、米千俵を支給される。その後、大赦《たいしゃ》によってお預けを解かれるまで広島で過ごす。宝永七年(一七一〇年)、本家の斡旋《あっせん》で六代将軍家宣《いえのぶ》にお目見えが適い、旗本寄合に復帰する。知行は五百石だった。こうして大石らが願った浅野家存続は、大名ではないが旗本として達せられた。大石らが切腹して七年後のことだった。

大赦の報を待たず亡くなった次男吉千代

浅野長広は享保十九年(一七三四年)、六十五歳で亡くなった。遺体は兄長矩と同じく高輪《たかなわ》泉岳寺に葬られた。長広の子孫はその後連綿と続いたが、十一代目浅野長楽《ながら》に世嗣《せいし》がなく、昭和六十一年(一九八六年)に再び断絶の運命に見舞われた。

なお、内匠頭の正室、阿久利のその後だが、夫が亡くなると実家である三次《みよし》(備後《びんご》国)浅野家に引き取られた。髪を落とし、瑤泉院《ようぜんいん》と称して夫の菩提《ぼだい》を弔《とむら》いながら事件に連座した人たちの助命嘆願運動に努めた。冷静沈着な人柄で賢夫人であったという。正徳四年(一七一四年)、四十六歳で亡くなった。

討ち入りを成功へと導いた大石内蔵助――。大石家のその後だが、大石には三男二女があった。十五歳の長男主税《ちから》は内蔵助と運命を共にしたため、あとには二男二女が残った。

元禄十五年十月、妻のりくは次男吉千代を僧籍に入れる。討ち入りがあった際、連座から免れるためだった。しかし、七年後、大赦の報を待たず十九歳の若さで吉千代は亡くなる。これで男子は三男の大三郎しかいなくなった。

大三郎は元禄十五年七月、但馬《たじま》（兵庫県北部）の外祖父石束《いしづか》源五兵衛の屋敷で誕生したが、すぐに丹後《たんご》国（京都北部）に住む眼医者の家へ里子に出されている。これも連座から免れるためだった。

ところが、赤穂浪士の遺児に対する幕府の追及は厳しく、大三郎の存在はすぐに露顕してしまう。元禄十六年三月、大三郎は石束家に連れ戻され、十五歳になった時点で遠島と申し渡される。しかし、宝永六年（一七〇九年）の大赦によって放免となり、その四年後、十二歳で広島の浅野本家に召し抱えられる。

大三郎は母りくを伴って広島に入り、父と同じ千五百石を頂戴する。元服前の少年がこれだけ高禄で召し抱えられたのは当時、赤穂浪士が世間のヒーローとしてもてはやされていた証拠と言える。

大三郎は十六歳で元服し、旗奉行次席、番頭《ばんがしら》、留守居番頭、表番頭などを歴任した。三男六女をもうけ、この大三郎の子孫が現在も続いている。

●信州へ流された吉良家の跡取り

最後に、赤穂事件のもう一人の主役である、吉良家のその後について触れておこう。討ち入り当時、吉良家の当主は十七歳の吉良左兵衛義周《よしちか》である。

義周は上野介の孫に当たる。父は米沢藩主で吉良家から入った上杉綱憲《つなのり》である。五歳のとき上野介の養子となり、殿中において上野介が内匠頭に斬り付けられた年の十二月、吉良家を相続した。

討ち入りの際は赤穂浪士を迎え討ち、薙《なぎ》刀《なた》を振るってよく奮戦したが、額を斬られて昏倒《こんとう》し死を免れる。翌年二月四日、赤穂浪士が切腹して果てたその日、義周は評定所に呼び出される。

義周は大目付仙石伯耆守《せんごくほうきのかみ》より、討ち入りの折、父上野介を守りきれなかったのは子(実際は孫だが養子縁組をしているため)として武士にあるまじき所業だと責められ、領地召し上げと諏訪安芸守《すわあきのかみ》へのお預けを申し渡される。

この裁きはどう考えても無茶苦茶だった。こちら(吉良側)は一方的に屋敷に押し入られ、主人の首まで取られた被害者なのだ。現代の法律であれば、吉良はけっして処罰の対象にならなかったはずだ。

このような理不尽な裁きが是認されたということは、当時、いかに赤穂浪士に対する同情論が沸騰していたかがわかる。

こうして義周は信州高島城へ護送される。

当時、信州は罪を犯した武士の配流《はいる》先であった。

道中、義周は罪人用の唐丸籠《とうまるかご》に乗せられたという。供は吉良家家老左右田《そうだ》孫兵衛と上杉家からつかわされた山吉新八郎の二人のみ。持参を許された家財道具は上野介の妻富子のたっての願いにより、寝具などを入れた長持三棹《さお》とつづら一個の計四つのみという質素なものだった。

義周主従は高島城南丸に居住し、流刑人として辛い日々を過ごす。四六時中、番人が付き監視を受けた。月代《さかやき》や髭《ひげ》が伸びても、自決されないために剃刀《かみそり》の使用が許されず、鋏《はさみ》で切ることを命じられた。

衣類の着替えや寝間着の着用もならず、洗濯も禁止。また、どんなに寒くても、火鉢・炬燵《こたつ》もあてがわれなかった。生来、病弱な義周だけに、日に日に体力は奪われていった。

幽閉三年目の宝永二年（一七〇五年）十二月一日、義周は病に倒れる。そのまま寝つき翌年一月二十日、二十一年の短い一生を閉じる。ここに鎌倉以来の名門吉良家は断絶した。遺体はただちに塩漬けされ、幕府の検使を迎えて検分を受けた後、諏訪《すわ》法華寺《ほっけじ》に葬られた。

討ち入り後の吉良屋敷は、事件の後どうなったか

吉良《きら》左《さ》兵衛《ひょうえ》義周《よしちか》（1686～1706年、享年21）
江戸時代前期の高家《こうけ》旗本。吉良義央《よしひさ》の孫にして養子。討ち入り事件では十八歳の義周は赤穂《あこう》浪士を相手に勇敢に戦った。のち信州へ流されすぐに病死した。

●「忠臣蔵」によって悪玉に仕立てられる

日本史好きなら、吉良《きら》上野介《こうずけのすけ》（義央《よしひさ》）のことは当然ご存じのはず。そう、「忠臣蔵」では播州《ばんしゅう》（兵庫県）赤穂《あこう》藩主浅野《あさの》内匠頭《たくみのかみ》（長矩《ながのり》）を、賄賂《わいろ》が少ないからといっていじめ抜いた欲の深い爺さんとして登場する人物である。

この「忠臣蔵」は江戸時代前期、実際に起こった「赤穂事件」を基にしており、江戸城松の廊下において腹に据えかねた内匠頭が上野介に刃傷《にんじょう》に及んだことから、ときの将軍徳川綱吉《とくがわつなよし》によって内匠頭は切腹を命じられ、赤穂藩は断絶となった。その後、大石内蔵助《おおいしくらのすけ》以下四十七人の赤穂浪士が吉良邸に討ち入りをかけ、見事に上野介の首を

あげ、亡君の無念を晴らしたという事件である。

のちにこの赤穂事件が「忠臣蔵」として人形浄瑠璃《にんぎょうじょうるり》や歌舞伎で繰り返し上演されると、過剰な演出もあって、内匠頭――善玉、上野介――悪玉という図式が日本人の頭の中に完全に刷り込まれてしまった。

本稿ではそんな赤穂事件の真相についていて語るのではなく、少し視点を変えて上野介が住んでいた屋敷が事件後どうなったかについて語ってみたいと思う。それを知ることで、この事件に対する当時の庶民感情が端的に知れるからである。

●上杉家とは切っても切れない関係

吉良上野介は寛永《かんえい》十八年（一六四一年）の生まれというから、刃傷事件（元禄《げんろく》十四年三月＝一七〇一年）に遭遇したのは六十一歳のときだった。

上野介は江戸幕府にあって、名門の家柄でなければつくことができない、幕府の儀式や典礼を司《つかさど》る高家《こうけ》という重職にあった。二十八歳のとき、父義冬《よしふゆ》の死去により家督を相続している。

上野介の長男三之助（のちの上杉綱憲《うえすぎつなのり》）は生後すぐ米沢藩上杉家に養子に出されており、上野介が吉良家を相続した時点で四歳の綱憲は押しも押されもせぬ十五万石の太守《たいしゅ》だった。したがって、上野介は生涯にわたって上杉家を頼りとし、財政支援を受けることも珍しくなかった。

上野介は最初、江戸の鍛冶橋《かじばし》（現在のJ

R東京駅と有楽町駅のほぼ中間）にあった屋敷で、生まれてから晩年期までずっとそこに住んでいたが、元禄十一年（一六九八年）九月、死者三千人とも言われた大火（「勅額《ちょくがく》火事」と呼ばれた）に被災し、屋敷を焼失してしまう。

そこで上野介は幕府から呉服橋（現在の東京駅八重洲口の北東側）にあった土地を拝領し、そこに屋敷を建てた。新築の費用は上杉家が負担したという。刃傷事件はこの呉服橋の屋敷に住んで二年めに起きた事件だった。

●赤穂びいきの庶民感情に配慮？

事件後、すっかり気落ちした上野介は高齢ということもあり、すぐに幕府に対し自らの御役御免《おやくごめん》と養嗣子《ようしし》義周《よしちか》の家督相続を願い出て、了承されている。

その後、不思議なことが起きている。上野介は幕府から屋敷替えを命じられ、呉服橋から大川（隅田川）の向こうの本所《ほんじょ》にあった、旗本松平《まつだいら》登之助《のぼりのすけ》が住んでいた空き屋敷に移り住むことになったのだ。元禄十四年九月のことで、これこそが赤穂浪士が討ち入った屋敷である。現在、両国・回向《えこう》院《いん》裏の「本所松坂町公園」のあたりだ。

芝居などでは、吉良邸は「本所松坂町」にあったことになっているが、正確にはこの町名は討ち入り事件の後に誕生したものだという。

それはさておき、幕府は上野介に対し、なぜ屋敷替えを命じたのであろうか。この点については、幕府が赤穂びいきの庶民感情に配慮し、赤穂浪士たちに上野介を討たせやすくするため密《ひそ》かに便宜を図ったのだ、とする説が昔から根強くある。

呉服橋なら立派に将軍家のお膝元、すなわち御府内《ごふない》となり江戸町奉行の管轄《かんかつ》だが、川向こうの本所は代官支配地となり、万一、討ち入りなどの事件がそこで起きたとしても、将軍家の威光に傷が付かないと幕府が判断したからだという。

●近隣から「吉良をよそへ」の大合唱

また、当時、赤穂浪士たちが吉良に報復するに違いないという噂が江戸市中で沸騰しており、その噂を信じた吉良邸の近隣に住む大名や旗本らが、いざ討ち入りとなってわが屋敷に類焼など災いが及ぶようなことがあってはたまったものではない、と危惧《きぐ》し、幕府に対して「吉良をよそへ移してほしい」と嘆願したことから、このたびの屋敷替えが実現したのだという。これは、赤穂浪士の一人、堀部安兵衛《ほりべやすべえ》の手記「堀部武庸《たけつね》筆記」に記録されている話である。

幕府の庶民感情を忖度《そんたく》したことによるものなのか、それとも吉良邸の隣人たちからの突き上げによるものなのか、真相は藪《やぶ》の中だが、たんに屋敷替えを命じるなら、高家のなかでも肝煎《きもいり》という上席にあった吉良だけに、たとえ隠居の身であっても御府内にとどめるのが順当だろう。

それをあえて御府内から当時は場末の本所に追い払ったということは、幕府の側が、早晩、赤穂浪士の吉良邸討ち入りが起ることを予見していたからにほかならないと思えるのだが、いかがだろう。それにしても、幕府は上野介に対し、転居の理由を一体何と言って説明して納得させたのだろうか。謎は尽きない。

●大地震が追い打ちをかける

本所にあった吉良邸の敷地だが、東西七十三間（百三十四メートル）、南北三十四間（六十三メートル）で、面積は約二千五百五十坪（八千四百平方メートル）もあった。標準的なサッカー場が約七千百平方メートルだから、それよりもひと回り大きかったことになる。赤穂浪士たちはこんな広い敷地の中で、しかも夜中に、よくぞ上野介を見つけ出すことができたものである。

ちなみに、母屋《おもや》の建坪《たてつぼ》は約三百八十坪（千二百六十平方メートル）あったという。

上野介は、この本所屋敷に移った翌年の暮れ（元禄十五年十二月十四日）に討ち入りに遭っており、ここで過ごした期間はわずか一年五カ月ほどであった。

討ち入り後の吉良家の運命だが、それから二カ月後の赤穂浪士らの切腹が行われた日（同十六年二月四日）に合わせ、吉良義周は幕府から呼び出しを受け、前述の通り、所領や屋敷の没収と、義周に対しては信濃《しなの》高島藩へのお預けが言い渡されている。

その後、主を失った旧吉良屋敷は、「不浄の地」だというので買い手は現れず、困った幕府では町屋地として民間にただ同然で払い下げたという。ところが、それでも買い手は現れず、そうこうするうち、大地震（「元禄大地震」＝元禄十六年十一月）とその後に起きた火災によって屋敷は廃屋《はいおく》同然となってしまった。

●坊主憎けりゃ……の集団心理

そこで持ち主は、最後の手段として屋敷を解体して古材として処分することを思いつく。ところが、江戸中の古材業者から一斉に買い取りを拒否されてしまう。しかも、自分が買い取った古材の中に吉良屋敷のものが混ざっていたのでは大変だと材木を買う者がいなくなり、古材の相場は一気に冷え込んだ。そのあおりを受け、本所からかなり離れた麻布や四谷あたりの家具屋、建具屋までもが不景気に陥ったというから、すさまじい。

「坊主憎けりゃ……」ではないが、江戸庶民の「吉良憎し」の感情が沸騰し、その住んでいた土地や屋敷にまで「ＮＯ！」を突きつけたことになる。異常なる群集心理が為せるわざと言ってしまえばそれまでだが、ここまで庶民の憎しみを一身に蒙《こうむ》った悪玉も、日本の歴史上、吉良以外二人といないはずである。

国外追放処分を受けて帰国したシーボルトが密かに果たしていた再来日

フィリップ・フランツ・フォン・シーボルト（1796〜1866年、享年70）
ドイツで代々医師の家で生まれた。二十七歳で来日する。出島外に鳴滝塾《なるたきじゅく》を開設し西洋医学（蘭学《らんがく》）教育を行う。いったん帰国し六十三歳で再来日する。

●日本の地図を国外へ持ち出す

シーボルトは幕末、長崎オランダ商館の医師として活躍した人物だ。もともとはオランダが植民地再編を検討するため、必要な資料を収集・研究するよう委嘱《いしょく》されて来日したドイツ人である。そのシーボルトが、幕府から再来日を許さない追放処分を受け、オランダに戻って行ったのは文政十二年（一八二九年）九月のことだ。

幕末の日本に西洋医学の種を植えるという大きな功績を果たしたシーボルトがなぜ追放処分を受けたかといえば、当時、鎖国政策下の日本では地図を国外へ持ち出すことは禁止されており、シーボルトがその禁を破ろうとしたからである。このとき三十三歳。日本人妻のたきとかわいい盛りの二歳の娘いねに見送られての悲しい船出だった。その後、シーボルトはどんな人生を歩んだのだろうか。

オランダに戻り日本研究の本を執筆する

日本を離れ、オランダに帰着したシーボルトはライデン市に大きな家を購入し、そこで日本から持ち帰った資料の整理を始めた。オランダ政府はその収集品をすべて買い取った上で、シーボルトに研究を続けさせた。これらの品物は今日のライデン国立民族博物館にそのまま伝わっている。

オランダでシーボルトが最も力を注いだのが、日本に関する本の執筆だった。その本『日本』は一八三二年に第一冊が出版され、以来年一冊ペースで二十年間にもわたって出版された。まさに大著である。『日本』はきわめて広範な博物学的日本研究の本であり、シーボルトの未知なる物に対する貪欲なまでの知識欲がうかがえる。

このようにシーボルトの頭の中には日本が片時も離れなかった。日本に残してきた妻と子のこともあり、一日も早く再来日したいと機会をうかがっていたようである。そんな折も折、ペリー率いる米国艦隊が大西洋からヨーロッパ、インド洋を経由して日本に遠征するとの話が伝わってきた。シーボルトは遠征隊に自分を加えるよう、猛烈な運動を展開する。

しかし、これは失敗する。ペリーは日本遠征に先立ち、シーボルトの『日本』を読んで大いに感銘を受けたが、日本政府から再来日を禁じられているシーボルトを同伴することは交渉の妨げになると判断したからだ。さらに、シーボルトがロシアと親密なところも気に入らなかったようである。

日本の妻と娘とも再会

ところが、開国に踏み切った日本は安政二年（一八五五年）一月、オランダとの間で日蘭和親条約、三年後に日蘭通商条約を締結し、シーボルトの再来日禁止も解くと発表する。念願叶って喜んだシーボルトはオランダ貿易会社顧問という立場を得て一八五九年三月、オランダを出帆した。このとき六十三歳。傍らにはオランダで娶《めと》った妻との間にもうけた長男アレキサンダー（当時十三歳）を伴っていた。

その年の八月、長崎に到着。シーボルトにとってちょうど三十年ぶりの来日だった。かつての精力的な青年医師は、白髭をたくわえた恰幅のよい老紳士へと変貌していた。シーボルトの再来日を知ると、昔、教えを受けた門人や治療を受けた患者までが訪ねてきて旧交を温めあった。日本人妻のたきと娘のいねとも再会できた。たきは楠本姓を名乗り、長崎銅座町で油屋を営んでいた。いねのほうは三十二歳になっており、長崎で産科医を開業していた。

こうして懐かしい人々と再会しながら、シーボルトはライフワークの『日本』の執筆にも力を注いだ。そのうち幕府顧問として一時的に江戸に招聘《しょうへい》されたりもしている。まさに、シーボルトが願った静かな学究生活だった。しかし、満ち足りた日々は長続きしなかった。

オランダへ帰るシーボルト

文久二年（一八六二年）四月、突然シーボルトは日本を離れる。日本の新たな夜明けを見ることはなく、都合三年弱の滞在だった。オランダ貿易会社との間で何らかの確執があり、離日が早まったといわれている。このとき、息子アレキサンダーは残していった。

オランダに戻ったシーボルトは政府から官職を解かれ、故国ドイツへ帰る。そして一八六六年十月、ミュンヘンで没する。享年七十。「私は美しい平和の国へ行く」が最期の言葉と伝えられる。愛して止まなかった日本を夢見ていたのだろうか。

なお、日本に残ったアレキサンダーはその後日本語を習得し、英国公使館に通訳として勤務する。一八六七年のパリ万博では水戸藩主・徳川昭武《あきたけ》の通訳として同行した。さらに後年、ヨーロッパにあって日清、日露戦争の際は世論工作に従事し、日本を側面からサポートした。亡くなる前年の一九一〇年には長年の功績を認められ、勲二等瑞宝章を受けている。

また、明治二年（一八六九年）には次男のハインリヒも来日し、兄同様、外交官として長年日本に滞在した。兄弟二人は父の遺志を継ぎ、未刊だった『日本』の刊行作業にも協力してあたった。

安政の大獄から桜田門外の変へ井伊直弼をめぐる男たちの群像

井伊直弼《いいなおすけ》（1815～1860年、享年46）
幕末期の近江彦根藩《おうみひこねはん》藩主。幕府の大老。生まれたときは十四番目の男子だった。三十代に入り、突然スポットライトが当たる。日本の開国・近代化を断行した。

●衆人環視のなかで起きた襲撃事件

黒船が浦賀に来航して七年がたった安政七年三月三日、陽暦では一八六〇年三月二十四日、この日の朝、江戸では季節外れの大雪が降った。その積雪を蹴立てて、水戸浪士十八名（うち一名は薩摩浪士）が大老井伊直弼《いいなおすけ》の行列に襲いかかった。

それは、直弼が外桜田の彦根藩邸を出て江戸城に向かう途中の出来事だった。雪の朝とはいえ、『武鑑』（大名や旗本の知行高などを記した、いわば紳士録）を手に、大名行列を見物する田舎侍が周囲に大勢いるなかでの大胆な犯行だった。

直弼に付き随《したが》うのは徒士《かち》二十六名をはじめ、足軽、草履《ぞうり》取り、駕籠《かご》を担ぐ六尺なども含めると六十名以上になった。浪士たちのざっと三倍の数である。しかし、徒士たちは刀の柄が雪に濡れるのを嫌がり柄《つか》袋をかけていた。濡れて水を吸った柄袋の紐《ひも》は固く締まってほどけにくくなるのは言うまでもない。これによって対応が一瞬遅れ、被害を大きくした。

結果的に、わずか数分間の間に直弼は浪士らによって首を取られ、井伊の供廻りで即死する者四名、重軽傷者は十数名を数えた。幕閣の最高権力者が名前も知れない暗殺者集団に襲撃され首を取られたというので、ときの幕府の権威は地に墜ちた。日本の歴史が大きく変わった瞬間であった。

ところで、襲撃した側の水戸浪士たちだが、その後、一体どうなったのだろうか。

ほとんどはその場で捕縛されたり自害を遂げたりしたが、十八名のうち五名は襲撃現場から逃亡し、その後地下へ潜行したことがわかっている。

本項では、襲撃犯がなぜ水戸浪士だったのかを考えながら、十八名の水戸浪士たちのその後と直弼の首の行方についても述べてみたい。

直弼がみせた驚くべき剛腕

井伊直弼が大老の座に就いたのは襲撃事件に遭う二年前の安政五年四月、四十四歳のときである。大老とは必要に応じておかれる臨時の役職で、常任である老中の上、将軍を補佐する最上位の地位だった。

大老となった直弼には差し迫っての課題

として、将軍継嗣《けいし》問題と日米修好通商条約の問題があった。実はこの二つは地下で微妙に絡んでいたのだった。

まず、将軍継嗣問題だが、当時、十三代将軍家定《いえさだ》の後継をめぐり、紀州の徳川慶福《よしとみ》（のちの将軍家茂《いえもち》）を擁立する南紀派と、一橋慶喜《よしのぶ》を推す一橋派が対立していた。慶喜の父の水戸藩主徳川斉昭《なりあき》は尊攘《そんじょう》的思想の持ち主だったため、一橋派はそのまま攘夷派であった。したがって、開国政策を推し進めたい直弼にとって一橋派は煙たい存在だった。

そこで直弼は、一橋派の官僚を更迭《こうてつ》したうえで、安政五年六月十九日、勅許《ちょっきょ》（天皇の許可）を得ないまま米国との間でさっさと日米修好通商条約に調印してしまった。

さらにその六日後、諸大名を江戸城に集め、次期将軍は十三歳の慶福に決定したことを発表する。こうして直弼は将軍継嗣問題と条約締結問題の二つを一挙に解決してしまったのである。驚くべき剛腕ぶりであった。

直弼が行ったこれらの諸政策に対し、公然と批判する者が現れた。それは公卿・武家・庶民を問わず、あらゆる階層・職業の人から不満の声が噴出したのである。直弼はそうした反対派を徹底的に弾圧した。これが「安政の大獄」である。とりわけ一橋派は目の敵にされ、徳川斉昭は永蟄居《えいちっきょ》、一橋慶喜と松平春嶽《しゅんがく》（福井藩主）らは隠居謹慎を命じられている。

この弾圧は結果的に、のちの倒幕運動を招くことになるわけだが、それは読者諸賢にはすでにご存じのとおりだろう。とにかくこれで直弼が水戸藩士の恨みを買っていたことがおわかりいただけたと思う。

●五人だけが現場から逃亡する

さて、桜田門外で井伊直弼を襲撃した水戸浪士のその後だが、まず、現場で即死した者が一名いた。残りの十七人はほとんどが手傷を負いながら三三五五、現場から逃走したが、途中で動けなくなり、死んだり自決したりする者が続出した。

唯一の薩摩浪士で、直弼の首を掻《か》き落とした有村次左衛門も満身創痍《そうい》となり、若年寄遠藤但馬守《たじまのかみ》（近江国三上藩主）邸前まで逃げたが、やがて観念し、持っていた直弼の首を傍らに置いて自決した。なお、次左衛門に直弼の暗殺をそそのかしたのは、薩摩で若手過激派グループ「精忠組」に所属していた兄の有村俊斎《しゅんさい》（のちの明治の元勲・海江田信義《かいえだのぶよし》）だと言われている。

そのほかの生き残った浪士たちは、和田倉門先の細川邸や辰之口の脇坂邸などに自訴して出た。彼らはその後、傷が原因で亡くなったり斬刑に処せられたりしている。

こうして襲撃現場から何とか逃げおおせることができたのは、当日の現場指揮者だった関鉄之介と検分役の岡部三十郎をはじめ、広木松之介、増子金八、海後磋磯之介《かいごさきのすけ》の全部で五人だった。

それでは、この五人がその後どうなったかをみていこう。

まず、関鉄之介と岡部三十郎の二人だが、

かねての計画どおり大坂まで行き、そこで薩摩の有志と手を組んで挙兵するはずであった。ところが土壇場になって薩摩藩の上層部にそのことが露見し、挙兵計画は頓挫《とんざ》した。目標を見失ってしまった二人はやむなくそこで相談して、関は薩摩藩の真意を探るため薩摩へ向かい、岡部は江戸へ舞い戻ることにした。

●警官から神主になった浪士も

岡部はその後、江戸の吉原遊廓《ゆうかく》に町人姿で潜んでいたところを捕縛され、文久元年(一八六一年)七月二十六日、小伝馬町の牢獄で斬首された。享年四十四。一方の関は薩摩へ向かったものの入国を拒まれたため、むなしく郷里水戸へと帰る。そして知り合いの家を転々としたあげく、越後の湯沢温泉に滞在していたところを水戸藩の捕方に踏み込まれる。こうして同二年五月十一日、岡部同様、小伝馬町の牢獄で斬罪に処された。三十九歳。

次に広木松之介。事件後、越後方面を逃げ回った末に、鎌倉に出たが、そこで逃げ切れないと観念し、潜伏先の日蓮宗上行《じょうぎょう》寺《じ》で自害した。襲撃事件から丸二年後の文久二年三月三日のことで、二十五歳の若さだった。

残るのは増子金八と海後磋磯之介の二人だが、実は、十八名中、この二人だけが明治維新を迎えることができた。増子は事件後、いったんは挙兵のため大坂へ向かおうとしたが、警戒が厳しくて断念。その後、郷里に帰って潜伏し、家族の協力でなんとか幕末期を乗り切った。しかし、御一新を迎えると体を壊し、国事にかかわることなく明治十四年（一八八一年）に病死した。享年五十九。

海後は事件後、那珂《なか》郡小田野村（茨城県常陸大宮市）を経て、会津や越後を逃げ回った。神職をしていた実兄の家に潜んでいたときなどは、急に買い入れる米の量が増えたため、出入りの米屋に疑われたりして、匿《かくま》うのに随分苦労したと兄の長女がのちに語り遺している。

文久三年（一八六三年）になると海後は罪を赦され、水戸に戻ることがかなう。その後、元治元年（一八六四年）には水戸天狗党の挙兵に参加。維新後は警視庁や県庁での勤務を経て、郷里で神主となった。襲撃事件の回顧録も遺している。明治三十六年（一九〇三年）五月十九日没。七十六歳。

架空の藩士の名前で交渉にあたる

襲撃事件後、直弼の首がどうなったかについて最後に述べておきたい。

薩摩浪士の有村次左衛門が、直弼の首を持ったまま近江国三上藩主の若年寄遠藤但馬守邸前まで逃げ、そこで自決したことはすでに述べたとおり。その後、首は遠藤家に引き取られた。

一方、主君の胴体だけが戻ってきた彦根藩邸では、首が遠藤家にあることを知ると、使者を急行させた。到着すると使者は、「当家供廻りの加田九郎太の首と、殺害犯をお引き渡し願いたい」

と応対に出た遠藤家の用人に申し入れた。

この時代、武士と名が付けば上は大名・旗本から、下は三両一分のごく軽輩まで、不覚によって横死した場合、家名は断絶、所領は没収の憂き目に遭った。今回、直弼はまさに横死したわけで、おまけに嫡男《ちゃくなん》も決めていなかった。井伊彦根藩が取り潰しに遭う恐れは十分あったのである。そこで、加田九郎太という架空の名前を出して交渉に当たらせたという次第。まさに、苦肉の策だった。

むろん用人は、それが嘘であることは百も承知で、「いまは御公儀の検使を待っているところで、それが終わらなければお渡しできない」と突っぱねた。

そこで、彦根藩では再び、今度は要職にある者を使者に出したが、やはり引き渡しはかなわなかった。なぜ、ここまで三上藩が頑《かたく》なだったかというと、日ごろの両藩の確執があったからではないかとみられている。確執といっても、三上藩側の一方的な嫉妬に近い感情だった。

直弼の首を返さない理由とは

実は、彦根藩も三上藩も琵琶湖右岸を領地としていた。しかし、一万二千石の三上藩と二十五万石の彦根藩とでは雲泥の差があった。日ごろから三上藩の藩士たちは彦根藩に対し何かと引け目を感じており、その意趣晴らしに、直弼の首を素直に返さなかったのではないかというのだ。

真偽はわからない。しかし、検視がすみ、首が彦根藩に返される段になり、三上藩では「加田九郎太の首」として受取書を要求したという。この用心深さにはあきれるばかりだ。そこに意趣晴らしが含まれていたと思われても仕方がないだろう。

さて、主君の首が藩邸に戻った彦根藩だが、藩医が胴体と縫い合わせ、遺体を奥の間に安置した。かねてより藩では病気療養中と発表しており、幕府も直弼の死を知りながら、幕府草創期からの功臣である井伊家を取り潰すわけにもいかず、藩の発表を信じてみせた。

その後、幕府は彦根藩から出された、直弼の側室が成した十三歳の愛麻呂（直憲《なおのり》）を嫡子とする届けを受理したうえで、三月晦日に直弼の大老職を解いた。その一カ月後の閏《うるう》三月晦日に藩から正式に直弼の死去が発表されている。

遺体は世田谷の豪徳寺に葬られた。墓所には命日が実際の三月三日ではなく、三月二十八日と刻まれている。

維新の扉を開いた生麦事件で起こったもうひとつのドラマ

●薩摩藩の行列に騎馬で割り込む

文久二年（一八六二年）八月二十一日、薩摩（鹿児島県）藩の国父島津久光は江戸から帰国の途につくべく家臣四百人（六百人説も）余りを随《したが》えて東海道は神奈川宿にほど近い生麦村（現・横浜市鶴見区生麦）に差し掛かったときにその事件は起こった。

島津《しま づ》久光《ひさみつ》（1817～1887年、享年71）
幕末の薩摩藩における事実上の最高権力者。西郷隆盛《さいごうたかもり》らと反目し公武合体をもくろむ。政府の断髪令や廃刀令を無視し廃藩置県には反対する姿勢を貫いた。

前方から女性一人を含む四人の西洋人がいずれも騎馬で行列に近付いて来るではないか。先供の武士が身振り手振りで下馬し道を譲るよう注意を促したが、彼らにはそれが伝わらず、しかも道が狭いこともあって行列に逆行する形で割り込んでしまい、はからずも久光公が乗った駕籠にどんどん迫ってきた。

「無礼者！」

武士たちは口々にそう叫び、刀の柄に手をかけながら西洋人たちが乗った馬を取り囲んだ。

血相を変えた大勢の武士たちに詰め寄られ、さすがに西洋人たちもこれはまずい、引き返したほうがよいと判断し、馬首を返そうとしたが、その場のただならぬ雰囲気を察した馬が興奮し、棹立《さお》ちせんばかりに暴れ始めたからたまらない。

後半生を日陰者として生きる

それと見て、一人の武士が進み出、先頭にいた西洋人男性に斬りかかった。左肩への一撃が見事に決まり、西洋人男性はあわてて逃げようとしたが、別の武士が腹部に抜き打ちの第二撃を浴びせ、これが致命傷となった。

しかし気丈にも西洋人男性は手綱を離さず、その場から逃走をはかるが、やがて力尽き、落馬したところを追ってきた武士によって止《とど》めを刺されてしまう。

この通称生麦事件によって、薩英戦争から薩長同盟、そして倒幕へと至る一連の流れが生まれるのだが、まさに、幕末動乱の幕開けを告げたといってよい一大事件であった。

このとき、最初に西洋人に斬りかかったのが奈良原喜左衛門、第二撃をふるったのが久木村利休《くきむらとしやす》という名の薩摩藩士である。この二人の事件後の人生をたどってみると、とりわけ久木村利休のそれはたいへん興味深いことがわかった。

利休は幕末から明治・大正期を生き抜き、昭和に入ってから亡くなったのだが、事件から七十五年もたった九十四歳のときに、雑誌の取材を受けてようやく重い口を開き、事件の顚末《てんまつ》を語り残していたのだ。そのとき語られた事件の生々しい真相と、日陰者として生きた事件後の数奇な半生についても述べてみよう。

●観光目的で川崎大師へ

久木村利休は天保十四年（一八四三年）十月に生まれた。八歳ごろから示現流《じげんりゅう》剣術を学び、若いころは手の付けられない暴れん坊だったという。示現流とは薩摩藩を中心に伝わった、「先手必勝」の鋭い斬撃で知られた荒々しい古流剣術の一つである。

利休が島津久光の帰国に随ったのは十九歳のときで、身分は鉄砲組歩兵隊の一兵卒という、いたって軽い身分だった。利休は剣術の腕は確かだったが、五尺そこそこの小男で、その小男が二尺六寸五分の愛刀波平を腰に差した格好というのは一種滑稽《こっけい》ですらあったという。

事件の日は新暦では九月十四日となり、高く澄みわたった秋空のもと、爽やかな海風を全身に受けながら利休たち薩摩藩士は東海道を歩いたに違いない。そんなのんびりとした旅気分を一気に吹き飛ばす変事が勃発したのは、当日の昼二時ごろのことだった。

利休の耳に、なにやら先頭のほうで大勢

の藩士たちのわめき声が聞こえてきたのだ。近付いてみると、馬に乗った男女四人の西洋人が藩士たちに囲まれ、立ち往生をしているではないか。

この日、薩摩藩の行列に行き合った西洋人とは、すなわち横浜で米国人が経営する商店に勤めていたウッドソープ・チャールズ・クラーク、上海商人チャールズ・レノックス・リチャードソン、横浜の生糸商人ウイリアム・マーシャル、香港商人の妻マーガレット・ボロデール夫人――という四人の英国人である。

一行は観光目的で川崎大師へ向かう途中だった。四人とも日本語をほとんど解さないうえに、大名行列に出会ったときの儀礼を身につけていなかったという不運も重なり、偶発的に起こった事件だった。

最初に、リチャードソンを斬ったのは供頭の奈良原喜左衛門で、喜左衛門も示現流の遣い手だった。これを合図に、残りの英国人男性二人も四方から襲撃を受けることになった。ボロデール夫人だけは奇跡的に無傷でその場から逃れることができたという。

●米紙「非は英国人側にあり」

結果的に、リチャードソンはその場で落命したが、クラークとマーシャルの二人は手傷を負いながらも当時神奈川にあった米国領事館（本覚寺）に逃げ込み、ヘボン博士に傷の手当てを受けたという。

年が明けて文久三年一月、英国政府は幕

府に対し正式な陳謝と十万ポンドの賠償金《ばいしょうきん》を、薩摩藩に対しても犯人の処刑と二万五千ポンドの賠償金の支払いを要求してきた。

この生麦事件が起こる以前にも、西洋人と大名行列が街道などで出合うことはあったが、西洋人たちは儀礼をわきまえ、日本人のように土下座こそしないが下馬したり脱帽したりして異国の貴人に対し敬意を表した。

したがって、郷に入っては郷に従えで、今回の事件はリチャードソンたちの不注意が招いた不幸な事故であって、日本側に責任はないとつっぱねることもできた。事実、当時の『ニューヨーク・タイムズ』紙は、「非は英国人側にある」と断じている。

ところが、弱腰の幕府は英国の脅しに屈し、賠償金を支払ってしまう。しかし、薩摩藩はこれを拒否したため、同年八月、英国と薩摩藩との間で「薩英戦争」が起こるわけである。

●きのうまでの英雄が地に墜ちる

「私が斬ったのは、リッチャルトンとかいう英国の商人でした。最初に奈良原どんに一太刀斬られ、逃げ出すところを私が斬りつけたわけです。リッチャルトンは飛び出そうとする自分の臓腑《ぞうふ》を手で押さえながら逃げましたが、五～六町（約六百メートル）も行ったところで馬からすべり落ち、『水、水……』と末期の水を求めながら絶命したと聞きました。かわいそうなことでした。

その日は予定通り戸塚宿で一泊しましたが、のちにあれほどの大事になろうとは考えもせず、行列を邪魔した外人をやっつけたことで仲間からも称賛され得意になっていたものです」

これは昭和十二年に九十五歳で亡くなる前年に、雑誌の取材を受けて生麦事件について語った久木村利休の言葉である。

事件後、英国から賠償金を要求されるなど問題が大きくなると、薩摩藩内では「そもそも奈良原らが勝手なことをするからだ」という非難の声がわき起こるようになる。きのうまでの英雄も地に墜ちてしまったのである。

結局、薩摩藩では「岡野新助と申す、島津家でもごく軽輩が一人でやったことで、岡野はその場から逃走して行方がわからない。賠償金のことはいずれ……」と幕府に報告。

岡野新助という架空の人物を事件の真犯人にでっち上げ、この難局を強引に乗り切ってしまったのである。

六十二歳で日露戦争に志願

こうして奈良原や利休らは藩の意向に沿うため、「生麦事件のことは一切口外無用。これからの人生を目立たぬように生きろ」とでも言われ、釘を刺されたに違いない。

その後の利休だが、明治維新を迎えても、御一新の扉を開くきっかけになった事件の当事者は自分であると名乗り出るようなことはせず、一介の市井人《しせいじん》としてひっそり暮らした。

ところが、明治三十七年（一九〇四年）、利休は六十二歳の高齢で日露戦争に従軍を志願し、周囲を驚かせている。のちに当時の心境を聞かれ、

「私は生麦事件で一度死んだ身。この世の余り者だけに、せめて最後に御奉公したかった」

と述べている。利休は日露戦争最大の陸戦と言われた奉天の会戦に戦功を立て、特別に陸軍少佐に任ぜられている。祖国のために一身を擲《なげう》つことができ、利休はきっと、日陰者として生きた過去が洗い流される思いがしたに違いない。

なお、奈良原喜左衛門のその後だが、京都で国事に奔走《ほんそう》し、元治元年（一八六四年）七月の禁門の変でも活躍をみせたが、翌年五月、京都・二本松の薩摩藩邸で病死した。享年三十五。のちの男爵で沖縄県知事や貴族院議員などを歴任した奈良原繁は実弟である。

坂本龍馬暗殺犯の消えた「足どり」は何を語るか

坂本龍馬《さかもとりょうま》（1836〜1867、享年33）
土佐藩郷士《ごうし》。二十七歳で脱藩し、京都や江戸で憂国《ゆうこく》の志士として活動。仲が悪かった薩摩と長州に手を結ばせるなど江戸幕府の終焉《しゅうえん》に大きな役割を果たす。

●明治維新を呼び込む起爆剤に

坂本龍馬《さかもとりょうま》が暗殺されたのは明治維新を迎える一年前の慶応三年（一八六七年）十一月十五日のことである。京都・四条河原町通り蛸薬師《たこやくし》、土佐藩出入りの醤油商近江《おうみ》屋《や》新助方において、盟友の中岡慎太郎《なかおかしんたろう》と密談していたところを暗殺隊に襲撃され、中岡共々、落命する。

数え二十七歳で土佐藩を脱藩してから国事に奔走《ほんそう》し、当時、誰一人として考えなかった犬猿の仲の薩摩藩と長州藩を結び付け、さらに、将軍徳川慶喜《よしのぶ》が大政を奉還するよう各所に働きかけるなど、龍馬の存在そのものが明治維新を呼び込む起爆剤となったことは間違いない。

明治を迎えてから語り出した生き証人

そんな倒幕の立役者であった龍馬は、明治の御一新を見ることなく、三十三歳の若さで凶刃に倒れた。暗殺犯の正体についても当時から謎で、新選組説、西郷隆盛《さいごうたかもり》黒幕説、紀州藩説（「いろは丸」事件の報復）……など様々な説が入り乱れており、事件から百五十年がたった現在でも厚いベールに包まれたままである。

龍馬暗殺犯として今日もっとも有力視されているのは、佐々木只三郎《ただ
さぶろう》が率いた「京都見廻組」である。当時から見廻組の関与が疑われていたが、決定的証拠はなかった。なぜなら、鳥羽・伏見の戦いに端を発する戊辰《ぼしん》戦争において見廻組隊士の多くが戦死してしまい、「生き証人」がほとんどいなくなったからである。

ところが、明治の世になって龍馬襲撃に加わったという貴重な生き証人――かつての見廻組隊士が現れ、ようやく重い口を開いて真相を語り出したのである。

その旧隊士こそ、本稿で紹介する今井信郎《いまいのぶお》である。今井は一体なぜ何年もたってから龍馬暗殺の真相を語る気になったのだろうか。以下でそのあたりの謎に迫ってみることにしよう。

新選組とは反目しあった見廻組

今井信郎は天保十二年（一八四一年）十月二十日、微禄の幕臣の家の長男として江戸は湯島天神下で生まれた。十八歳で直心影《じきしんかげ》

流《りゅう》剣術の榊原鍵吉《さかきばらけんきち》道場に入門する。

今井はよほど身に合ったものか、めきめき上達した。今井の剣は師匠榊原ゆずりの豪剣で、あるとき道場破りにやってきた水戸藩士某を竹刀の一撃で殺してしまったこともあったという。

そんな今井は早くも二十歳で師匠から免許を受けると、講武所（幕府が設置した武芸訓練施設）の剣術師範を拝命する。

慶応三年、二十七歳になった今井は京都見廻組への入隊を命じられ、その年の十月、京都に入った。翌月の十一月十五日が龍馬の暗殺事件のあった日だから、京都に着任してすぐ事件にかかわったことになる。

京都見廻組とは、幕臣によって結成された京都の警察組織で、主に二条城（徳川家康が築城）の周辺地域を担当した。当時、同じ京都の治安を取り締まる組織として新選組がいたが、新選組は祇園《ぎおん》や三条などの町人街・歓楽街を管轄《かんかつ》としており、共同戦線を張ることはなかった。

むしろ、両者は反目しあっており、特に新選組には身分の怪しげな者が多かっただけに、見廻組は新選組のことを陰で見下していたという。

今井の供述によると、事件当日の深夜、見廻組与頭《くみがしら》・佐々木只三郎の指揮の下、今井、渡辺吉太郎（吉三郎とも）、高橋安次郎、桂隼之助《かつらはやのすけ》、土肥仲蔵《どいなかぞう》ら計八名が近江屋に向かったという。いずれ劣らぬ剣客ぞろいだった。

現場に到着すると、佐々木、渡辺、高橋、

桂の四名が、龍馬と中岡がいる二階の八畳間に斬り込みをかけた。今井自身は一階で見張り役をしており、実際の襲撃には加わっていないと証言している。

●「やったのは今井」と近藤勇が語る

見廻組隊士らは予定通り龍馬と中岡の両名に致命傷を与えると、京の市街地を一陣の魔風のように駆け抜け、闇の中へと溶け込んだのであった。

事件後、近くの土佐藩邸から谷干城《たにたてき》（のちの明治の元勲）らが押っ取り刀でやってきて、血の海となった凄惨《せいさん》な現場をつぶさに検証している。その際、まだ絶命していなかった中岡が、苦しい息の下、

「襲撃犯の一人は、コナクソと叫んで斬りかかってきた」

という意味のことを谷に証言したという。この言葉は四国・伊予（愛媛）地方の方言とされ、そこから新選組隊士で伊予出身の原田左之助の関与が疑われたりしたが、暗殺者が「コナクソ」と叫んだという話は谷の証言以外にはなく、谷の聞き間違えか、あるいは中岡自身が聞き間違えたのではないかという説が今日では有力だ。

さて、龍馬襲撃後の今井の行動だが、慶応四年、鳥羽・伏見の戦いに加わるも、敗北。いったんは江戸へ舞い戻ったが、すぐに各地で官軍と転戦し、最後は箱館（函館）戦争で降伏した。

明治三年（一八七〇年）二月、今井は身柄を刑部省《ぎょうぶしょう》（司法機関）の東京・伝馬町

にあった牢獄へと送られる。そこで、坂本龍馬暗殺の真犯人として厳しい尋問を受けることになった。

なぜなら、今井が降伏するよりも前に新政府軍に捕らえられていた新選組隊士・大石鍬次郎《くわじろう》への取り調べにおいてわかったことだが、大石はかつて親分の近藤勇から「龍馬を殺したのは今井だ」と聞いたことがあり、その大石の証言が本当かどうか確かめようとしたのである。

●佐々木只三郎の実兄が証言

この尋問で、真相に蓋をして隠し通すことに疲れたのか、今井は龍馬暗殺の詳細を証言した。それによると、龍馬襲撃はいかにも見廻組の仕業で、龍馬は前年に京都・伏見の旅籠寺田屋において幕吏《ばくり》を拳銃で射殺した天下のお尋ね者だった。

そこで、「公務」として龍馬を襲撃したものであって、なんら恥じることはない――と供述した。そして最後に、自分は見張り役であり、実際の襲撃には加わっていないと言い添えたのである。

この今井の証言を裏付けるように、明治三十七年になって、鳥羽・伏見の戦いで戦死した佐々木只三郎の実兄で旧会津藩士の手代木直右衛門《てしろぎすぐえもん》（享年七十九）が、その臨終の枕元で長女に、

「龍馬を襲ったのは只三郎で間違いない。あれは暗殺ではなく公務だった。襲撃後、見廻組がそのことを公言しなかったのは、ひとえに見廻組を配下とするわれわれの殿

さま（京都守護職・松平容保《まつだいらかたもり》）に累《るい》が及ぶ恐れがあると判断したからだ」

と言い残している。臨終に際して嘘を言ったとはとても思えない。おそらく佐々木只三郎は、実の兄にだけは本当のことを知っておいてほしいと考え、あらかじめ直右衛門に真相を打ち明けていたのだろう。

その後の今井だが、禁固刑の判決を受け、静岡で謹慎するも、明治五年一月、突然赦《しゃ》免《めん》されている。その裏には西郷隆盛の助命嘆願運動があったと言われているが、本当かどうかは定かでない。

自由の身となった今井は、徳川家の転封先の静岡に移り、静岡城の敷地内にあった藩校を払い下げてもらい、私学校を開く。そこで、英語や数学、農業などを若者たちに教えた。しかし、軍事教練も行ったため新政府から危険視され、困った末にその学校を無償で県に明け渡してしまう。

地域の農業の発展に貢献する

明治十一年、今井は妻子を伴い、旧榛原《はいばら》郡初倉村（静岡県島田市）に入植した。そして、同十四年に設立された榛原郡農事会の会長に就任すると、茶栽培や農作物の品評会の開催、病虫害の駆除予防、動力農具の奨励など農事改良のための様々な施策を打ち出し、地域の農業の発展に貢献した。この会長職は明治三十四年まで二十年間もつとめている。

村政にも積極的に関与しており、明治二十二年に村会議員に初当選すると、同三十九年には初倉村長に選任され、三年間その座にあった。

今井がキリスト教信者になったのはこの初倉村時代で、きっかけは、村で栽培したお茶を横浜へ売りに行った際、たまたま海岸沿いの教会に入り、そこで説教を聞いて言い知れぬ感動を覚えたからだった。

その後、洗礼を受けると、かつてはその五体から常時漂わせていた無気味な殺気が次第に薄れ、温厚で誰に対しても穏やかに接するようになったと言われている。洗礼を境としてきっと何かが吹っ切れたのだろう。

明治三十三年（一九〇〇年）五月、かつての刑部省での自分自身の証言を覆す、坂本龍馬暗殺に関する今井の衝撃的な回想談話が雑誌『近畿評論・第十七号』に掲載された。その回想談話の中で今井は、刑部省での取り調べでは重罪を恐れて自分は実行犯ではないと語ったが、龍馬を斬ったのは確かに自分の仕業で間違いない、と述べたのである。

この今井の証言に対し、谷干城は「売名行為である」と怒ったという。しかし、考えてみてほしい。このとき今井は六十歳と老境に差し掛かっていたのだ。静岡の片田舎で穏やかに暮らしている老人が、いまさら世間に名前を売って何の得があるというのだ。

龍馬を斬った刀を恩師に預ける

自分が龍馬暗殺の実行犯であるという今

井の証言は、今井の妻いわの遺談によって補強されることになる。いわは、あの十一月十五日のことをはっきり覚えていた。

その日の朝、夫（今井）は桑名藩士の渡辺吉太郎と何事か密談していたが、そのうち連れだって自宅を出た。三日後に帰宅した夫の右手を見ると、親指と人さし指の間に深手を負っていた。いわがたずねると、夫は、

「坂本龍馬という者を斬ってきた。この刀を榊原鍵吉先生に渡したいので、その手配をしてほしい」と語ったという。

このときの龍馬を斬ったとされる今井の刀はのちに恩師榊原の手元に渡っている。榊原は「これが龍馬と中岡を斬った刀である」と誰彼となく見せて自慢していたそうだが、惜しいことに彰義隊と官軍が戦った上野戦争の混乱の中で消息不明になってしまったという。

こうした様々な人たちの遺された談話や供述から考えて、近江屋で龍馬を襲ったのは京都見廻組で、その実行犯の一人は今井信郎とみてまず間違いないようだ。

老境を迎え、敬虔《けいけん》なクリスチャンとなっていた今井には、事件の真相を自らの胸に秘匿《ひとく》したまま天国へ旅立つことが我慢ならなくなったのだろう。

大正七年（一九一八年）六月二十五日、脳卒中により今井信郎は亡くなった。享年七十八。

大津で襲撃されたニコライ2世、事件後の数奇な生涯

ニコライ2世（1868〜1918年、享年50）
ロマノフ朝第十四代にして最後のロシア皇帝。日露戦争・第一次世界大戦では指導的役割を果たすが、革命勢力を厳しく弾圧したため反発を招き、自滅。

●ロシア皇太子を襲ったのは警察官だった

明治二十四年（一八九一年）五月十一日、その朝、琵琶湖遊覧を楽しんだ帝政ロシアの皇太子が、滋賀県庁で昼食を終えて人力車で大津の市街をパレードしていたときのことだった。

突然、一人の暴漢が現われ皇太子にサーベルで斬りかかった。皇太子は頭部に切り傷を負ったものの、車夫に救われすんでのところで危難を脱している。襲撃犯を捕らえてみれば、当日の警備についていた警察官・津田三蔵《つださんぞう》であったというので人々は二重に驚いた。世に言う「大津事件」である。

このロシア皇太子こそ、のちにロマノフ王朝最後の皇帝となるニコライ2世である。

皇太子のこのたびの日本訪問は、まったく私的な観光旅行であった。このとき二十三歳。「大津事件」は、まさにニコライ帝の悲惨な最期を暗示させるものであった。母国ロシアに戻った後、ニコライは運命の〝その日〟を迎えるまでどう生きたのだろうか。

ロシア皇太子襲撃事件は日本中を震撼させた。日本に対して世界各国から「野蛮な国」だと非難が集中する。当時の日本はようやく国の体裁が整ってきた弱小国である。政府は大国ロシアからどんな無理難題をふっかけられるかと戦戦兢兢《せんせんきょうきょう》とした。不幸中の幸いで軽傷に済んだが、ロシア皇太子を公衆の面前で、しかも警備についていた警察官が暗殺しようとしたのだから政府の大失態は否めなかった。

それこそ上は明治天皇から文武百官、下は庶民の端々に至るまで心を痛めない者はいなかった。明治帝は京都の皇太子の病床を自ら見舞うほどだった。その際、帝は綴織《つづれおり》の巨大な壁掛け（タペストリー）を贈っている。

襲撃事件から一週間後、京都府庁の門前で経帷子《きょうかたびら》を着込んだ女性がのどを突いて自殺するという事件が起こる。その遺書から、ニコライ皇太子に詫《わ》びを言うために千葉県から駆けつけた畠山勇子、二十五歳であることが分かった。畠山は普段から政治に興味を持っており、皇太子に面会し、日本人の一人として一言詫びを言おうとしたが、皇太子はすでに京都を発《た》った後とわかり、自ら命を絶って国難に殉じたものと判明した。

翌日、ニコライ皇太子は神戸から軍艦アゾバ号でウラジオストクに向けて出航する。出航の直前、皇太子は自分の危機を救い、犯人逮捕に協力した車夫二人を艦に招いている。艦上で向畑《むこうはた》治三郎《じさぶろう》、北賀市《きたがいち》市太郎《いちたろう》の車夫二人に対し皇太子は自ら勲章を授けると、一時金二千五百円と年金千円を与えると告げた。当時の二千五百円は今日の二千万円以上という。二人は日本政府からも勲章と年金三十六円を贈られている。

●ロシアの内乱により、日露戦争に勝利

ニコライ皇太子が帰国し、ロシアからどんな要求を突きつけられるかと日本の政府要人は不安な日々を過ごした。誰もが多額の賠償金か、あるいは領土の一部割譲を要求されるに違いないと心配した。ところが、幸いにもそうした要求がロシアから出されることはなかった。これはニコライ皇太子の冷静な対応と日本に寄せる好意、そして父帝アレクサンドル3世の平和政策のお陰と言えた。

ロシアに帰国して三年後、父帝が病気で急死し、皇太子はニコライ2世として帝位につく。このころのロシアは絶対君主制に反対する勢力が台頭しており、こうした反体制勢力に対しニコライ2世はつねに強硬な弾圧策で臨んだ。

ニコライ2世という人は、人柄は善良だったが、有能な人物には反感を覚えるという性癖があり、その点で君主としては失格

だった。そのため帝の周囲には無能なご機嫌とりばかりが集まってしまった。日露戦争（一九〇四年二月開戦）にしても、占領政策を拡大させ満州に兵を入れたニコライ2世の失政が招いたものと言えなくもなかった。

日露戦争開戦の翌年一月二十二日、ニコライ2世に請願書を渡そうと首都ペテルブルグ市内を行進する労働者の群れに対し、軍隊が発砲、多数の死傷者を出す。これが「血の日曜日事件」である。この国内の混乱が日本側に幸いした。ロシア政府は日本との戦争どころではなくなり、渋々日本との講和条約を締結し、戦争は日本側の勝利という形で幕を閉じる。

一九一四年、オーストリアがセルビアに宣戦布告したことに端を発し、第一次世界大戦が勃発する。ロシア国内では国家主義が盛り上がり、反体制勢力の運動も鎮静化するが、それも一時のことで、長期戦化すると再び国内で反体制運動が澎湃《ほうはい》として起こる。

ニコライ2世は内政を皇后のアレクサンドラ任せにし、皇后は皇后で愛人と噂され、ロシア宮廷の陰の実力者といわれる怪僧ラスプーチンに頼りきりだった。これでは国民の不満は募る一方だった。

一九一七年春、食料暴動に端を発した「二月革命」によって、ニコライ2世は譲位を表明する。しかし、皇太子は病弱で、代わりに指名された帝の弟ミハイル大公も拒絶したため、ここに三百四年間続いたロマノフ王朝は終焉《しゅうえん》を迎えた。

革命後成立した臨時政府によってニコライ一家は捕縛され、軟禁状態におかれる。

翌年七月十六日、レーニンの命令により、一家全員が処刑される。ニコライ2世は五十年の生涯だった。

大国ロシアを恐れ津田の死刑を画策

さて、「大津事件」の犯人である津田三蔵のその後に話題を移そう。事件を起こしたとき、津田は三十八歳。伊賀上野の士族の出で、当時滋賀県守山警察署に勤める巡査だった。

犯行の動機は、ロシアはいずれ日本を侵略しようという野望があり、皇太子はそのための偵察に来たのだと思い込み、この日の凶行に及んだものだった。取り押さえられたとき、津田自身、車夫の抵抗にあって重傷を負っており、戸板に乗せられたまま膳所《ぜぜ》監獄へ送られた。

即日、津田は一般の謀殺未遂として大津裁判所に起訴されたが、すぐに政府から横槍が入り、大審院（現最高裁判所）に移される。一般の謀殺未遂では無期懲役が限度で、死刑にできないからだ。大国ロシアを恐れた日本政府は、何としても津田を死刑にする狙いだった。そのため、日本の皇室の場合に適用が限られる「皇族危害罪」を強引に当てはめようとした。

ときの山田顕義《やまだあきよし》法相や西郷従道《さいごうつぐみち》内務大臣らは、大審院長の児島惟謙《こじまこれかた》に津田を死刑にするよう強く圧力をかけた。しかし、児島は「政治権力によって法が枉《ま》げられてはならない」と突っぱねる。

伊予宇和島藩士の家に生まれた児島は、若いころは坂本龍馬《さかもとりょうま》と親交があり、倒幕運動にも加わった経験を持つ。硬骨漢として有名で、この断固とした児島の態度に、さすがの山田法相らも沈黙してしまう。

●北海道の牢獄で謎の死を遂げる

こうして五月二十七日、大津地方裁判所内の大審院法廷において、津田は無期懲役を言い渡される。この判決は当初、ロシアの対日感情を害するものと憂慮されたが、国際的には日本の司法権に対する信頼を高め、治外法権の撤廃を目指すこれ以後の条約改正交渉に、よい影響を与えることになるのだから、歴史は皮肉だ。

その後の津田だが、北海道の釧路集治監《くしろしゅうじかん》へ送られ、判決からわずか四カ月後に獄死する。津田の死については、自ら絶食して果てた、衰弱した体にきつい労役を課されそれが因《もと》で亡くなった、あるいはロシアの対日感情を和らげるため政府が密《ひそ》かに暗殺者を送り込んだなど諸説入り乱れ、確かなことは未《いま》だわかっていない。

最後に、ニコライ皇太子の危難を身を挺《てい》して救った向畑治三郎、北賀市市太郎の二人の車夫についても触れておこう。二人は世間から英雄とまつり上げられ、しかも大金が手に入ったことですっかり有頂天となった。それを心配したのが政府の役人たちだった。

気が大きくなった二人が、むやみに金を遣って新聞ダネにならぬかと心配したのだ。特に、向畑のほうは前科があり、その心配が大だった。そこで、毎月二十五円を生活費として渡し、残りは京都府が管理することになった。しかし、案の定、向畑は事業を始めるなどと言っては金を引き出し、博打《ばくち》と女につぎ込んだ。のちに日露戦争が始まって年金がストップすると、みじめな晩年を迎えた。

一方の北賀市は事件後、郷里である現在の石川県加賀市へ帰り、褒賞金《ほうしょうきん》で田畑を買って地主となった。さらに、勉強にも精を出し、郡会議員となる。まさに、ニコライさまさまだったが、幸福は長続きしなかった。日露戦争が始まるや、それまでロシアから年金の仕送りを受けていた北賀市は周囲から「露探」、つまりロシアのスパイ扱いされ、こちらも辛い日々を余儀なくされたという。

五　あの組織、あの集団のその後の裏話

幕末期に太平洋を横断した咸臨丸乗組員の「それから」

木村摂津守喜毅《きむらせっつのかみよしたけ》（1830〜1901年、享年72）
幕末の旗本。軍艦奉行、勘定奉行など幕府の要職を歴任。三十一歳で咸臨丸《かんりんまる》の総督を務め、太平洋を横断する。明治になると仕官を断り、隠遁《いんとん》生活に入る。

士官以下九十四人が乗っていた

咸臨丸《かんりんまる》は、幕末期の安政七年（一八六〇年）正月、浦賀港を出帆《しゅっぱん》して太平洋を横断し米国サンフランシスコに渡った軍艦である。乗船者のなかに、のちに幕府側の代表として江戸城明け渡しの大任を果たすことになる勝海舟《かつかいしゅう》や、「天ハ人ノ上ニ人ヲ造ラズ……」の福沢諭吉《ふくざわゆきち》がいたことでも知られている。

この咸臨丸のことを、日本で最初に太平洋を横断した船であると思っている人も多いようだが、それは違う。

慶長十五年（一六一〇）というから、大坂冬の陣が起こる四年前に、徳川家康《とくがわいえやす》が英国人ウィリアム・アダムス（日本名三浦按《みうらあん》針《じん》）に命じて建造させた帆船に乗り、田中勝介という名の貿易商人が太平洋を横断してメキシコに渡り、翌年に帰国している。これが日本の太平洋横断の第一号とされている。

さらにその三年後の慶長十八年、伊達政宗《だてまさむね》が派遣した支倉常長《はせくらつねなが》が同様に帆船で太平洋を横断してメキシコに渡っている。したがって、咸臨丸は軍艦としては日本初でも、公式に太平洋を横断した日本の船としては三番目ということになる。

咸臨丸が浦賀を出港したとき、士官や水夫、船大工、鍛冶《かじ》、医師など九十四人（九十六人説もあり）の日本人が乗っていた。ほかに、米海軍の士官・水夫も十一人いた。合計百五人である。

咸臨丸はその後、日本に無事戻ることができたが、急速な経済成長を続ける米国本土の自由な空気を吸って帰った乗組員たちはその後、どんな人生をたどったのであろうか。太平洋横断時の咸臨丸の最高責任者だった木村摂津守喜毅《きむらせっつのかみよしたけ》を中心に据えてそのあたりを述べてみたいと思う。

●随伴艦のはずが先に到着してしまう

乗組員たちのその後を語る前に、そもそも咸臨丸はなぜ米国に渡ったのかについて簡単に述べておきたい。

実は、日本と米国との間で結ばれた通商条約（日米修好通商条約）の批准《ひじゅん》書を交換するため、遣米《けんべい》使節団一行が米国軍艦ポーハタン号に乗って太平洋を横断することになり、その護衛のための随伴艦《ずいはんかん》に抜擢《ばってき》されたのが咸臨丸であった。

したがって、ポーハタン号には正使として外国奉行（現代の外務大臣に相当）の新《しん》見正興《みまさおき》、副使に村垣範正《むらがきのりまさ》、監察に小栗忠順《おぐりただまさ》以下日本使節団約八十人が乗船していた。新見らはサンフランシスコに到着すると、そこで咸臨丸と別れ、パナマ経由でワシントンに向かっている（当時は運河がまだ開通しておらず、鉄道で大西洋側に出て、そこから船でワシントンを目指した）。つまり、咸臨丸にとってはポーハタン号に随行してサンフランシスコに行くまでが任務だったのである。

咸臨丸がサンフランシスコ港に到着したのが、一八六〇年三月十八日、それより十一日遅れてポーハタン号が到着した。随伴艦のはずの咸臨丸のほうが先に到着してしまったのは、途中激しい嵐に遭遇し、ポーハタン号側が石炭を使いすぎて補給のためにハワイ・ホノルルに一時寄港したからであった。

帰路はハワイ経由で

咸臨丸の概要だが、嘉永《かえい》六年（一八五三年）のペリー来航によって、軍艦の重要性に気付かされた幕府が、大金を払ってオランダに造らせた日本最初の蒸気軍艦であった。全長四十九メートル、全幅九メートルと軍艦としてはごく小型だったが、大砲を十二門搭載していた。蒸気機関によるスクリュー推進型で排水量は六百二十五トン、機関出力百馬力。三本マストの帆も備えていて、洋上では主に帆で航行した。

勝海舟らはこの咸臨丸を操船して、浦賀からサンフランシスコまで三十七日間かかって太平洋を横断した。帰路は、途中ハワイに立ち寄って国王カメハメハ四世を表敬訪問したこともあり、四十六日間を要している。長い航海を終えて浦賀港に戻ったのは西暦で一八六〇年六月二十三日、旧暦では万延《まんえん》元年（この年は三月十八日に安政から万延と改元）五月五日のことだった。

●礼節と美徳を備えた日本のサムライ

咸臨丸にあって最も位が高かったのは、高級旗本出身で軍艦奉行の地位にあった木村喜毅。この太平洋横断時は数えで三十一歳だった。その下に艦長の勝海舟がいて、あとは砲術方、運用（操船）方、測量方、蒸気方、通弁（通訳）方……などがいた。ちなみに二人いた通弁のうちの一人が、ジョン万次郎こと中浜万次郎である。

咸臨丸はサンフランシスコに滞在中、市民から大歓迎を受けたが、なかでも木村喜毅の評判は高く、地元の新聞紙上では「一見しただけで温厚仁慈《じんじ》の風采《ふうさい》を備えた人物」と評されるほどだった。

頭も切れ、サンフランシスコ市が主催した歓迎会では、米国大統領を称える演説をして市民を喜ばせている。また、帰路につく際、艦の修理代金を海軍造船所の担当者に支払おうとすると、担当者は「はるばる来てくれたのだから」と受け取らなかった。

そこで木村はそのお金をサンフランシスコ市の消防士や船員の未亡人団体に寄付することを申し出たという。

こんなこともあった。日本へと旅立つ直前の送別会で、木村ひとりがパーティーに参加しなかった。どこへ行ったのだろうと主催者側が心配していると、木村はひとりの米国軍人に会いに出かけたという。その軍人は、咸臨丸に対して祝砲を放った際、運悪く顔にやけどを負ってしまったのだ。それを心配して木村が見舞に出向いたことを知ると、パーティー会場は一斉に木村を称《たた》える歓声があがったという。

サンフランシスコ滞在中にこうした数々の逸話を残したことで木村は、「礼節と謙譲の美徳を備えた、これぞ日本のサムライ」と市民に深い感銘を与えた。この時代の日本に、これほど国際感覚にあふれる人物がいたことは注目に値するだろう。

●維新後は仕官を蹴って隠棲する

木村喜毅のその後だが、軍艦奉行の職務に戻り、文久元年（一八六一年）五月には事実上の幕府海軍の長官となる。木村は、日本周辺の海域を六分割し、それぞれの海域を防備するための艦隊をその六カ所に配備する構想を持っていた。これこそ、軍艦三百七十隻、総員六万人からなる「大海軍構想」であった。

ところが、自信満々でその案を当時の幕閣に上申したところ、軍艦の調達に金がかかり、人材の養成にも時間と金がかかりすぎるとあっさり却下され、木村は失望する。その後、仕事への熱意を失った木村は軍艦奉行の座を退《しりぞ》くが、その有能さゆえに周囲がほうっておかなかった。

すぐに木村は幕政に復帰するが、またも頑迷固陋《がんめいころう》な老中らと意見の食い違いがあり、罷免《ひめん》されてしまう。ところが、慶応二年（一八六六年）、再び軍艦奉行となり、海軍の整備を任される。まさに、めまぐるしい数年間であった。

戊辰《ぼしん》戦争では江戸城開城の事務処理を担当したが、将軍徳川慶喜《よしのぶ》が朝廷への恭順を表明し謹慎するために水戸へ向かうと、木村は身辺整理をして引きこもってしまった。

維新後は、木村の存在は新政府の要人たちの間でも知れわたっていたため、何度も仕官の要請を受けたが、けっして首を縦に振らなかった。彼が望めば出世は思いのままであったはずなのに、である。このあたり、維新後は積極的に新政府とかかわらず、貧乏くじを引いてでも徳川幕府に殉じた勝海舟に通じる江戸っ子の潔《いさぎよ》さをみることができる。

その後、木村は経済的に困窮するが、そこに救いの手を差しのべた人物こそ、福沢諭吉だった。福沢は木村の息子浩吉《こうきち》（のちの海軍少将）が成長する明治十年ごろまで木村家を経済的に援助し続けたという。

水夫のなかには海援隊に入った者も

福沢は常々木村のことを人に聞かれると、「木村殿がご自分の従者として私を咸臨丸に乗せてくれなければ、今の私はなかった。若いころに米国を見たことで私の目は大きく開けた。今があるのはまさに木村殿のお陰である」

そう言って、木村への感謝の気持ちを表したという。

木村は晩年、随筆の執筆に明け暮れる日々を過ごし、明治三十四年（一九〇一年）十二月九日、七十二歳で亡くなった。サンフランシスコでの堂々とした態度といい、福沢諭吉を見出して米国へ連れて行ったことといい、幕末の偉人の一人として木村はもっと評価されてよい人物である。

木村喜毅以外の乗組員のその後だが、士官の場合、やはり海軍の仕事につく者が多かった。サンフランシスコ入港時、日本人初の答礼の祝砲（連続で二十一発）を放つことに成功し、勝海舟を驚かせた佐々倉桐《とう》太郎《たろう》（幕臣）などはその典型で、帰国後は海軍で若い軍人の育成に努めている。

水夫のなかには、瀬戸内海の塩飽《しわく》諸島出身者が多くいたが、佐柳高次《さなぎたかじ》もそのひとり。彼は帰国後、坂本龍馬と行動を共にし、のちに海援隊にも参加した。龍馬が暗殺された際、龍馬の妻お龍のいる馬関（下関）へ知らせに走ったのが、この人である（結局、お龍には会えなかったが……）。

大熊実次郎も佐柳と同じ塩飽諸島出身の水夫で、帰国後、神戸操練所の設立に携わった後、神戸開港にともない神戸操練所ドックの責任者を務める。その後、神戸で造船業を営む。わが国初の甲種船長の免許を取得したことでも知られる。

●無抵抗の咸臨丸に大砲を放つ

最後に、咸臨丸のその後にもふれておきたい。

浦賀に無事帰還した咸臨丸だったが、船体も機関もガタガタで大修理が必要だった。これは建造を担当したオランダ側の手抜き以外のなにものでもなかった。例えば、船材には中国の廃船の古材が多く使われていたという。サンフランシスコでは米国海軍の好意で応急処置を施してもらったが、その際、技術者から、

「船を建造するときは工事監督者を派遣すべきだ」

と忠告されるほどだった。

結局、蒸気機関部分は修理が不可能とわかったため、そっくり取り外し、純帆船として再生することになった。その後、軍籍を解かれて輸送船となり、江戸湾に係留されていたところを旧幕臣の榎本武揚《えのもとたけあき》に奪われる。

榎本は咸臨丸を艦隊の列に加え、そのまま東北経由で北海道へ逃れようとしたが、房総沖で猛烈なしけに遭い、咸臨丸だけが流され、結局、清水港にたどりつく。

運悪くそこを新政府軍の軍艦三隻にみつかってしまう。咸臨丸側では旗を下ろして降伏の意思を表明したにもかかわらず、新政府軍は至近距離から咸臨丸めがけて大砲を何発も放ってきた。そして一段落すると、雄叫《おたけ》びを上げながら船に乗り移り、生き残

った乗組員の大半を斬殺したのである。

このときの襲撃で十人以上が犠牲になったという。まさに、無益な殺生以外のなにものでもなかった。この「咸臨丸事件」は明治元年（一八六八年）九月十八日の出来事である。

咸臨丸はその後、新政府の手に移り、北海道の物産輸送にあたった。しかし、穏やかな〝余生〟はごく短いものだった。

明治四年（一八七一年）九月、旧仙台藩の家臣たち約四百人が咸臨丸に乗り、新天地を求めて北海道へ渡ろうとした。ところが、函館経由で小樽へ向かう途中の同月二十日午後、強風にあおられ木古内《きこない》町サラキ岬沖で岩礁《がんしょう》に乗り上げ座礁してしまう。

乗船者は一人の犠牲者を出しただけで、残りは全員地元民によって救助されたが、咸臨丸はその三日後に沈没した。開国の一方の立役者であり、かつてはその雄姿で太平洋を疾駆《しっく》した日本初の蒸気軍艦の、あまりにも悲しい末路だった。

「鳥羽・伏見の戦い」後、新選組隊士がたどったそれぞれの軌跡①

近藤勇《こんどういさみ》（1834～1868年、享年35）
現在の東京都調布市出身。新選組局長。鳥羽・伏見の戦いで敗れた後、幕府から「甲陽鎮撫《ちんぶ》」を命じられる。のち政府軍と戦って敗れ、板橋宿で処刑される。

●甲陽鎮撫隊で官軍と戦った近藤勇

幕末動乱期を閃光《せんこう》のごとく駆け抜けた新選組。若い隊士たちのひたむきな生き方にあこがれを抱く人々は百数十年たった今もけっして少なくない。それが証拠に、近藤《こんどう》勇《いさみ》や土方歳三《ひじかたとしぞう》、沖田総司《おきたそうじ》らの墓前には香《こう》華《げ》の絶えることがないという。

特に、近藤、土方、沖田の三人は新選組を旗揚げする以前からの盟友同士で、結びつきは深かった。『三国志』に登場する劉《りゅう》備玄徳《びげんとく》と関羽《かんう》、張飛《ちょうひ》の「桃園の契《ちぎ》り」ではないが、「生まれるときは違っても、死ぬときは一緒」という義兄弟の間柄だった。

しかし、実際は三人一緒に枕を並べて死ぬことはなかった。新選組を壊滅に追い込んだ鳥羽・伏見の戦い（慶応四年＝一八六八年一月）の後、三人は一体どんな軌跡をたどったのだろうか。

まず、近藤勇。鳥羽・伏見の戦いで敗れた後、土方らと江戸へ走る。江戸で二百の兵を集めた近藤は、官軍を迎え討つために甲陽鎮撫隊《こうようちんぶたい》を組織し、土方と甲府へ向かう。ところが、甲府に着くとすでに官軍によって市中は占拠されていた。

近藤らは戦《いくさ》を仕掛けるも、兵力の差はいかんともしがたく、官軍に追い立てられ、江戸へと敗走する。

近藤と土方はそのまま下総《しもうさ》流山（千葉）にまで移動。流山に入ったのはその年の四月二日だった。ほっと一息つく間もあらばこそ、翌早朝、突如、官軍によって流山は包囲されてしまう。二進《にっち》も三進《さっち》もいかなくなった近藤は「わしに任せておけ」と土方らに言い残し、一人、紋付に威儀を正して官軍の中へ入っていった。

近藤は官軍のしかるべき幹部の前に進み出ると、自分は甲陽鎮撫隊隊長・大久保大和《おおくぼやまと》だと名乗った後、「過激な旧幕軍を説得して鎮《しず》めるために自分はここへ来ただけである。官軍に楯突く気持ちなどは毛頭ない」と弁明した。ところが、近藤にとって不運だったのは、新選組として勇名を誇っていたころの近藤の顔を見知っている者が官軍の中にいて、たちまち偽名だということが露顕してしまう。

近藤は縄を打たれ、そのままのみじめな格好で板橋の東山道総督府本営に護送される。到着するとすぐに厳重な取り調べが待っていた。訊問《じんもん》には薩摩、長州、土佐など諸藩の代表が立ち会った。

板橋で処刑され首が京都で晒される

薩摩藩などは近藤に同情的で何とか助命したいと考えたが、土佐藩の強引なねじこみによって、近藤は打ち首と決まる。武士としての最期——切腹さえも許されず、そのへんのならず者と同様の罪人扱いであった。

近藤に対するこの酷《むご》い仕打ちは、当時、京都・近江屋において土佐の坂本龍馬《さかもとりょうま》と中岡慎太郎《なかおかしんたろう》を暗殺したのが、新選組の仕業だと思われていたことに起因している。たまたま、近藤の訊問に当たった土佐藩の谷《たに》干城《たてき》や香川敬三《かがわけいぞう》らは、龍馬や慎太郎の子分のような存在で、「親分の仇を討つのはこのとき」と息巻き、総督府を動かしたというのが真相だ。

こうして、近藤の処刑は四月二十五日と決まった。その幽閉中に、近藤は「快《こころよ》く受けん、電光三尺の剣。只将《ただまさ》に一死をもって君恩に報《むく》いん」といった内容の漢詩を作り、自らの心情を吐露している。

「君恩」とはむろん、徳川家の恩ということだ。近藤はもともと農民の出身だけに、武士に強いあこがれを持ち、行住坐臥《ぎょうじゅうざが》、理想の武士たらんと努めた。薩長に攻められ、徳川家の旗本や御家人が真っ先に戦を放棄する中で、皮肉にも農民出身の近藤は最期まで「武士の意地」を貫いたのである。

板橋刑場で処刑されたとき、近藤は三十五歳。落とされた首は酒に浸けたまま京都へ送られ、三条河原で晒《さら》された。つい数カ月前まで京洛《けいらく》を震え上がらせた近藤勇の首だというので、三条河原は連日大変な騒ぎだったという。

ここで、後日談がある。処刑後、東山道総督府から徳川家に報告がなされた。徳川家の返事は、「右、近藤勇の儀は、先達脱走に及び候者にて、当家は更に関係つかまつらず……」

そんな男はもはや徳川家と何の関係もない、と見捨てられてしまったのだ。石竜子《とかげ》の尻尾切りと言ってしまえばそれまでだが、君恩に報いようと懸命に働いた男の末路がこれではあまりにも憐れである。

味方の救援に向かう途中で落命

一方の土方歳三。京都にあっては「局中法度《はっと》」と呼ばれる厳しい規則を作り、新選組の実質的な支配者として君臨した男だ。

土方は、近藤勇が流山で官軍に捕らえられると、いったん江戸へ出て、近藤の救出のために勝海舟《かつかいしゅう》を頼ろうとするが、これは失敗に終わる。その頃、勝は江戸明け渡しの交渉で忙しく、それどころではなかったのである。

そこで土方は江戸を脱出し、市川の国府台へ向かう。この付近に旧幕軍が続々と集結しており、その数は三千にものぼった。首領格は旧幕府歩兵奉行の大鳥圭介《おおとりけいすけ》で、その大鳥から請《こ》われ、土方は参謀となる。

四月十三日、全軍は北上を開始する。官軍に抵抗していた会津を頼って共闘態勢に入るのが進軍の目的だった。しかし、途中の宇都宮で官軍の激しい抵抗に遭い、ようやく到着した会津でも兵力、火力ともに優勢な官軍の前に為すすべなく敗退する。土方は官軍によって会津が占領されそうになると、米沢、続いて仙台へと走り、奥羽列藩同盟を楯に共闘を呼びかけるが、頼みの両藩はすでに官軍への恭順を決定していた。

ここに至り、進退きわまった土方だったが、たまたま、仙台の松島湾に江戸から逃れてきた旧幕府軍副総裁・榎本武揚《えのもとたけあき》が八隻の軍艦を率いて停泊していることを知り、大鳥圭介らと共にこの軍艦に身を投じ、蝦《え》夷《ぞ》（北海道）へと落ちていく。

蝦夷に入ったのは十月二十日。二十六日には榎本軍三千は箱館（函館）の五稜郭を占領し、ここを本拠地と定める。榎本はすぐに「蝦夷共和国」樹立を宣言、土方を陸軍奉行に任じ、軍事権の一切を委《ゆだ》ねる。

翌年四月二十九日、春の到来を待っていた官軍は大軍で箱館へ押し寄せた。もはや、五稜郭に立て籠る箱館軍には降伏か、抗戦の果ての総玉砕かの二者択一しか残されていないことは誰の目にも明らかだった。

五稜郭内でも、投降か抗戦かをめぐり幹部たちの間で激論が展開された。席上、土方は徹底抗戦を主張して譲らなかった。今や臆病風に吹かれている幹部連中の顔を見回すと、

「官軍と和睦でもすれば、あの世で近藤に

合わせる顔がない」

土方は決然とこう言ったという。

五月十一日、午前三時に官軍の総攻撃が始まった。海からの艦砲《かんぽう》射撃を交《まじ》え、弾丸が雨あられと五稜郭に降りそそいだ。午前八時ごろになって、土方とはずっと行動を共にしていた旧新選組ら二百の兵が海岸で孤立していることを知り、土方は一隊を率いて救出に向かおうとする。しかし、これがアダとなった。

一本木関門から更に異国橋付近に進んだところで、土方は腹部に一発の敵弾を受け、馬上から転げ落ちる。傍らにいた隊士が駆け寄って抱き起こしたが、すでに絶命していたという。享年は近藤と同じ三十五歳だった。

●好青年もいったん剣を抜けば…

三兄弟の最後の一人、沖田総司のその後はどうだろう。沖田総司といえば、ひとかどの剣士が集まった新選組にあって抜群の腕前を誇り、盟友で剣の師匠の近藤勇でさえ、一目も二目も置いていたほどの剣の遣《つか》い手だ。

それほどの剣術名人であれば、人を寄せ付けない狷介孤高《けんかいここう》の人柄を想像しがちだが、実際の総司はいつも笑顔を絶やさない、誰からも好かれる好青年だったという。

京都・壬生《みぶ》村で新選組屯所《とんしょ》となった八木家の記録にも、総司については、「よく冗談を言って真面目になっていることがほとんどなかった」とか、「近所の子供を相手に往来で鬼ごっこをしたり、壬生寺の境内を駆け回ったりして遊んだ」とその気さくな人柄が語られている。

そんな総司だが、いったん剣を抜くと、鬼神も三舎《さんしゃ》を避けるほどのすさまじい働きをみせるものだから、周囲の人は皆驚いたという。

鳥羽・伏見の戦いのとき、沖田総司は二十五歳。このころ労咳《ろうがい》（肺結核）を病んでおり、総司自身、この戦に参加することはなかった。戦で敗れた新選組の生き残りは大坂から幕府の軍艦・富士山丸に乗り、江戸へ向かった。船には近藤勇や土方歳三、そして総司もいた。

総司は、船中では寝たきりの状態だったが、相変わらず冗談を言い、暗く沈みがちになる新選組の仲間を笑わせた。のちに近藤は妻のツネに、

「あんなに死に対して悟りきった奴も珍しい」と、しみじみ語ったという。

総司、胸騒ぎを覚える

一月十五日、船は品川に到着。重病の総司はただちに神田和泉橋にあった医学所へ入れられる。しかし、容態は悪化の一途をたどった。二月末、千駄ヶ谷の植木屋平五郎の離れへ移る。引き移ってすぐ近藤勇が見舞いに訪れている。

近藤は見舞金十両を総司の枕元に置くと、

「われらはこれから甲州城を奪うつもりだ。それまで達者でいろよ」

そう元気づけた。しかし、近藤は当時二

十騎町にあった自宅に戻ると、妻ツネに、

「骨と皮ばかりになった総司の顔を見ていたら、おれは涙が止まらなかった」

と正直に告白している。近藤にとって総司は実の弟も同様だった。この日が総司との今生《こんじょう》の別れになると近藤は悟ったはずである。

病床の総司を看病したのが、実の姉きん、、であった。彼女は新選組の幹部を匿っていることが周囲に漏れると官軍に踏み込まれかねないため、人知れず、それでいて献身的に総司の看病に当たったった。

四月二十五日、近藤勇が板橋で処刑されたが、きんはそれを弟に告げなかった。その日以来、総司はなにやら胸騒ぎを覚えたらしく、

「先生はどうされたのだろう。お便りは来ませんか」

と、きんにしきりに話し掛け、近藤の消息を知りたがったという。

それから約一カ月後の五月三十日、夕方になって総司は静かに息を引き取った。いかな天才剣士も労咳という死病相手では勝手が違ったようである。

「鳥羽・伏見の戦い」後、新選組隊士がたどったそれぞれの軌跡②

永倉新八《ながくらしんぱち》（1839〜1915年、享年77）
新選組二番隊組長。戊辰《ぼしん》戦争で戦った後、松前藩に帰参が赦《ゆる》され、藩医の家に婿《むこ》養子に入る。明治期には大学などで剣道を教えたり剣道場を開いたりした。

●新選組の生き証人として回想録を遺す

近藤《こんどう》、土方《ひじかた》、沖田《おきた》の三人以外の主な新選組隊士のその後も追ってみた。

沖田総司と同様、新選組では剣の達人として知られ、新選組創設以前から近藤らと親交があった人物に、永倉新八《ながくらしんぱち》がいる。父は松前藩の江戸詰めで百五十石をもらっていた中級藩士だ。新八は十九歳のときに剣の道を究《きわ》めようと脱藩し、各地を道場破りして歩くうち、多摩で道場を開いていた近藤と知り合い、交《まじ》わりを深めていく。

その後、新選組に身を投じた新八は、池田屋騒動や蛤《はまぐり》御門《ごもん》の変などで大活躍し、新選組にその人ありと知られるようになる。鳥羽・伏見の戦い後は近藤らと江戸へ戻り、甲州攻めにも加わっている。その後、近藤や土方と別れ、旧幕軍に入って宇都宮、会津と転戦。戦に敗れると新八は江戸に逃げ帰り、出身の松前藩に帰参する。藩医杉村《すぎむら》松柏《しょうはく》の養子となり、杉村義衛《よしえ》と名乗った。

その後、北海道で剣道師範などを手掛け、大正四年（一九一五年）、七十七歳で天寿を全《まっと》うする。晩年、新選組時代の回想録を地方新聞に連載。新選組の生き証人として果たした功績は大きい。

原田左之助も新選組の中では特異なキャラクターである。左之助は伊予藩の足軽の子だった。多摩時代から近藤らと付き合いがあり、後に新選組の幹部の一人となる。芹沢鴨一派の粛清など新選組が関わった主な事件には必ずと言ってよいほど左之助も加わっている。

鳥羽・伏見の戦い後、近藤らと行動を共にしたが、甲州攻めの後、近藤・土方と喧嘩別れし、永倉新八と共に会津に向かう。ところが、その途中に左之助は自分だけさっさと江戸へ引き返してしまう。京都に残してきた妻子への未練につきうごかされたからであった。

しかし、江戸に戻ってみると、すでに市中は官軍によって占拠され、身動きがとれない。そこで左之助は旧幕臣の彰義隊に参加し、上野戦争で奮戦するも、五月十七日、戦死。二十九歳だった。

ところが、左之助には異説があり、上野戦争を生き延び、中国大陸へ渡って馬賊になったというのだ。この説の真偽はともかく、いかにも、豪放磊落《らいらく》な左之助にふさわしい逸話である。

鳥羽・伏見の戦いで怪力ぶりを発揮した島田魁《しまだかい》の晩年は恵まれなかった。

薩摩勢と戦って退却する際、武装が重く塀を乗り越えられないでいた永倉新八を、島田は塀の上から銃を差しのべ、ヒョイと引っ張り上げたのである。その場にいた隊士は皆その怪力に目を見張ったという。

そんな島田は美濃の郷士出身で、大垣藩士島田家の養子となり、のち脱藩して新選組に加わった。鳥羽・伏見の戦い後、甲州攻め、会津戦争、箱館戦争と従軍している。まことに律儀な男である。

箱館降伏後、捕らえられたが、明治六年に赦免される。その後、京都で雑貨屋を開いたが、武家の商法で、こわもての主人が客より威張るものだからはやる道理がなかった。そこで剣道場を設けてみたが、文明開化の世に剣を習いにくるような物好きはいなかった。島田は食うために仕方なく西本願寺の夜警の仕事にありつく。

明治三十三年三月、島田魁は西本願寺の境内で倒れる。数々の戦闘で勇猛ぶりをうたわれた男のさびしい結末だった。享年七十三歳。

斎藤一は恵まれた晩年を送る

会津戦争で新選組の事実上の指揮官だった人物に、山口次郎がいる。といってもなじみがないかもしれないが、実は京都・新選組時代、幹部だった斎藤一《さいとうはじめ》の変名である。斎藤は播州《ばんしゅう》明石浪人と称し、壬生《みぶ》浪士時代に採用された。この斎藤がいつ山口次郎と改名したかは定かでない。

会津戦争で生き延びた山口は、降伏した会津藩士らと行動を共にし、斗南《となみ》（青森県下北半島）へ流されると厳しい自然環境の中で開墾《かいこん》作業に従事した。その後、明治十年ごろに警視庁に勤務し、結婚。元会津藩主・松平容保《かたもり》が仲人を買って出た。警視庁を退いてからは東京教育博物館看守、剣道師範、女子高等師範の書記を勤めるなど、生き残った新選組隊士の中では恵まれた余生を送る。

大正四年九月、七十一歳で死亡。死期を悟ったのか、床の間にきちんと正座すると、そのまま眠るように息を引き取った。まことに剣客らしい最期であったと伝えられる。

商家の用心棒になった隊士も

このほか、維新を生き延びた新選組隊士には、僧侶となって戦死した隊士の霊を弔《とむら》った立川主税《ちから》、亡き隊士の面影をしのびその姿を絵筆にとどめ、後に銃砲店を開いた中島登《のぼり》、明治になって頻繁に出没した押し借り強盗を追い払うために商家の用心棒になった谷万太郎などがいた。

また、土方歳三の従者で、五稜郭が陥落する際、土方から肖像写真と毛髪を託され自分の故郷に届けるよう依頼された少年隊士（当時十六歳）の市村鉄之助の場合、土方との約束を果たした後、西南戦争に従軍しそこで戦死している。

坂本龍馬横死後の海援隊に何が待ち受けていたか

陸奥陽之助《むつようのすけ》（宗光《むねみつ》、1844〜1897年、享年54）
幕末の紀州藩出身。江戸に出て勝海舟《かつかいしゅう》や坂本龍馬《さかもとりょうま》らの知遇《ちぐう》を得、海援隊に入る。明治期には外交官や政治家として活躍し、「カミソリ大臣」と呼ばれた。

●日本初の株式会社の誕生

坂本龍馬《さかもとりょうま》が設立した「海援隊」は政治結社と商社が合体したような組織だった。この海援隊を足がかりに今日の商社のような世界貿易を構想した龍馬。しかし、彼自身、凶刃《きょうじん》に倒れ、その夢もついえてしまう。その後、リーダーを失った海援隊はどんな運命をたどったのだろうか。

海援隊は「亀山社中《かめやましゃちゅう》」が母体になって発足した。亀山社中は慶応元年（一八六五年）閏《うるう》五月、幕府の直轄施設・神戸海軍操練所に学んでいた生徒の一部と坂本龍馬一派が結び付き、操練所の解散をきっかけに長崎・亀山で誕生した。薩摩藩の援助を受け、交易の仲介や物資の運搬で利益を得ることが設立の目的だった。日本最初の株式会社といわれ、薩長両藩と越前福井藩が株主になっている。

　二年後の四月、亀山社中は土佐藩の支配下に入り、海援隊として再編成される。亀山社中時代は薩摩藩から報酬を受けていたが、海援隊になってからは自給自足となった。この時点で隊士は二十人ほどとみられ、出身も脱藩者、下級武士、農民、町民など様々な階層の者がいた。組織の斬新なことは、

「本藩（土佐藩）を脱する者、他藩を脱する者、海外に志ある者」

を隊員とすることが「海援隊規約」に明文化されていることでもわかる。幕藩体制下の当時としては考えられない自由さだった。

　隊士はいずれも優秀で、ほとんどが航海術のほか、算術、天文学、気象学など西洋の学問を身に付けていた。なかにはオランダ語や英語を解する者もいた。たとえば、長岡謙吉《けんきち》は龍馬が構想し大政奉還《たいせいほうかん》の引き金となった「船中八策」を起草できるほどの学識を持っていたし、のちに新政府で外交官となった陸奥陽之助《むつようのすけ》は「商法の愚案」を提出するほど理論家だった。

　こうして新生なった海援隊だったが、直後に思わぬ事件に遭遇する。龍馬ら隊士が操船する「いろは丸」と紀州藩の「明光丸」が瀬戸内海で衝突、「いろは丸」が沈没してしまったのだ。龍馬らはこの事故は一方的に「明光丸」側に非があるとして、紀州

藩から多額の賠償金をせしめることに成功する。

これにより海援隊の台所は大いに潤ったが、間もなく、隊長の龍馬が京都で暗殺され、隊として大きな転機が訪れる。

●旧隊士らは新政府に活躍の場を移す

龍馬の葬儀を終えると、隊士のうち陸奥陽之助を中心とした一派が、龍馬の仇《あだ》を討つべく下手人捜査に乗り出す。陸奥らは紀州藩こそ黒幕とにらみ、同藩用人・三浦休太郎をつけ狙ったりしたが、結局は取り逃している。

そのうち、王政復古令が発布され、時代の大きなうねりの中に海援隊も飲み込まれることになる。

龍馬の死後、事実上の監督に当たったのは、土佐藩大監察・佐々木高行《たかゆき》だった。しかし、佐々木に龍馬の代わりは務まるべくもなく、すぐに海援隊は菅野覚兵衛《すがのかくべえ》を中心とする本拠地・長崎駐在派と京都に滞在する長岡謙吉一派とに分裂してしまう。

菅野ら「長崎海援隊」は幕府の兵隊がいなくなり、一時は無法地帯となった長崎の町を憂い、奉行所を占拠して治安維持に努めたが、その後旧幕遊撃隊と結びついて「長崎振遠隊《しんえんたい》」を結成、奥羽地方の内戦へと参加していく。この時点で「長崎海援隊」は消滅した。

一方「京都海援隊」だが、リーダーの長岡は幕府軍が大敗し、京・大坂から一掃されると、同志十二名を結集して天領であった小豆島など讃岐諸島を土佐藩の名のもとに占領してしまう。

慶応四年四月、長岡は土佐藩より海援隊の隊長に任命され、以来、「新海援隊」となる。長岡は讃岐諸島を統治するかたわら、龍馬の志を継ぎ、新政府のもとでの海軍創設を目指した。その願いを込めた意見書を建白するが、なぜか採用されることはなかった。

同年五月十七日、備中に倉敷県が設立され、讃岐諸島は倉敷県の管轄となる。長岡は新政府によって三河県知事に登用され、これにより新海援隊も自然消滅してしまう。長岡はその後大蔵省、工部省の吏員《りいん》を経て、三十九歳で病没する。

龍馬という支柱を失ったことでもろくも崩れ去った海援隊。その活動期間は亀山社中時代を加えても約三年間に過ぎないものだった。しかし、龍馬の薫陶《くんとう》を受けた旧隊士らは続々と新政府に登用され、おのおの得意分野で才能を発揮し、新生日本の幕開けに貢献したのである。

二・二六事件に加わった兵士たちがたどった「いばらの道」

北一輝《きたいっき》（1883～1937年、享年54）
佐渡市出身。戦前の思想家、社会運動家、国家社会主義者。二・二六事件を引き起こした皇道派青年将校の理論的指導者。軍法会議にかけられ、銃殺刑に。

●東京全市に戒厳令が布かれる

昭和史を語るとき、避けて通れない大事件がある。昭和十一年（一九三六年）二月二十六日、帝国陸軍の皇道《こうどう》派青年将校たちが「昭和維新」を掲げ、所属部隊を動員して政府要人を次々に襲撃、あわせて東京の要所を占拠したクーデター未遂事件、すなわち二・二六事件である。

この事件で、将校たちが「国体破壊の元凶」と名指しした岡田啓介《けいすけ》首相の殺害には失敗したものの、斎藤実《まこと》内大臣、高橋是清《これきよ》大蔵大臣、渡辺錠太郎陸軍教育総監の三名を殺害、鈴木貫太郎《かんたろう》侍従長《じじゅうちょう》には重傷を負わせた。さらに、首相官邸、陸軍省、警視庁、陸軍大臣官邸などを含む永田町一帯を総勢約千四百名で占拠し、自分たちに刺激されて皇道派の将軍が決起するのを待った。

翌二十七日未明、東京全市に戒厳令《かいげんれい》が公布された。昭和天皇は激怒し、「かくの如き凶暴の将校ら、その精神において何の恕《ゆる》すべきものありや」と語ったことが、当時侍従武官長だった本庄繁《ほんじょうしげる》陸軍大将の『本庄日記』に記録されている。

●一人残らず憲兵の取り調べを受ける

二十八日になり、青年将校らに対し占拠した場所からただちに撤退するよう天皇の勅令《ちょくれい》が出された。この時点で彼らは国家に楯突く逆賊――反乱軍となり、戒厳司令部は兵隊二万四千によって永田町を包囲した。こうなると青年将校らが期待した、彼らの決起に呼応しようとする将軍は現れるはずもなかった。ただただ彼らの読みが甘かったのだ。

二十九日朝、ラジオから反乱軍兵士に向かって「いまからでも遅くない。ただちに抵抗をやめて軍旗の下に復帰せよ」という有名な「兵に告ぐ」が流され、家族や上官・友人たちも必死の説得に当たった。結局、これが奏功し、その日の昼二時ごろまでに青年将校らは逮捕され、残りの兵は帰営した。

その後、反乱兵たちは軍法会議にかけられ、占拠中に自決した野中四郎大尉などを除く現役と元将校の二十三名のうち十五名は死刑、残りは無期と有期の禁固刑と決まる。また、反乱の首謀者とみなされた民間人の国家社会主義者・北一輝《きたいっき》も逮捕された後、死刑を言い渡されている。

残るは反乱軍の大多数を占める下級兵士たちだが、彼らも投降後、一人残らず憲兵の取り調べを受けることになった。彼らの多くは第一師団の歩兵第一、第三連隊に所属する二年兵か初年兵で、当日の早暁《そうぎょう》にたたき起こされ、青年将校らに命じられるがままに行動しただけであって、将校らから何も聞かされていなかった。そもそも占拠中に将校らが口にしていた「昭和維新」という言葉も初めて耳にする者がほとんどだった。その意味では反乱兵として取り調べを受けるのはいかにもかわいそうだった。

一体、彼ら下級兵士たちはその後、どんな人生を送ることになったのだろうか。二・二六事件が起こった原因を探りながらそのあたりを追いかけてみた。

●派閥抗争に明け暮れる両派

昭和初期の帝国陸軍内部は、俗に「統制派」と「皇道派」と呼ばれる二大勢力があった。統制派は永田鉄山《てつざん》や東條英機《ひでき》らが中心となり、軍内の規律統制を尊重し軍部と官僚主導の「高度国防国家」の建設を目指していた。一方の皇道派は国家改造のためには直接行動も辞さないという過激な勢力で、天皇親政の下での国家改造――昭和維新を目論んでいた。勢力の中心をなすのは荒木貞夫《あらきさだお》と真崎甚三郎《まざきじんざぶろう》の両陸軍大将だった。また、皇道派の理念の支柱となった人物こそ、北一輝であった。

クーデターの直前、この両派は派閥抗争に明け暮れていた。例えばこんなことがあった。皇道派の真崎が更迭《こうてつ》されるという人事があり、これを統制派の永田鉄山の差し金だと思い込んだ皇道派の将校が永田を襲って殺害するという事件が起こる。この事件が皇道派の青年将校らを刺激し、決起を早めたと言われている。

しかし、荒木貞夫と真崎甚三郎の二人は、純粋な青年将校らの期待に応えられるだけの人物ではなかった。

そもそも彼ら二人には国家の将来に関して明確な展望があったわけではない。どうすれば軍内部から統制派を追い落とし、自分たちの派閥の発言力を強めることができるかに腐心する毎日で、そのために若い将校らを自派に取り込んでおいたほうが後々有利と打算的に考えたにすぎなかったと言われている。

罪を免れようと土下座まで

このことは真崎甚三郎の事件後の行動をみればよくわかる。真崎は今回のクーデターの黒幕とみられ、反乱幇助《ほうじょ》の容疑で軍法会議にかけられたのだが、取り調べの場では日ごろ若い将校を焚《た》き付けていたことはおくびにも出さず、事件との無関係を断固主張した。あげくには訊問に当たった法務官の前に土下座して「どうか、わたしを助けてください」と泣きついたという。この泣き落としが功を奏したか、罪に問われることはなかった。

また、事件当日真崎は決起将校側の参謀格だった磯部浅一《いそべあさいち》から直接、今回の決起の目的を聞かされた際、のちに有名になる次のような言葉を吐いた。

「とうとうやったか。お前たちの心はヨオックわかっとる、ヨオックわかっとる。よろしきように取り計らうから」

磯部は百万の味方を得た心地がしたに違いない。のちに自分たちがこの真崎から手痛い裏切りに遭うとは、このときの磯部は夢にも思っていなかったはずである。

今回のクーデターはこうした陸軍内部の派閥争いによって起こったという一面があったことをおわかりいただけたところで、肝心の反乱に参加した下級兵士らのその後について述べてみよう。

全員白木の箱で帰還せよ

決起から四日目、彼らは帰順した。二年兵と初年兵だけでざっと千三百名いたという。この中に、のちに昭和の名人と称された落語家の柳家小さん（五代目）、本名・小林盛夫《もりお》二等兵の姿もあった。彼らはすぐに軟禁状態におかれ、憲兵の取り調べを受けることになった。内容は四日間の行動の詳細、思想背景などについてであった。その結果、少数の兵が軍法会議にかけられ、そのうちの一部が有罪となり（ただし執行猶予が付き、すぐに釈放）、残りの大多数は無罪放免となった。

しかし、それぞれの連隊に戻ってからの風当たりの強さは彼らの想像以上だった。

クーデター参加兵士のほとんどは軍上層部の意向で満州の最前線へと送られることになるのだが、その際、上官からこう訓示されたという。

「お前たちはわが連隊の面目をつぶしたのだから、渡満後は名誉挽回のために軍務に精励し、のち白骨となって帰還せよ」

早い話が、罪を償《つぐな》うために死んでお詫びをせよ、ということだった。

こうして、いざ渡満が決まると、その数週間前に外出が認められた。通常なら故郷に帰り、外泊も許されるのだが、彼らの場合、日帰りしか認められなかった。それも故郷までの行き帰りには憲兵などの監視がついていたという。まるで犯罪者扱いである。

五月になり、渡満すると日夜厳しい軍事訓練が課された。上官たちは何かと言えば「二・二六事件の汚名返上」を叫び、彼らの尻を叩いた。いつしか彼らは「生きて帰るのはもう無理だ」と思うようになっていったという。

重傷を負って退役しても再召集

翌昭和十二年はじめ、事件に加わった二年兵は満期除隊となった。ようやく生きて日本に戻ることができたと喜んだのもつかの間、故郷で農業などで働く彼らの周辺には絶えず憲兵や特高警察の目が光っていたという。

満州に残った兵士の運命はさらに苛酷《かこく》で、同年七月、盧溝橋《ろこうきょう》で日中両軍が衝突すると、万里の長城に沿って戦火は拡大し、日本軍は犠牲者を増やしていった。連隊の汚名をすすぐためにと無理な突撃を重ねたことが被害を大きくしたのだった。第三連隊の場合、半数近くの兵がこのとき犠牲になったという。

その後、事件に加わった兵士たちは満期除隊になるものの、彼らに限ってはその後、二度三度と召集され戦地へ送られた。なかには重傷を負って退役したのにもかかわらず再召集される者までいた。この当時、二度召集されたら三度目はまずなかった。それを考えたら、異常と言わざるを得ない。

この日中戦争から太平洋戦争に至るまでの長い戦争を生き抜いた、二・二六事件参加兵士の証言が残っている。

「どこの部隊に行っても上官から逆賊呼ばわりされ、いじめ抜かれた。これで反発心がわき、なにがなんでも生き延びてやろうと胸に誓った」

と、つらい兵隊時代を振り返っている。

彼ら二・二六事件にかかわった下級兵士たちにとって、あの事件は一体何だったのだろうか。上官の命令に従って行動した結果が、逆賊の汚名である。彼らこそは戦争という暴力の最終形が内包する大いなる矛盾の犠牲者であった。

六　名もなき主役たちを待ち受けていた運命のドラマ

本能寺の変をくぐり抜けた二人の博多商人のその後

島井宗室《しまいそうしつ》（1539〜1615年、享年77）
戦国期の博多の豪商。神屋宗湛《かみやそうたん》、大賀宗九《おおがそうく》と並び「博多の三傑」と呼ばれた。「朝鮮の役」では秀吉に派兵することの愚を説き、怒りを買ったほどの硬骨漢。

わが世の春を謳歌する博多商人

織田信長《おだのぶなが》が京都・本能寺の変で非業《ひごう》の最期を遂げた際、辛くも寺を脱出して生き延びた博多商人がいたのをご存じだろうか。それは島井宗室《そうしつ》と神屋宗湛《そうたん》の二人である。

変の前日、すなわち天正十年（一五八二年）六月一日、本能寺において茶会が催されたが、二人は主客として信長から招待を受けていた。二人とも博多を代表する豪商であり、茶人でもあった。

当時の博多商人は、大坂・堺商人と双璧を成す存在で、主に明《みん》や朝鮮、東南アジア諸国を相手にした交易と、国内外の貿易商を相手にした高利貸しによって財を築いていた。交易では、日本で産出する銀や銅、硫黄《いおう》、さらに刀剣や扇などを輸出し、日本には銅銭、生糸、絹織物などを輸入した。こうして蓄えた莫大な富を背景に、当時の博多は大商人たちの合議制による日本史上初の自治都市として栄えていたのである。

変に遭遇したのは、宗室四十四歳、宗湛三十二歳のときだ。そんな二人は、その後どんな人生を歩んだのであろうか。調べてみると、江戸時代の到来と同時に二人の事業は衰退の一途をたどったことがわかった。わが世の春を謳歌《おうか》していたはずの彼ら博多商人に一体、何が起こったというのであろうか。

宗室と信長、それぞれの思惑

この日、信長が開いた本能寺茶会には、名のある公家や僧侶、町人など四十人ほどが招待されていた。信長は集まった人たちが退屈しないよう自らが所有する名物茶器や古今の書画骨董《こっとう》を寺に集めていたという。

この日の信長の最大の狙いは、島井宗室が所有する茶器「楢柴肩衝《ならしばかたつき》」を自分に献上させることだった。肩衝とは肩の部分が角ばった茶入れをさす。「楢柴」はもともと足利義政《あしかがよしまさ》（室町幕府八代将軍）の持ち物であったが、彼の死後、持ち主を転々とし、この時点で宗室の所有物となっていた。

当時「楢柴」は、「初花《はつはな》」「新田《にった》」と並ぶ天下の三肩衝と呼ばれており、なかでも「楢柴」は最も格上とされていた。信長はすでに「初花」と「新田」を所有しており、「名物狩り」と異名をとるほどの収集家であった信長にとって、残る一つ「楢柴」はどうしても手に入れたい茶器だったのである。

この日、信長はまことに上機嫌だったという。それはそうだ、この時点でもはや信長に逆らう勢力は全国にも数える程度で、天下統一を成し遂げたも同然だったからである。

宗室と共に招待していた神屋宗湛に対し、「お前は博多の田舎に居たのだから、ろくな絵は見ていないだろう。あしたは、ゆっくり掛け軸や道具を見せてやる」と軽口をたたくほどだったという。このことは、小説家・井伏鱒二《いぶせますじ》が、神屋宗湛が著した茶会の記録『宗湛茶湯日記』を下敷きに書いた『神屋宗湛の残した日記』の中で語られているエピソードだ。


実は、宗室や宗湛ら博多商人の側にとっても、今回の茶会に出席することについては、ある思惑《おもわく》を胸に秘めていたという。このころ九州では豊後《ぶんご》国（大分県）の大友氏が衰退し、かわって薩摩（鹿児島県）の島津氏が台頭していた。そこで宗室は、いずれ島津氏によって自分たちの交易の特権が奪われてしまうのではないかと恐れ、信長という当時最強の虎の威を借りようとした。つまり宗室は、天下の名物茶器と自分たちの保護を天秤にかけたわけである。

逃げ惑う僧侶の一団に紛れて脱出

しかし、その宗室の思惑がかなうことはついになかった。茶会を終えた深夜、そのまま本能寺に泊まった招待客たちだったが、翌朝未明、周囲から聞こえてくる、ときならぬ物音で目を覚まされることになる。すぐに招待客らは明智光秀《あけちみつひで》が主君信長に対し謀叛《むほん》を起こし、その軍勢によって本能寺がぐるりと包囲されたことを知る。

「すわ一大事」と、あわてて布団から飛び起きた宗室は即座に逃げ仕度を始めた。そして最後に、持参した「楢柴」を懐に入れ、さらに壁にかかっていた掛け軸をぐるぐると巻いて腰に差した。宗湛も同様に別の掛け軸を腰に差したという。そして二人は、逃げ惑う僧侶の一団に紛《まぎ》れ、阿鼻叫喚《あびきょうかん》が渦巻く混乱のなか、命からがら本能寺を脱出した。

このとき本能寺から宗室が持ち出した掛け軸は弘法大師《こうぼうだいし》空海直筆の「一切経千字文」といい、空海の手蹟《しゅせき》を今に伝える貴重な文化遺産となっている。一方、宗湛が持ち出した掛け軸は、信長お気に入りの中国は宋《そう》時代の画僧・牧谿《もっけい》の作品「遠浦帰帆図《えんぽきはんず》」であった。

牧谿は、わが国の水墨画に多大な影響を与えた人物として知られている。現在、「一切経千字文」は福岡市の真言宗東長寺が、「遠浦帰帆図」は京都国立博物館が所蔵している。

明智の軍勢に取り囲まれ、わが身の命さえ危ういときに、二人ともよくぞこれらの掛け軸を持ち出せたものだ。おそらくは貴重な美術品が戦火で失われてはならないと思ったからだろうが、混乱のさなか、多くの掛け軸の中から瞬間的にこの二作品を選んだのは、二人ともそれだけ審美眼が備わっていた証拠であろう。

新興勢力に足元をすくわれる

信長に替わって豊臣秀吉《とよとみひでよし》が天下の覇権を握ると、宗室ら博多商人は秀吉の後ろ盾を得て、中国や朝鮮、南蛮との間で交易を一層活発化させ、栄華を極めた。秀吉との関係は良好で、秀吉が薩摩の島津氏を攻めた九州征伐の折には、宗室らは秀吉の求めに応じ戦費を負担している。

しかし、そんな良好だった秀吉との関係が一度壊れたことがあった。それは、秀吉が朝鮮出兵（文禄《ぶんろく》・慶長《けいちょう》の役）を計画した際、宗室はこれに真っ向から反対を唱え、自ら対馬《つしま》の宗義智《そうよしとし》と一緒に渡朝し、朝鮮国王と戦争回避を図るための交渉にも臨んでいた。しかし、これが秀吉の怒りを買い、宗室は蟄居《ちっきょ》を命じられる。のちに赦《ゆる》されるが、相手が天下人であっても、自分が正しいと思ったことは堂々と主張する宗室の気骨のある性格が垣間見られて興味深い。

関ヶ原合戦（慶長五年＝一六〇〇年）で徳川家康《とくがわいえやす》が新しい天下人となると、博多を擁する筑前国（福岡県）は黒田長政《くろだながまさ》の支配下に入った。宗室ら博多商人は福岡城築城などに多額の資金援助を申し出ている。それによって宗室らは秀吉時代と変わらぬ既《き》得権益《とくけんえき》の保障を期待したが、それは見事に裏切られる。

まず、政治の中心が京大坂から江戸に移ったことで、江戸から遠くなった博多は何かにつけ蚊帳《かや》の外に置かれてしまった。悪いことは重なり、宗室や宗湛ら旧来の大商人が黒田長政から遠ざけられてしまう。これは、宗室や宗湛は、元は徳川家康と敵対した豊臣秀吉に引き立てられた者たちで、徳川の世になっても、そのまま目をかけることは長政の立場として憚《はばか》られたからである。

かわって博多商人としては新興勢力の大《おお》賀宗九《がそうく》・宗伯父子《そうはくおやこ》が長政から引き立てられることになった。長政としては大商人然とした威厳を漂わせる宗室や宗湛らと比べ、はるかに使いやすかったに違いない。こうして、これまで通り手広く商売を続けることができなくなった宗室と宗湛は凋落《ちょうらく》の一途をたどることになる。

天下の三肩衝の行方

元和元年（一六一五年）八月、一代の豪商、島井宗室が亡くなった。当時としては長寿の七十七歳だった。晩年は中風に苦しみながら、細々と酒屋を経営していたという。一方の神屋宗湛の死は寛永十二年（一六三五年）十月のことで、享年八十五と宗室よりさらに長命だった。

この宗湛が亡くなったのは三代将軍家光《いえみつ》の治世だ。この時代、鎖国令が出されたことで、諸外国との交易は長崎一カ所に集約され、海外貿易を生業《なりわい》とする博多商人の威勢は急速に衰退することになった。こうして千五百年もの歴史を持つと言われる国際貿易港、博多は永《なが》らく冬の時代を過ごすことになるわけである。

最後に、天下の三肩衝のその後にも簡単に触れておこう。

「初花」は本能寺の変後、一時行方がわからなくなったが、徳川家康が探し出し、秀吉に献上している。その後、秀吉から宇喜《うき》多秀家《たひでいえ》に渡った。関ヶ原で敗れた際、秀家はこれを家康に差し出し、死罪を免れたという。こうして再び「初花」は家康のもとに戻り、今日では徳川記念財団が所蔵している。「新田」も秀吉の手を経て徳川家に伝わり、今日では徳川ミュージアムの所蔵品となっている。

残る「楢柴」だが、九州大名の一人秋月《あきづき》種実《たねざね》が半ば強奪するように島井宗室から取り上げ、わがものとする。ところが、秀吉の九州征伐では種実が秀吉に敵対、その後降伏したが、その際、「楢柴」を秀吉に献上し、それがため秋月家は所領を安堵《あんど》されている。

秀吉の死後、「楢柴」は家康の手に移り、以来、徳川家の家宝として伝わった。しかし今日、三肩衝のうちこの「楢柴」だけが行方不明となっている。一説に、明暦《めいれき》の大火（一六五七年）で江戸城と共に運命を共にしたとも、あるいはまた、その大火で破損したものの修繕後所在がわからなくなったとも言われている。

戦国期、数多《あまた》の権力者や豪商たちの心を惑わせた天下の名器はこうして永遠の闇にのみこまれてしまったのである。

高級遊女・高尾太夫が身請け後に刻んだ謎の「足どり」

榊原政岑《さかきばらまさみね》（1713〜1743年、享年31）
江戸中期の播磨《はりま》姫路藩藩主（第三代）。二十六歳のとき江戸吉原で全盛の遊女高尾太夫を身請《みう》けする。これが幕府に咎《とが》められ越後高田に国替えを命じられる。

●世間から隔絶された別世界

吉原は元和《げんな》三年（一六一七年）、二代将軍徳川秀忠《ひでただ》の時代に幕府が認めた公許の遊女町――遊廓《ゆうかく》として誕生した。最初は、現在の東京・日本橋のあたりにあったが、そのうち江戸市中の発展に伴い、悪所（吉原のこと）がすぐ近くにあるのは風紀上よろしくないと考えた幕府の命令で遠方への移転を余儀なくされる。

その新しい移転先こそ、当時はのどかなたんぼ風景が広がる浅草・浅草寺裏手《せんそうじ》の千束村《せんぞく》だった。ここで営業を再開したのは明暦三年（一六五七年）のことである。当時、以前の吉原は「元吉原」、移転後の吉原は「新吉原」と呼ばれた。その後、昭和三十二年

（一九五七年施行）に売春防止法が施行されるまで、元吉原時代から数えて三百四十年間にもわたって吉原遊廓は営業を続けたわけである。

吉原（通常、吉原といえば新吉原を指すため本書もこれにならう）はやや長方形の区画で、総面積はざっと二万七百六十坪。東京ドームの約一・五倍の広さである。四方を黒板塀が取り囲み、その外には堀（通称お歯黒どぶ）がめぐらされていた。四隅が東西南北になっていたのは、床《とこ》を取ったときに北枕にならないための知恵という。

大門と呼ばれる、廓《くるわ》に一つしかない出入り口から中に入ると、前に広い通りが伸びており、その左右に大小の妓楼《ぎろう》（遊女屋）や茶屋が立ち並んでいた。日常使う雑貨を売る店や銭湯まであり、廓全体が一つの町になっていた。この世間から隔絶された別世界に、春をひさぐ女性――遊女は二千～四千人もいた。江戸後期の嘉永《かえい》・安政期になると一時七千人近くいたこともあったという。

そんな遊女たちのほとんどが、貧しい農村や没落した武家・商家から売られてきた娘たちだった。いわゆる人身売買である。一夜の快楽を求めて登楼《とうろう》する男たちの欲望のはけ口となって体を切り売りした彼女たちの末路とは一体どんなものだったのだろうか。

江戸時代、遊女のなかでも最上級を誇った高尾太夫《たかおだゆう》の足跡をたどりながら、そのあたりを述べてみたい。

●庶民には高嶺の花の高尾太夫

吉原の遊女には階級があり、なかでも江戸の初期から中期にかけて「太夫」と呼ばれる、最高級の遊女が存在した。もともと太夫は女歌舞伎の役者に与えられた尊称だったという。

たんに美人で姿が良いというだけではだめで、頭が良くて愛嬌があり、しかも筆と文が立ち、客を飽きさせないため茶道、花道、碁将棋、舞踊、三味線、琴、歌、和歌、俳諧《はいかい》……までたしなむというスーパーウーマンであった。

妓楼側では、これはと見込んだ少女がいると、早くから投資をし、太夫になるための英才教育を施した。したがって、吉原全体で二千〜四千人の遊女がいたとしても、太夫を名乗れる高級遊女はそのうちの千人に一人、つまり三〜五人ほどしかいなかったという。

客はそうした太夫と一晩を共にしたいと思うと、目の玉が飛び出るほどの出費を覚悟しなければならなかった。

まず、引手茶屋に入って、そこで芸者や幇間《ほうかん》（太鼓持）を呼んでひと騒ぎし、それからようやく太夫がいる妓楼に出向くという手順を踏まなければならず、宴会の費用や関係者への祝儀まで含めると、一晩に十〜二十両（大体百万〜二百万円）もかかったという。そのため、客は裕福な武家や商人に限られた。庶民には高嶺の花だったのである。

五億～六億円を投じて身請け

そんな太夫の中でも、史上もっとも名高いのが高尾太夫であろう。高尾太夫は高級妓楼「三浦屋」の抱え遊女で、一人ではなくその時々で最高の遊女が襲名《しゅうめい》した。史上十一人（七人説、十人説もあり）の高尾太夫がいたとされ、それぞれ虚実入り乱れた伝説を後世に残している。

このなかで比較的足跡がわかっている六代高尾、通称榊原《さかきばら》高尾について語ってみよう。六代高尾の出自は、深川浄心寺《じょうしんじ》の門番の娘とも深川六軒堀の髪結《かみゆい》の娘とも言われ、はっきりしない。いずれにしろ、貧しさから売られたことは間違いない。

高尾十九歳のとき、播州《ばんしゅう》姫路十五万石の藩主榊原政岑《まさみね》に見初《みそ》められる。政岑はこのとき二十六歳。参勤交代で江戸へ出府し、音に聞こえた遊廓吉原を一度見てみたいと思ったのが運の尽き。高尾の美しさに一瞬で参ってしまった政岑は、大枚六千両をはたいて高尾を身請《みう》けする。寛保元年（一七四一年）六月のことで、今日の貨幣価値にすれば五億～六億円にもなるという。

内訳は、身請け金こそ二千五百両だが、その祝いとして別途三千両を出して吉原中の遊女を総揚げし、どんちゃん騒ぎをした。その他雑費が五百両で、しめて六千両という計算。総揚げした翌朝、政岑は高尾を伴い、上野池之端にある榊原家の下屋敷まで行列を作って練り歩くというパフォーマンスまで行っている。当代一の美女を手に入れ、政岑はよほどうれしかったのだろう。

尼となってその後四十年を生きる

折しも、八代将軍吉宗《よしむね》の治世で、質素倹約をスローガンに掲げた「享保《きょうほう》の改革」の真っただ中である。幕府の方針にこれみよがしに逆らう政岑のこの派手なふるまいは、すぐに幕閣《ばっかく》に伝わり、榊原家の留守居役尾崎富右衛門《おざきとみえもん》が呼び出しを受ける。このとき富右衛門は、

「実は高尾太夫と申す者は、政岑さまの乳母の子で、遊女に落ちたのを不憫《ふびん》に思い、身請けしたまでのこと」

と、噴飯《ふんぱん》ものの申し開きをしている。当然、そんな弁明が通るはずもなく、同年十月、政岑は幕府から行跡よろしからずと隠居を命じられる。改易《かいえき》の憂き目に遭わなかったのは、榊原家が家康以来の功臣ゆえであった。それでも姫路から越後（新潟県）高田への国替えを命じられている。

その後、政岑は高尾を伴い草深い越後高田へと下って行くが、高田に入って約九カ月後の寛保三年二月、三十一歳の若さで急死してしまう。幽閉《ゆうへい》状態に置かれたことが精神的に余程こたえたのであろう。そうなると榊原家にとって残る問題は、側室《そくしつ》（妾《めかけ》）となったものの殿さまに死なれてしまった高尾の扱いである。乳母の娘と申し開きした手前もあり、このまま榊原家から放逐《ほうちく》するわけにはいかなかった。

そこで高尾は髪を落として尼となり、上野池之端の下屋敷に住むことになった。そ

の下屋敷では天明九年（一七八九年）に六十八歳で亡くなるまでなんと四十年以上も籠《かご》の鳥生活を続けたという。高尾にとって政岑に身請けされたことがはたしてしあわせだったのだろうか。

●衣裳や布団は自前で用意

六代高尾の一生をざっとたどってきたが、少なくとも衣食住には困らない生活を送れただけ、彼女の一生はまだましかもしれない。というのも、一度遊女となった女は、ほとんどが不幸な末路を迎えているからだ。

一般的に吉原の遊女になると、十八から二十八歳の誕生日を迎えるまで丸十年間、店に出て春をひさぐ決まりだった。いわゆる年季奉公《ねんきぼうこう》である。この間に、身を売ったときに親が受け取ったお金（前借金）を働いて返さなければならなかった。しかし、遊女の取り分は少なく、揚げ代や酒色での代金のうち七五％も楼主に搾取《さくしゅ》された。

残りの二五％も丸々遊女に入るわけではなく、粗末な食事こそ用意されたが、あとの衣裳や布団、化粧品やかんざしなどは自前であったため、その少ない中からそれらの損料を払うと雀《すずめ》の涙ほどしか残らないか、かえって赤字がかさむ場合も多かった。

そのため約束の十年が経ってもまだ借金が返せないでいる例はザラで、そうなると店の雑用係となって働くか、容色のよい女なら岡場所（非公認の遊廓）に売られて、今度はもっとひどい環境で客を取らされるはめに陥った。しかし、中には十年の年季が明けて借金も返し終え、晴れて自由の身となって、かねて言い交した男と所帯を持つ女も少なからずいたようである。

年季が明ける前にこの苦界《くがい》(吉原のこと)から抜け出す方法がないわけではなかった。一つには、お金のある客に身請けされることだ。先に紹介した六代高尾の例がこれにあたる。裕福な商人や武家に身請けされ、正妻や妾として迎えられることが、遊女たちの唯一無二の願望だったのである。

しかし、この身請けには大金が必要になるため、そう頻繁にあることではなかった。残る方法は、死ぬことだ。つとめの辛さに耐えかね、患《わずら》って死んでしまった者だけが、この廓の中から外へ出ることができたのである。

まだ息があっても投げ込み寺へ

こうした場所では、早死にする女が普通だった。予期しない妊娠による堕胎《だたい》で体を壊したり、かさと呼ばれる梅毒や労咳《ろうがい》(肺結核)にかかったりして死ぬ例も多かった。また、辛い労働や廓ならではの厳しい掟《おきて》に耐えきれず、客と心中するなどして自ら死を選ぶ女もいた。

これは江戸後期の大坂の遊廓の話だが、仲のよい朋輩《ほうばい》が楼主からひどい折檻《せっかん》を受けるのを目の当たりにし、その恐怖から四人の遊女が一斉に自殺してしまったという。

こうした病死や自殺が多かったため、吉原の遊女たちの平均寿命は、身請けされた者を除くと、二十二～二十三歳という若さだった。十年の年季を無事につとめ上げるほうがむしろ少数派だったのである。

遊女に病気で寝込まれ、商品価値がなくなったと判断されると楼主は非情で、まだ息があっても三ノ輪（南千住）の浄閑寺《じょうかんじ》、通称投げ込み寺の墓穴に放り込ませたという。この寺には一説に、のべ二万人もの遊女が葬《ほうむ》られているという。この数字はかなり誇張があるようだが、話半分としても一万人だから、やはり大変な人数には変わりない。

心中や足抜け（廓を無断で出ようとすること）、廓内での密通、枕さがし（泥棒）などを働いて死んだり折檻死したりした遊女になると、寺の過去帳に、死んだ日にちのほか「売女《ばいじょ》」と短く書かれるくらいで、本名はおろか源氏名、年齢さえも記されなかった。まさに、無縁仏である。

苛酷《かこく》な労働を強《し》いられたせいで死に、そのあげくが「売女」の二文字では、あまりにかわいそうだが、これが江戸吉原の遊女の実態なのである。

幕末の京洛で凶剣をふるった四人の人斬りは、どんな最期を迎えたか

中村半次郎《なかむらはんじろう》（1839～1877年、享年40）
薩摩《さつま》の下級武士出身。剣の達者で幕末期は「人斬り半次郎」と怖れられた。明治に入ると桐野利秋《きりのとしあき》と改名。西南戦争では西郷隆盛《さいごうたかもり》に従い、銃弾に倒れた。

●思想なき暗殺者たち

天皇の権威を絶対視し、日本の国土から西洋列強を追い払おうとする政治思想――すなわち「尊王攘夷」の嵐が吹き荒れた幕末の京都で、人々から「人斬り」と恐れられた暗殺者たちがいた。彼らが襲撃対象としたのは主に尊攘派とは対極にある佐幕開国派、つまり幕府の方針に従って開国を推し進めようとする人たちだった。

そんな暗殺者たちの中で特に有名なのが、「幕末の四大刺客」と呼ばれた田中新兵衛、岡田以蔵《いぞう》、河上彦斎《かわかみげんさい》、中村半次郎の四人である。この四人に共通するのは、人を斬る剣の技量が抜群であったという以外に、いずれも幼少期、身分が低く極貧のなかで育

ったということだ。したがって、最も得意とする剣の腕前によって貧困の軛《くびき》を脱し、自分を蔑《さげす》んだ者どもを見返してやりたいという、その一念で殺人剣をふるったのだった。

おそらく彼らの行動原理は、神州日本の国土を夷狄《いてき》（外国人）の足で汚されてなるものかという単純な国粋主義に基づくものであって、そこには理路整然とした政治理念や信条と呼べるものは持ち合わせていなかったはずだ。いわば思想なき暗殺者たちであった。

四人のなかで、最も有名なのが薩摩（鹿児島県）の中村半次郎であろう。「人斬り半次郎」の異名をとり、自分を引き立ててくれた西郷隆盛《さいごうたかもり》とは常に行動を共にした。明治維新を迎えると名を桐野利秋《きりのとしあき》と変え陸軍少将にまで出世するが、西郷が征韓論《せいかんろん》で敗れると西郷に随って薩摩に帰国。その後、西南戦争で西郷と共に戦死した。

しかし、この中村半次郎以外の三人は、一体どんな晩年を迎えたのか、あまり知られていない。開国派の兵学者・思想家としても名高い佐久間象山《しょうざん》を暗殺した河上彦斎を中心に据え、三人の人斬りたちのその後を追った。

●右手一本で逆袈裟斬り

河上彦斎は、肥後《ひご》（熊本県）藩でも最下級の小森家で誕生したが、幼くして同藩の河上源兵衛という者の養子となる。嘉永《かえい》二年（一八四九年）、十六歳のときにお掃除坊主として召し出され、藩主細川邸の掃除を担当する。

二十歳の春、藩主の供をして江戸に出る。着いて間もなく、ペリーの黒船騒動があり、彦斎は沿岸警備を命じられた藩主に随行して横浜へ赴《おもむ》く。海上に浮かぶ黒光りする船体を前にし、彦斎は海岸に集まった人々同様、ただ茫然《ぼうぜん》と眺めていたに違いない。

この事件に大いに触発された彦斎は、帰国するや、国粋主義者であった国学者・林桜園《おうえん》の門に入る。さらに、轟木武兵衛《とどろきぶへえ》に儒学を、宮部鼎蔵《ていぞう》に兵学を学んだ。このあたり、同じ人斬りでも、無学なほかの三剌客とは一線を画していた。彦斎は漢文をすらすら読んだり書いたりもできたという。

それはともかく、こうして彦斎は一廉《ひとかど》の尊攘派として藩内でも認められるようになっていった。

安政五年（一八五八年）三月、二十五歳になった彦斎は二度目の出府《しゅっぷ》を果たす。このころ幕府は列強との条約問題や将軍継嗣《けいし》問題などで大揺れしている時期で、参勤交代の期限が迫ってきても藩主の帰国はのびのびになった。彦斎は二年半も江戸に滞在することになり、その間、必死に剣術を修業したという。

彦斎という人は、小柄で色白、一見すると女性のようだったが（男色癖があったとも）、我流で不思議な剣を身につけていた。道場では初心者同然の未熟な者にも、よく竹刀でポンポンと打たれたが、いざ真剣を抜くと全身から異様な凄みを放射し、どんな腕達者な相手でも一瞬たじろがせた。その隙《すき》をとらえて、地を這《は》うような低い姿勢から相手の胴を右手一本で逆袈裟《けさ》斬りに薙《な》ぎ払うのが彼の得意業だった。まさに、一撃必殺の魔剣であった。

師匠の仇討ちで新選組を狙う

文久二年（一八六二年）十月、肥後藩は朝廷の要請で禁裏《きんり》守衛を受け持つこととなり、彦斎も選ばれて上京した。

京都にやって来ると、開国派を狙った「天誅《てんちゅう》」が横行し、田中新兵衛や岡田以蔵らが連日のように凶刃をふるっていた。彼ら暗殺者たちは、よく確かめもせず、「あいつは開国派だ」「誰それは幕府の密偵だ」という噂だけでも平気で相手を斬殺した。一人でも多く開国派をあの世へ送ることが日本のためになり自分の名声を高めることにもなると信じて疑わない単純で危険極まりない暗殺者たちだった。

翌文久三年八月十八日の政変「七卿《きょう》落ち」では、京都を追放された七人の公卿と共に彦斎はいったん長州へ逃れる。しかし、元治元年（一八六四年）六月五日の池田屋事件で師匠宮部鼎蔵が新選組によって殺されたことを知ると、彦斎はその仇討ちを胸に誓う。

こうして再び上京した彦斎は、復讐の機会をうかがって新選組隊士をつけ狙うが、そのうち佐久間象山の存在を知ることとなる。象山はこのとき、一橋慶喜《よしのぶ》（のちの江戸幕府最後の将軍）に公武合体論と開国論を説くために上洛していたのだった。尊攘派にとって象山は開国派の頭目のような存在だ。彦斎は、天が与えてくれた千載一遇の好機に感謝し、象山ほどの大立者《おおだてもの》を討てるのは自分しかいないと思い込んだのであろう、新選組を追い回すのをいったんやめ、象山をつけ狙い始める。

そして、池田屋事件から一カ月ほど過ぎた七月十一日夕刻、象山が三条木屋町にあった仮寓《かぐう》先に騎馬で戻るところを仲間数人と急襲し、殺害する。とどめの剣は彦斎がふるった。落馬した象山が、立ち上がろうとしたところを、彦斎得意の逆袈裟斬りによって腹を裂かれ、二の太刀で顔を斬られて絶命したという。

この日までに彦斎は一体何人の開国派を手にかけてきたのか判然としない。記録にあるのが、この象山の暗殺だけだからだ。

しかしこのとき、「最初に人を斬ったときにも感じなかった髪の毛が逆立つような恐怖」を覚え、以後、暗殺に手を染めることはけっしてなかったという。おそらく彦斎は、象山が持つ底知れぬ人間力に圧倒され、人を殺すことの恐ろしさにはじめて気づかされたのではないだろうか。

諸国をめぐり勤王を説く

大政奉還から鳥羽・伏見の戦いを経ると、幕府は一転、朝敵となった。そうなると肥後藩では手のひらを返すように勤王《きんのう》（天皇に忠義を尽くそうとする思想）派を藩の役人に取り立てるなどして優遇するようになる。彦斎にも諸国の藩をめぐって朝廷に靡《なび》かせるよう説得させる役目を担わせている。肥後藩としては時流に乗り遅れないよう少しでも朝廷に〝いい顔〟を見せておきたかったのだろう。

その後、遊説《ゆうぜい》の旅から京都に戻ってみると、朝廷は攘夷から開国へと舵《かじ》を切り、その方針転換に添うように明治新政府はいままさに文明開化路線の端緒《たんしょ》を開こうとしていた。愕然《がくぜん》とする彦斎。彼にとって神州日本はあくまで尊王攘夷でなければならなかった。

そこで彦斎は、三条実美《さねとみ》や木戸孝允《たかよし》ら新政府の要人を訪ねては、政府の変節をなじり、翻意《ほんい》を迫った。なにしろ相手はほんの数年前まで人斬りと恐れられた危険人物だけに気味悪がり、そのうち誰も会ってくれなくなった。やがて彦斎は失意のうちに熊本に帰国する。

故郷熊本で彦斎は、すぐに同志と語らって新政府に反省を求める運動を起こそうとする。そんな矢先、彦斎は「政府を転覆させる陰謀を企《くわだ》てた」という罪状で突然捕縛され、身柄を東京へと送られる。東京では大した尋問を受けることもなく、すぐに斬首された。明治四年（一八七一年）十二月四日のことである。

この彦斎に下された処罰の裏には木戸孝允の指示があったという。御一新を迎えてなお攘夷攘夷と騒ぐ頑迷固陋《ころう》な彦斎のような輩《やから》は、木戸ら政府の要人にとってもはや目障りで危険きわまりない存在でしかなかったのである。

　こうして生涯変節を嫌い、時代の流れを見ようともしなかった人斬り彦斎は、三十八年の生涯を閉じた。

●田中新兵衛と岡田以蔵のその後

　最後に、田中新兵衛と岡田以蔵の最期について触れておきたい。薩摩の田中新兵衛は船頭上がりだ。彼の名が人斬りとしていちやく名をはせるようになったのは、大老井伊直弼《なおすけ》の走狗《そうく》となって尊攘派の志士たちを大勢摘発した島田左近を殺害してからである。その後新兵衛は、尊敬する土佐勤王党の武市半平太《たけちはんぺいた》（瑞山《ずいざん》）に命じられるがままに、何人もの志士や奉行所の役人などを手にかけた。

　ところが、姉小路公知《きんとも》暗殺の嫌疑により捕縛され、京都町奉行所で取り調べを受けているさなかに、一言の弁明をすることもなく、脇差で自らの首を刎《は》ねて亡くなった。文久三年（一八六三年）五月二十六日、三十二歳だった。この姉小路卿の暗殺に関しては、新兵衛が本当に実行犯だったかは疑わしいという。

　岡田以蔵も、同郷の武市半平太に命じられて数多《あまた》の志士を殺害した。土佐藩主山内豊範《とよのり》に随って江戸に行ったこともあり、このとき坂本龍馬《さかもとりょうま》から依頼され、当時幕府の軍艦奉行であった勝海舟の護衛役を務めてもいる。

　海舟は言うまでもなく開国派だ。そんな海舟のボディガードを引き受けるくらいだから、以蔵の政治信条もかなりあやしいものがあると言わざるを得ない。海舟は、以蔵が人斬りを楽しむ性癖の持ち主であることをすぐに看破《かんぱ》し、即刻やめるよう忠告したという。

文久三年八月の公武合体派の政変で、尊攘派が京都を追われると、以蔵は拠《よ》り所を失ってしまう。その後の行動ははっきりしないが、衣食にも困窮し、商家に強盗に押し入ったところを幕吏に捕縛《ばくり》され、土佐無宿鉄蔵の名で京都町奉行所の獄につながれていたこともあったらしい。

その後、以蔵は放免されるが、すぐに今度は土佐藩の役人に捕まり、土佐へ護送される。以蔵は国許《くにもと》で牢に入れられ、一年間にわたって苛酷《かこく》な拷問を受け続けた。

最初こそ、なんとかそれに耐えたが、やがて辛抱たまらず、恥も外聞もなく泣き叫ぶ日々が続いたという。そのうち以蔵は、京都での犯行を洗いざらい自白。そのほとんどが武市半平太の命令によるもので、殺害したのは誰で、そのとき仲間に加わっていたのは誰と、すっかり供述した。これにより土佐勤王党は壊滅に追い込まれてしまった。

慶応元年（一八六五年）閏《うるう》五月十一日、以蔵は斬首され、首は河原に晒《さら》された。享年二十八。同日、以蔵が師父とも慕った武市半平太が切腹して果てている。

幕末の泉州堺事件で生き残った土佐藩士のその後とは

山内容堂《やまうちようどう》（1827〜1872年、享年46）
幕末の土佐藩藩主。幕末の四賢侯の一人として評価される一方で、当時の志士らからは、「酔えば勤皇《きんのう》、覚めれば佐幕」と揶揄《やゆ》された。大酒家でもあった。

仏人水兵の乱暴狼藉が発端に

徳川慶喜《とくがわよしのぶ》の将軍職辞職を受け、明治新政府がスタートしたのは慶応《けいおう》三年十二月九日（一八六八年一月三日）。正式に「明治」と改元になったのは慶応四年九月八日（一八六八年十月二十三日）のことだが、この慶応四年という年は戊辰《ぼしん》戦争が起こったことでほかの事件は蚊帳《かや》の外へ置かれがちだが、実はもう一つ、当時の日本政府を大いに悩ませた、ある外交問題が起きていたことはあまり知られていない。

それこそが、土佐藩兵とフランス人水兵が和泉《いずみ》国（大阪府南部）堺《さかい》町内で銃撃戦を繰り広げた、いわゆる「泉州《せんしゅう》堺事件」である。

仏兵たちは、堺港沖で停泊させた軍艦から数十人が端艇《たんてい》に乗り移って上陸、町内をうろついて騒ぎを起こしたことから、当時、堺の警備活動に当たっていた土佐藩兵と衝突し、銃撃戦に発展してしまう。結果的に、本船に逃げ帰ろうとした仏兵は撃たれたり海で溺死《できし》したりして、十六人が死傷したという。

これに激怒したのが駐日フランス公使レオン・ロッシュで、日本にいる各国大使を味方につけ、断固とした犯人の処罰と謝罪、賠償金《ばいしょうきん》の支払いを日本側に求めた。これに対し明治政府は国が戊辰戦争という混乱のさなかにあったことから、ロッシュに屈し、出された要求をすべてのむこととする。

こうして仏兵を銃撃したとされる土佐藩兵二十人は切腹と決まった。ところが、処刑当日、切腹は十一人までで中止となり、残り九人は助命されている。一体、これには何があったのだろうか。そして生き残った九人の土佐藩兵たちはその後どうなったのだろうか——。

内戦の混乱で日本側に伝わらず

慶応四年一月二日（一八六八年一月二十六日）、鳥羽《とば》・伏見《ふしみ》において薩摩《さつま》・長州《ちょうしゅう》藩の兵と旧幕府軍が激突する。それこそが、翌明治二年五月十八日（一八六九年六月二十七日）に箱館戦争が終結するまで約一年五カ月間にわたって続いた「菊」と「葵《あおい》」の戦い——戊辰戦争の始まりだった。

この鳥羽・伏見の戦いで旧幕府軍に大勝

した薩摩・長州軍は天皇から錦旗《きんき》を与えられ、晴れて「官軍」となり、旧幕府軍は天皇に反逆する「賊軍」と成り果てる。

それから一ヵ月後の二月三日、「征討《せいとう》の大号令」が発せられ、同月十五日には大総督府参謀となった西郷隆盛《さいごうたかもり》率いる東征軍が江戸へ向けて進発した。事件はまさにその二月十五日（一八六八年三月八日）に泉州堺で起こった。

夕刻になり、たまたま堺港沖に停泊していた仏海軍の軍艦「デュプレクス」から、端艇に分乗して数十人の水兵が上陸してきたのである。実は、同艦の艦長プティ・トゥアールは事前に日本側に書簡で上陸許可を求めていたのだが、鳥羽・伏見の戦いの直後の混乱で日本側にそのことがうまく伝わっていなかったのだった。

一部の水兵たちは、町内を闊歩《かっぽ》しながら傍若無人《ぼうじゃくぶじん》に神社仏閣や民家に立ち入ったり、若い女性を見ると取り囲んでからかったりしたという。

処刑される二十人をくじで選ぶ

このとき、朝廷から町の警備を要請されていたのが土佐藩で、彼らは押っ取り刀で駆け付けると、水兵たちを必死に身振り手振りで港に戻そうとした。ところが、水兵たちはそれに逆らい、土佐藩兵を愚弄《ぐろう》する態度に出る始末。そのうち一人が土佐藩の隊旗（錦旗説も）を奪って逃走を図ったことから、土佐藩兵が発砲。

これがきっかけで銃撃戦となったが、多

勢に無勢でフランス兵たちはたちまち港へと追い立てられる。こうして仏兵側に死者十一人を含む十六人（二十二人説も）の死傷者を出して事件は終息した。

事件から四日後の二月十九日になり、駐日フランス公使ロッシュから、犯人の処罰などを求める抗議文が明治政府に届く。そもそも事件の原因は、日本側の許可も出ていないのに町をうろつき、町民や土佐藩兵らに乱暴狼藉《ろうぜき》を働いた仏兵側にあるのだが、当時の日本とフランスの国力の差は歴然で、しかも内戦のさなかにあったことから、明治政府は涙をのんでロッシュの要求を受け容《い》れてしまう。

こうして仏兵を銃撃したとされる土佐藩兵の中から犯人探しが始まった。フランス側との事前の話し合いで処刑は二十人と決められていたため、隊長二人と小頭二人の責任者四人を除いた十六人を選ぶため、発砲を認めた二十五人でくじ引きが行われ、その十六人を決めたという。大半が足軽など下級武士だった。

●驚愕するフランス人たち

二月二十三日、堺の妙国寺《みょうこくじ》において日仏両国の関係者が立ち会うなか、土佐藩士二十人の処刑が執《と》り行われた。藩士たちはひとりずつ名前を呼ばれると作法通りに割腹《かっぷく》して果てた。彼らの表情や態度からは取り乱したり怯《おび》えたりする様子は微塵《みじん》も見受けられなかった。

これは、切腹という武士にとって名誉の

死を与えられたことに対し一定の満足感があったことに加え、「ここで怯懦《きょうだ》な振る舞いを見せては日本の侍の面目が立たない」と考え、自分を固く戒《いまし》めていたからにほかならない。

ひとり、またひとり……と凄惨《せいさん》極まりない藩士たちの割腹や介錯《かいしゃく》人《にん》による斬首を見せられ、驚いたのはフランス人たちだった。たちまち顔色が青ざめ、嘔吐《おうと》する者が続出。なかにはその場で失神してしまう者までいたという。

死んでいく藩士の中には、傷口から露出した自らの腸《はらわた》をズルズルと引きずりだし、そのままフランス人に投げつける豪の者まで出るに及んで、とうとう我慢が限界を超えたのか、フランス側から「処刑中止」の声が日本側にかかる。それは丁度、十二番目の橋詰愛平が自らの腹に短刀を突き立てようとしたときだった。

国のために戦った結果が流罪とは……

仏側の言い分はこうである。

「事件における当方の被害者は十一人。それと同じ数だけ処刑がなされた以上、もはや十分である」と、威厳《いげん》と鷹揚《おうよう》さを見せつつ述べたが、本心はこの場から一刻も早く逃げ出したかったのだ。それが証拠にフランス人たちは、切腹を懇願する橋詰愛平の声を無視し、挨拶もそこそこにその場を立ち去ったという。

このときのフランス人たちによって、東洋の島国日本には、「ハラキリ」という固有の自害方法が存在することが世界に広まったと言われている。

さて、すんでのところで命が助かった九人の土佐藩士たちだが、その後どうなったのだろうか。生き残った橋詰らは切腹を覚悟していただけに、きっと屋根に上って梯《はし》子《ご》を外されたような心持ちだったに違いない。特に橋詰の場合、自分が助かったことが赦《ゆる》せなかったらしく、二日後に舌をかんで自害を遂げようとしたが、発見が早く助かっている。

その後、橋詰ら九人は土佐の四万十川沿いの入田《にゅうた》という村に流罪と決まる。このとき九人の面々は土佐藩に対し、「国のために異人と戦ったのに、流罪とは納得がいかない」と一様に主張したが、藩重役から「朝廷のお達しだから、どうにもならない。そんなに長くはならないはずだから、しばらく辛抱してくれ」と懇願《こんがん》され、渋々従ったという。

●滞在半年で恩赦に

九人は入田に入るとき、袴帯刀《はかまたいとう》から駕《か》籠《ご》まで用意された。しかも、村では尊敬のまなざしで人々から迎えられ、庄屋宇賀佑《うがゆう》之《の》進《しん》預かりという厚遇を受ける。彼らは村人に学問や剣術を教えるなどしておだやかな日々を過ごしたと伝わる。

そのうち明治の改元に伴う恩赦《おんしゃ》があり、入田滞在中に一人（名は川谷銀太郎、享年二十六）が病死したものの、自由の身となった残り八人はそれぞれ元気に自分の故郷に帰った。結局、彼らが入田に滞在したのはわずか半年ほどであった。

八人のうち横田辰五郎という者がのちに絵入りの詳細な記録を残していた。割腹して死んでいった仲間や自分たち生き残った者たちの名誉を回復することが狙いだった。その記録の中で横田は、「堺の治安を守るため自分たちは警備兵として任務を果たしたに過ぎない」と強く主張していた。当時はやっていた、過激な攘夷《じょうい》浪士たちと一緒にしてほしくないという思いがあったからに違いない。

また、一度は舌をかんで死のうとした橋詰愛平の場合、割腹して亡くなった十一人の墓が妙国寺北隣の宝珠院《ほうじゅいん》という寺に建てられると、明治十年（一八七七年）に亡くなるまでその墓守《はかもり》を続けたという。

仲間十一人が割腹したとき、橋詰は四十代だった。死んだ十一人はすべて橋詰よりも年下の二十～三十代で、「若い者を死なせてしまった」と橋詰は死ぬまで後悔していたそうである。

明治維新を迎えて禄を失った旧幕臣のその後とは

徳川慶喜《とくがわよしのぶ》②（1837〜1913年、享年77）
慶喜には本人作の風景画が十点ほど残っている。それらの絵にはきまって「橋」が描かれていた。自分が近代への橋渡しをしたと言いたかったのだろうか。

●国民の約六%が突然リストラに

平安時代に発生し、はじめは貴族（公家）の用心棒的な存在に過ぎなかったものが、いつしかその武力にものを言わせて貴族から政権を奪い、以来七百年近くも日本史上に君臨した存在——それが武士である。

明治維新を迎えた時点で、一体、全国にどれだけの武士（士族）がいたかご存じだろうか。明治五年（一八七二年）初頭に編製された「壬申《じんしん》戸籍《こせき》」によると、卒族《そつぞく》と呼ばれた中間《ちゅうげん》などの武家奉公人を含まない士族の人口は全国に二十五万九千戸、百二十八万二千二百人（家族を含む）を数えた。卒族の十六万六千九百戸、六十五万九千百人を足すと、ざっと百九十四万人となる。

これは当時の日本の総人口（三千三百十一万人）の約六%を占める割合である。

江戸幕府の解体によって、この百九十四万人もの人々が、突然生計《たつき》の途《みち》を断たれてしまったのだ。まさに、日本史上最大の人員削減《リストラ》政策であった。農民たちから米を横取りするだけでなんら生産活動に従事しなかった彼らは、さっそくあしたからの生活に困ることになった。

そんな時代の転換期を、士族たちはどうやって乗り切ったのだろうか。本稿では静岡県で荒地の開墾《かいこん》事業を成功させた旧幕臣たちの例を見ていくことにしよう。

●旧幕臣の半分が慶喜に随って静岡へ

幕府の解体でもっとも大きな被害を蒙《こうむ》ったのは、やはり屋台骨が大きいだけに徳川家に仕えていた旧幕臣たちだった。当時、旧幕臣の数は旗本六千弱と、将軍に御目見《おめみえ》がかなわない御家人二万六千を合わせて三万人強いた。

彼らの旧主である徳川慶喜《とくがわよしのぶ》は、このたびの幕府の解体で新政府の命令により八百万石から七十万石にまで減らされ、同時に徳川家ゆかりの駿府《すんぷ》（静岡）への移封《いほう》を命じられている。とてものこと、この財力で三万人を養うことは無理だった。

そこで徳川家では駿府へ移る前に家臣に対し、新政府に官吏《かんり》として出仕することや、徳川家に御暇願《おいとまねがい》を出し一介の庶民となって農業や商業につくことを提案した。ところが、急激な変化を好まない旧弊《きゅうへい》な考えの持ち主が多く、半分近い一万四千もの家臣が慶喜に随《したが》って駿府についていくことを望んだため、慶喜をがっかりさせたという。

しかし、駿府へ行けばなんとかなると希望的観測を持っていた旧幕臣たちの期待は見事に裏切られてしまう。徳川家から頂戴する禄はほんの雀《すずめ》の涙だったため、その日食べるものにも困るありさまだった。そこで仕方なく、一部の士族たちが始めたのが、開墾・干拓《かんたく》事業であった。

不毛の大地を茶園に造成

静岡県中西部の大井川流域に牧之原《まきのはら》と呼ばれる洪積《こうせき》台地がある。江戸から移ってきた士族たちはここに約千五百町歩（千五百ヘクタール＝東京ドーム三百二十個分）もの広大な土地を新政府から与えられている。そこは扇状地だけに石ころが多い荒地だったが、ほかに生計のアテがない士族たちは刀を鋤《すき》や鍬《くわ》に持ちかえてつらい開墾作業に従事した。

米作には適さなかったが、水はけがよい赤土で弱酸性、気候も温暖で、茶樹栽培にはうってつけだった。明治二年（一八六九年）から開墾作業をスタートし、その二年後に茶園が造成され、明治六年から収穫――茶摘みが始まったという。こうして、いちやく静岡は日本有数の「茶処《ちゃどころ》」となった。このときの旧幕臣たちの血のにじむような努力がなければ、国内屈指のお茶ブランド「静岡茶」は生まれていなかったかもしれないのだ。

この旧幕臣による静岡・牧之原のほか、士族が中心になって行った開墾事業としては、庄内（山形）藩士族による鶴岡・松ケ丘の開墾、福島県士族による安積《あさか》原野（現在の郡山市）の開墾、栃木県の士族結社による那須野が原の開墾などがある。

●慣れない重労働に悲鳴を上げる

新政府の幹部たちはこうした開墾・干拓事業を奨励《しょうれい》することで失業士族を救済しようと考えたわけである。ところが、牧之原の例などは別にして、そのほとんどが失敗に終わっていた。それはそうだ、明治維新を迎えるまでに条件のよい場所は豪商や豪農の財力によってほとんど開墾されており、耕作に適さない極度の荒れ地ばかりが残されていたからだ。

しかも、士族たちは慣れない重労働に悲鳴を上げ、せっかく政府から交付された土地を商人や農民に安く売り払い、転業する者が続出した。金融業者に容易に土地をだまし取られる例も珍しくなかった。江戸時代という泰平の世を安閑《あんかん》と過ごしてきたツケがここにきて回ってきたのである。

しかしながら、この明治維新というのは封建制社会から資本主義社会へと移行する過渡期に当たり、こうした農地の開墾によって、従来はどれだけ主君に対し忠勤に励んでも親代々から俸給が変わらなかった士族の胸の中に「働いた分だけ収入が増える」という資本主義社会の基礎が醸成されていったことは間違いないだろう。

稀代の妖婦・阿部定のベールに包まれた足どりの謎

阿部定《あべさだ》（1905〜?）
東京・神田の生まれ。十代半ばで実家を追い出される。事件を起こしたのは三十二歳のとき。出獄後の足取りは不明。八十歳ごろまで生存していたらしい。

●男の首には赤い腰紐が

昭和十一年（一九三六年）五月十八日、東京市（現東京都）荒川区尾久《おぐ》の待合《まちあい》（今日のラブホテル）「満佐喜《まさき》」二階の一室において、近代日本の犯罪史に名を刻む一大痴情事件が起きた。

その日の朝八時ごろ、一週間前から居続けていた男女二人連れのうち、女のほうが「水菓子（果物のこと）を買いに行く」と女中に言い残して外出、そのまま帰って来なかった。午前十一時ごろになり、不審に思った女中が部屋をのぞくと、男が布団の上で血まみれになって死んでいたのである。

男の死因は絞殺《こうさつ》で、首には赤い絹の腰紐《こしひも》が巻き付けられていた。敷布には血液で

「定・吉二人」と書かれ、左腕には一文字「定」と刃物で刻まれていた。さらに異様だったのは、男の局部が陰嚢《いんのう》もろとも切り取られていたことである。同伴の女の犯行であることは明白だった。しかし、なぜ局部を切り取る必要があったのか、警察は頭を悩ませつつも捜査に乗り出し、すぐに男女二人の身元を特定した。

ハトロン紙の中から現れたのは…

殺害された男は中野区新井町の鰻《うなぎ》料理店「吉田屋」の主人・石田吉蔵《きちぞう》（四十二歳）、失踪《しっそう》した女は吉蔵の愛人で同店の仲居・阿《あ》部定《べさだ》（三十二歳）と判明した。事件発覚から二日後、定は品川駅前の旅館に潜伏していたところをみつかり、逮捕される。のちに身体検査をすると、帯の間から大事そうにハトロン紙に包まれた吉蔵の局部が出てきたので、刑事たちは皆一様に仰天したという。

この事件はその猟奇《りょうき》性から世間の強い関心を集め、新聞各社から「阿部定捕まる」の号外が出るほどだった。当時、国会では二つの委員会が開かれていたが、委員長の申し出で急きょ中断し、全議員が号外に読みふけった。また、逮捕前日に定に呼ばれて体をもんだマッサージ師は、新聞社や雑誌社の取材謝礼で大金を得、自宅を新築するほどだった。

事件後、当時の新聞や低俗な雑誌によって「稀代《きだい》の妖婦」「猟奇的殺人者」などと面白おかしく書きたてられた阿部定。一体、逮捕されてからの彼女はどんな後半生を歩んだのであろうか。

●人生の歯車を狂わせた「きっかけ」

阿部定は明治三十八年（一九〇五年）五月二十八日、現在の東京・神田多町で生まれた。八人兄弟の末っ子である。家は江戸時代から続く畳店「相模屋《さがみや》」で、暮らしは裕福だった。幼いころから美少女として近所でも評判で、両親もそれを喜び、学業よりも歌や踊りの稽古を優先させた。そうした環境からか、定は、ませた娘として育っていく。

転機は満十四歳のときに訪れる。女友達の知り合いの大学生に無理やり強姦されてしまったのだ。定は「処女でなくなったからにはもうお嫁に行けない」と思いつめ、自暴自棄《じぼうじき》となって連日のように不良仲間の少年少女を引き連れ、浅草界隈を遊びまわるようになる。

しまいには両親にも見限られた定は、芸妓《げいぎ》から娼妓《しょうぎ》（売春婦）、妾《めかけ》と「女」を切り売りし、二十代も半《なか》ばになると片時も男なしではいられない日々を過ごすようになっていた。

このころ自分の体の中に人一倍淫蕩《いんとう》な血が流れていることに悩んだ定は医者に診《み》てもらったりしているが、その際医者からは「結婚するか、精神修養のために読書」を勧められている。

三十二歳になった定は、職業紹介所の口利きで石田吉蔵の店で住み込みで働き始める。定が事件を起こす三カ月前のことである。店に入って定はすぐに好色な吉蔵から袖を引かれ、理無《わり》い仲となった。

ところが、吉蔵の女房に勘付かれ、やむなく二人は手に手をとって逃避行に及んだという次第。これが四月下旬のことで、それからの二人は各地の旅館や待合を転々として愛欲にただれた日々を過ごす。

事件を起こした前後のことを定はのちにこう証言している。

五月十一日から満佐喜の一室に引きこもり、二人は一日に五度も六度も情交に及んだ。吉蔵には変わった性癖があり、そのさなか、気絶寸前まで定に自分の首を絞めさせるのが常だった。十八日になって、この日もそんな変態的な情交にふけっていたが、突然吉蔵が「もう疲れた。家に帰りたい」と言い出したことから、定の頭の中で何かがはじけた。

「この男を妻に返したくない」

そう決心した定は、深夜、情事で疲れて熟睡している吉蔵の首に腰紐を巻き付けると、一気に引き絞ったのである。

なぜ吉蔵の局部を切り取ったかについて聞かれ、

「本当は体ごとおぶって持ち出したかったが、女の身でそうもいかない。それなら愛《いと》しい男の一番かわいいものだけでも持ち出そうと思った」と説明している。

自ら事件の主役を演じて全国を回る

さて、事件から七カ月後の十二月になり、

阿部定は「懲役六年」という思いのほか軽い刑を言い渡され栃木刑務所に服役する。裁判の中で定の精神鑑定を担当した東大の教授は彼女を「先天的な淫乱症」と診断。また、石田吉蔵には多分にマゾヒズム的性癖があったこともわかり、その点が考慮され、事件は「痴情の末」と判定されたことが大きかった。

　刑務所での定は模範囚で、命じられた紙細工をほかの女囚の二人分こなした。刑務所に入っていても定の人気は絶大で、四百をこえる結婚申し込みの手紙が全国から届き、出所後は高額でスカウトしたいという映画会社やカフェもあらわれるほどだった。また、このころ定は吉蔵の後世《ごせ》を弔《とむら》うため日蓮宗に帰依《きえ》するという殊勝《しゅしょう》な一面もみせている。

　昭和十六年五月十七日、前年の「皇紀二千六百年祝典」を理由にした恩赦で減刑され、定は仮出所した。年齢は三十六になっていた。

　その後の定だが、「吉井昌子」と名前を変え、過去を隠して赤坂の料亭で仲居として働き始める。そして、そこで知り合った男と同棲し、ようやく平穏な日々を手に入れるが、しあわせは長続きしなかった。

　終戦後、エログロナンセンスブームの波に乗り、「稀代の妖婦・阿部定」を取り上げた俗悪なカストリ本が続々と出版され、これにより同棲する男から阿部定であることが知られ、二人の関係は破局を迎えてしまう。

客寄せパンダに甘んじて

その後の定は、作家の長田幹彦《ながたみきひこ》が主宰する劇団に入り、自ら阿部定事件の主役を演じて全国を巡業した。それが終わると、京都で芸者をしたり、大阪でホステスをしたり、伊豆の旅館で仲居をしたりした。昭和二十九年には東京・上野の料亭「星菊水」に仲居として引き抜かれる。それは、いわゆる「客寄せパンダ」として雇われたもので、月給はほかの仲居の五倍という破格の厚遇だった。この料亭での働きぶりはまじめで、当時の東京の料飲店組合から優良従業員として表彰されるほどだった。

昭和四十二年、定六十二歳のとき、台東区竜泉に「若竹」というおにぎり屋を開業する。話題性もあり店はなかなか繁盛するが、その三年後、定は忽然《こつぜん》と姿を消してしまう。店を手伝っていた女性が病気になったことで定一人に負担がかかり、体を壊してしまったのだ。また、年下の恋人に店の金を持ち逃げされたことも原因とされている。

四十六年、六十五歳になった定は千葉県市原市のホテルで働いていたことが確認されているが、すぐにそこも飛び出してしまう。姿を消す際、箸袋を利用した置き手紙を残している。そこには、

「――くれぐれも御立腹なきようお詫び申し上げます。ショセン私は駄目な女です」

と書かれてあった。

その後の定は四十九年ごろに浅草にいた

という証言を最後に、プッツリと消息が途絶えてしまう。しかし、昭和六十二年ごろまでは、吉蔵の命日になるときまって日蓮宗総本山・身延山久遠寺《みのぶさんくおんじ》に必ず定からと思われる花束が届いていたという。ということは、そのころまで定は存命だったとみるのが妥当だ。それなら享年八十二ということになる。

マスコミに創り上げられた妖婦伝説

阿部定の逮捕直後に高輪《たかなわ》警察署で撮影された一枚の写真が伝わっている。衿《えり》を抜いた粋な着物姿の定がまん中に立ち、後ろに刑事と思われる屈強な四人の男が取り巻いているのだが、不思議なことにどの男も満面の笑顔なのだ。このとき定はカメラマンに向かい、

「よい女に写してね」

と言って周囲を笑わせたというが、この写真が帝都を震え上がらせた陰惨な事件の一端を伝えるものとは到底思えないほど和やかな雰囲気なのだ。まるで、有名人と一緒のフレームに収まる取り巻きのファン、といった趣《おもむき》だ。

阿部定の事件がこれほど世間にセンセーションを巻き起こしたのは、一つには時代背景がある。この事件が起こる三カ月前には昭和史を語るうえで欠かせない「二・二六事件」が勃発《ぼっぱつ》していた。この当時の大衆は、日本全体が戦争に向かって突き進むなか、将来に対して言い知れぬ不安を抱いていたのである。そこに、そのはけ口として

阿部定事件が起こった。

情事の果てに男が女に殺され、しかも男の象徴が切り取られるという、なんとも陰惨な事件だが、見ようによってはどこかユーモラスだ。この当時の普段、女性に対し威張り散らしている男どもは「おれは大丈夫か」と思わず自らの股間を押さえたに違いない。

一方、戦後の混乱期に再び阿部定がマスコミに登場したのも同様の現象といえよう。国の大半が焦土と化し、今日食べるコメにも困窮した大衆は将来への希望が持てなくなり、自暴自棄となっていた。今日一日をどうにか生きられればよいという刹那《せつな》的な考えが蔓延《まんえん》するようになり、日常の憂《う》さを晴らすため、より刺激的なニュースに飛びついた。それが「稀代の妖婦・阿部定」だったのである。

戦前と戦後の二度にわたり、マスコミをにぎわせた阿部定。この逮捕直後に撮影された写真は、当時の大衆が阿部定事件によって暗い世相を一時でも忘却できたことを物語るなによりの証拠といえよう。

日本初飛行の栄誉を手にした二人のパイロットの〝不遇〟のその後

浮田幸吉《うきたこうきち》（1757～1847年、享年91？）
江戸中期、現在の岡山県玉野市で生まれた。日本で最初に空を飛んだとされる人物。駿府《すんぷ》でたびたび試験飛行を行い、騒乱の廉《かど》で死罪になったという異説も。

●二人そろって不幸がふりかかる

日本で最初に空を飛んだ人物は誰かご存じだろうか。諸説あるが、一般的には備前《びぜん》国（岡山県）の表具師《ひょうぐし》、浮田幸吉《うきたこうきち》と言われ、天明六年（一七八六年）に地元の川を流れる橋の欄干《らんかん》から今日のハンググライダーのようなもので宙を滑空したことが記録されている。これは「ドイツの滑空王」と呼ばれるオットー・リリエンタールが同様の飛行装置で空を飛んだ一八九一年より百年も前のことだ。

一方、動力（エンジン）飛行機を使って日本で最初に空を飛んだ人物というと、陸軍軍人で発明家でもあった日野熊蔵《ひのくまぞう》の名前があげられる。熊蔵は明治四十三年（一九一〇年）十二月、代々木錬兵場《れんぺいじょう》（現在の代々木公園）においてドイツ製の単葉機を操縦し初飛行を成功させた。アメリカのライト兄弟が世界初の有人動力飛行を行ってからわずか七年しかたっていなかった。

こうした快挙によって浮田幸吉も日野熊蔵も「日本初飛行」という栄誉を手に入れたわけだが、二人そろってその後の人生は恵まれないものだった。幸吉の場合、世間を無用に騒がせたという咎《とが》で、二度も牢に入れられている。

一方の熊蔵も、「日本初飛行」の栄誉が一度は消え、あまつさえ陸軍を追放同然で辞めさせられる始末だった。一体、なぜこんなことになってしまったのか、そのあたりの顛末《てんまつ》をたどってみよう。

●天狗が降ってきた！

鳥になろうとした男・浮田幸吉は江戸中期の宝暦七年（一七五七年）、現在の岡山県玉野市八浜地区で生まれた。幼くして父を失ったため近所の傘屋に奉公に出されている。十代半ばになり、現在の岡山市で表具屋（襖《ふすま》や掛軸などの修繕を行う店）をしていた遠縁の者に手の器用さを認められ、傘職人から表具師に転職をはかる。

幸吉は幼いころから空を飛ぶことに異常な興味を示し、暇さえあればいろいろな鳥が宙をはばたくのを飽きもせず眺めている子供だった。実際に雀《すずめ》や鳩《はと》を捕まえ、翼の構造を研究することもあったという。そのうち「いつかは自分の力で空を飛んでみたい」と念願するようになったのも無理はなかった。

　やがて、その夢を実現する瞬間が訪れる。幸吉は竹の骨組みに紙と布を張り、左右二枚の翼を完成させる。これを両脇に括りつけ、胸の前の棒を動かしてはばたく仕組みだった。これまで傘職人や表具師として習得した技術をすべて注ぎ込んだ、幸吉一世一代の傑作だった。

　ところが、勇躍、近所の神社で実験を試みたものの、あえなく失敗に終わる。幸吉自身、石段から転落して左足を骨折する始末だった。しかし、こんなことでへこたれないのが、鳥人幸吉だ。近所の人たちの冷たい視線もなんのその、長屋の一室にこもって、骨組みを見直したり、空中で方向を変えるため足で尾翼を動かせるようにしたりと改良作業に没頭する。

　こうして、いよいよその日がやって来る。天明六年六月というから幸吉が数え三十歳のときだ。岡山の中心市街地を流れる旭川にかかる京橋（今日では日本百名橋のひとつ）に立つと、幸吉は一陣の川風をとらえ、えいっとばかりに欄干を蹴った。この橋を選んだのは、岡山城以外でもっとも高い場所だったからだ。

　橋のたもとの河原では、夏の夕方のひととき涼を求めてそぞろ歩きを楽しむ人たちが大勢いた。そんな群衆の頭上から、突如、鳥の化け物が落下してきたのだ。

「天狗《てんぐ》が降ってきた！」

　人々は逃げ惑い、あたり一帯が騒然とな

った。目撃者の話では、およそ五十歩の距離というから四十～五十メートルは滑空したことになろう。

●本邦初のパラセーリング

まずまずの成功と喜んだのもつかの間、人々に不安を与えた罪で幸吉は捕縛され、城下からの所払い（追放）を命じられる。そこで郷里の八浜に戻って船乗りになるが、その後知人を頼って府中（現在の静岡市）に移り住み、雑貨屋を始めた。

幸吉は持ち前の器用さを生かし、当時は最新の時計の修理や入れ歯づくりなどに精を出したが、これが当たった。商売が軌道に乗ると、幸吉の胸にはもう一度空を飛びたいという願望がむくむくと頭をもたげてくるようになる。

そして五十一歳のとき、これが最後の機会と、現代のパラセーリングのような機体を手づくりし、安倍川の河原で空を飛んだ。川の渡し船の船頭に頼み込み、機体を縄で曳航《えいこう》してもらいながらの空中散歩だった。今度は数十秒間とかなり長時間飛ぶことができ、幸吉は大満足だった。頭のおかしいおやじだと最初は鼻で笑っていた船頭も、実際に幸吉が空へ舞い上がると腰を抜かして驚いたという。

この一件はまたたく間に府中の城下に広がったため、今度も幸吉は役人に捕まり、厳しい取り調べを受ける。府中は徳川家のお膝元だけに、どこかの外様大名の間者（スパイ）と勘違いされたのだ。やがて、その疑いが晴れると、幸吉は府中からの所払いを命じられる。こんな人騒がせな男は御城下にはとても置いておけないというのだ。

そこで幸吉は、現在の磐田市に移住し、その後は一膳飯屋を営みながら余生を安穏に過ごしたという。弘化四年（一八四七年）、九十一歳の長命で没したと言われている。

今日、幸吉が最初に飛行実験を行った岡山の京橋付近には、彼の業績を称える記念碑が立っている。さらに、平成の世となり（平成九年）、幸吉の時代の藩主だった池田家の子孫・池田隆政氏によって、およそ二百年ぶりに幸吉の岡山所払いが解かれるという粋な出来事もあった。久方ぶりに帰郷がかなった鳥人幸吉の魂魄《こんぱく》は今、故郷の空を自由に飛び回っているに違いない。

幻と消えた初飛行

次に、日野熊蔵にも触れておきたい。熊蔵は明治十一年（一八七八年）、旧士族の子として現在の熊本県人吉市で生まれた。長じて陸軍士官学校に進み、卒業後は陸軍歩兵科に配属され兵器研究などを担当した。

明治四十三年四月、徳川御三卿の一つ、清水徳川家の御曹子《おんぞうし》である徳川好敏《よしとし》工兵大尉とともに、ヨーロッパに派遣される。当時、最新の兵器であった飛行機の買い付けとその操縦技術の習得が目的だった。その後帰国した熊蔵は同年十二月四日、代々木練兵場において陸軍関係者の前で、自らがドイツで買い付けてきた単葉機を操縦し、試験飛行を披露した。このときはジャンプに毛が生えた程度の飛行だったが、それでも日本初の動力飛行であったことは疑いのない事実だ。

その五日後、同じ代々木練兵場において、今度は約十万人の観衆を集め、大々的に公開試験飛行が挙行された。最初に徳川大尉がフランス製の複葉機で飛び、ついで熊蔵が前回と同じ単葉機で飛んだ。それぞれ滞空時間は、徳川大尉が約四分、熊蔵が約一分二十秒と記録されている。機体が宙に舞い上がると、観衆は大いに興奮して歓声をあげたという。

こうして、この日最初に飛んだ徳川大尉に、わが国初の動力飛行の栄誉が与えられることになった。その五日前にひと足早く熊蔵が飛んでいたが、軍部はその事実を黙殺した。地方出身の名もない一軍人より、名家の血を引く貴公子こそ、その栄誉を受けるのにふさわしいと判断したからだ。こうして熊蔵の初飛行は幻と消えた。

病魔と貧困にあえぐ晩年

その後の日野は、自ら機体とエンジンの両方を設計した「日野式飛行機」の開発に着手するも、失敗。さらに、数々の発明に没頭した結果、各方面から借財を重ねて訴《そ》訟《しょう》沙汰《ざた》になっていることを軍部に知られ、日野は福岡の歩兵連隊へ左遷《させん》転属を命じられる。しかし、地方に都落ちしても日野の発明意欲は衰えず、水上飛行機の開発などを続けたが、やはり成功しなかった。

日野が軍を退役したのは大正七年（一九

一八年)、四十歳のときだ。前年に東京砲兵工廠《こうしょう》に転出していた日野は、飛行機の重要性を盛んに上官に説いたことから煙たがられ、もはや軍に自分の居場所はないと感じたからだった。最終階級は陸軍歩兵中佐。

その後は在野の発明家として、無尾翼機や自動車、自動小銃、ヘリコプター、ロケット……などの開発に着手。まさに、好奇心の塊《かたまり》のような人物だった。しかし、そのほとんどは実用化に至らず、脳溢血《のういっけつ》で倒れたこともあって生活は困窮《こんきゅう》する。これら発明関連の膨大な資料は昭和二十年の東京大空襲によって自宅と共にすべて灰となった。日野は敗戦の翌年の一月十五日、栄養失調で死亡する。六十七歳だった。

現在、東京・代々木公園内にある「日本航空発始之地」(昭和十五年建立《こんりゅう》)の記念碑のそばに、徳川好敏と日野の胸像が二つ並んで立っている。徳川の胸像は昭和三十九年に建立され、日野のそれは十年後の昭和四十九年に建立されたものだ。この十年の時間差は一体なにを物語るのか? いずれにせよ、幻の初飛行パイロット、日野熊蔵の名誉はようやく回復したのだった。

七　あの人の血脈を伝える人々はどうなったか

源頼朝の血脈を伝える子孫は、その後どこへ行ったのか

源 頼朝《みなもとのよりとも》（1147～1199年、享年53）
平氏を倒し、鎌倉幕府の初代征夷大将軍となる。頼朝の死後、御家人の権力闘争によって頼朝の嫡流《ちゃくりゅう》は断絶し、その後は北条氏が鎌倉幕府の支配者となる。

●二十三歳の若さで殺された嫡男頼家

建久《けんきゅう》三年（一一九二年）七月、平家を滅ぼした源 頼朝《みなもとのよりとも》が念願の征夷《せいい》大将軍に任ぜられ、鎌倉幕府を開く（年代に関して異説あり）。本格的な武家政権の誕生だった。

頼朝と正妻である北条 政子《ほうじょうまさこ》との間には頼家《よりいえ》（二代将軍）、実朝《さねとも》（三代将軍）、大姫《おおひめ》、乙姫《おとひめ》という二男二女がいた。しかし、いずれも短命であったり、非業《ひごう》の死を遂げたりしている。

偉大な武家の棟梁《とうりょう》・頼朝の血は早々に途絶えてしまったかに見えたが、実は、頼朝の血を継承する男子が一人、実朝亡き後も存在した。歴史の表舞台に上ることもなく消えていったその男とは……。

その前に、頼朝が北条政子との間に成した四人の子供たちの足跡をたどってみよう。

まず、総領の頼家。建久十年（一一九九年）一月に没した父頼朝の跡を受け、建仁《けんにん》二年（一二〇二年）七月、二代将軍となる。その間、約三年半の空白が生じたのは頼家に天下を統《す》べる実力がないとみなされ、外祖父北条時政《ときまさ》ら十三人の合議制が敷《し》かれたからである。

翌年九月、時政により将軍の座を追われた頼家は伊豆の修善寺に幽閉《ゆうへい》される。頼みとする妻の父比企能員《ひきよしかず》を時政に討たれ、つづいて弟の実朝に将軍職を奪われた頼家にはもはや抵抗する手だてもないままの伊豆下向《げこう》であった。

そして、元久元年《げんきゅう》（一二〇四年）七月、頼家はこの幽閉先で北条の討手により殺害される。入浴中を襲撃されたという。二十三歳の若さだった。

次男の実朝は兄頼家が追放された後、三代将軍となるが、実権は時政の息子の北条義時《よしとき》に握られていた。そのため、早々に権力欲を捨てた実朝は官位昇進だけを望み、趣味の世界に没頭する。

実朝は京風の文化に強いあこがれを持ち、妻を京から迎えたり、和歌や蹴鞠《けまり》に熱中したりする日々を送る。特に和歌は藤原定家《ふじわらのていか》に師事し、家集『金槐和歌集《きんかい》』を作るほどだった。

早合点から殺された実朝

実朝は承元《じょうげん》三年（一二〇九年）に従三

位となって公卿《くぎょう》に列すると、建保《けんぽう》六年（一二一八年）には内大臣から右大臣へと昇進する。ときに二十七歳。武家としては異例な、摂関家《せっかんけ》に並ぶ昇進ぶりだった。

翌年一月二十七日、実朝は右大臣拝賀の儀式にのぞむため鶴岡八幡宮に詣《もう》でる。事件はまさにこの日に起こった。

儀式が終わって退席しようとする実朝に、甥《おい》の八幡宮別当の公暁《くぎょう》が斬りかかり、あっという間にその首を打ち落としてしまったのである。

公暁は頼家の二男で、父が殺された翌年に仏門に入れられたという経緯があった。公暁は、父を殺した黒幕は叔父の実朝だと早合点し、敵討《かたきう》ちの機会をうかがっていたのである。

しかし、そんな公暁も有力御家人の三浦義村《よしむら》によって殺害され、新将軍になろうとした野望はついえてしまう。実朝に子はなく、こうして源家将軍は三代で途絶えることになる。

世俗から超然と生きる

なお、頼朝の娘である大姫は二十一歳で、乙姫に至ってはわずか十四歳で病死する。また、頼家には公暁をはじめ四男一女がいたが、男子はいずれも政争に巻き込まれ若死にしている。

残った女（竹御所《たけのごしょ》）は摂家《せっけ》から迎えられた四代将軍藤原頼経《よりつね》の御台所《みだいどころ》となり、五人の中で唯一生き残った。しかし、子は残さず、難産が原因で天福《てんぷく》二年（一二三四年）、三十二歳で没する。

実はこの竹御所以外に、実朝没後も頼朝の血脈を伝える男子が一人生き延びていたことはあまり知られていない。それが、頼朝が側室である藤原朝宗《ともむね》の娘（大進局《だいしんのつぼね》）に生ませた貞暁《じょうぎょう》（法名）である。

貞暁は頼朝の三男になる。十八歳で出家し、以来、将軍の座をめぐる血生臭い政争に一切関わることはなく、世俗から超然とした立場を貫いた。

貞応二年（一二二三年）には北条政子の援助を仰ぎ、高野山に寂静院《じゃくじょういん》を建立する。三代の将軍の追善のために阿弥陀堂《あみだどう》を営み、本尊の胎内に頼朝の遺髪を納めた。幕府は寂静院を保護し、貞暁は源氏三代の鎮魂《ちんこん》の司祭者として崇敬《すうけい》を集めたという。

寛喜《かんぎ》三年（一二三一年）、貞暁はこの寂静院で四十六年の生涯を静かに閉じる。これによって頼朝の血を引く男子は完全に途絶してしまった。

魔王・織田信長を父に持つ十一人の男子たちの「足跡」

織田信長《おだのぶなが》（1534～1582年、享年49）
既成概念を打破した戦国時代の革命児。天下をつかむ直前で明智光秀《あけちみつひで》の謀叛《むほん》に倒れる。経済を活性化し兵農分離を推し進めたことが躍進の原動力となった。

●信長の資質を受け継いだ長男信忠

織田信長《おだのぶなが》には、男子だけでも十一人の子がいた。この十一人のなかで史上有名なのが、信長の資質を最も色濃く受け継いだと言われた長男信忠《のぶただ》であろう。

織田信忠は、信長が二十四歳のときに誕生した。今川義元《いまがわよしもと》を討った桶狭間《おけはざま》の戦いが起きる三年前で、信長が血気盛んな青年武将だったころにできた子だ。母は、藤原氏の流れをくむ名族にして織田の家臣でもあった生駒家宗《いこまいえむね》の娘という。

信長の信頼厚い信忠だったが、天正十年（一五八二年）六月二日、武田勝頼《たけだかつより》を攻めた甲州征伐《せいばつ》の直後に起こった本能寺の変によって、父と共に自害する運命にあった。

享年二十六。もしも信忠が、この本能寺の変を生き延びていれば、その後の戦国の世は大きく様変わりしていたに違いない。

　この信忠以外の十人の男子についてだが、本能寺の変後、一体どんな人生を送ったのか、知っている人は少ないだろう。せいぜい、豊臣秀吉《とよとみひでよし》と柴田勝家《しばたかついえ》が争った賤ヶ岳《しずがたけ》の戦いで秀吉に味方した次男信雄《のぶかつ》、勝家と手を組んだ三男信孝《のぶたか》の二人の足跡が知られているくらいだ。父信長があまりに偉大すぎたからだろうが、そんな影薄い信長チルドレンのその後をたどった。

●同腹でも信忠に劣っていた信雄

　次男信雄と三男信孝から。母親が異なる二人はともに長男信忠とは一つ違いだ。実際には信孝のほうが信雄よりも早く生まれていたが、信雄の母は信忠の母と同人物で、この女性は信長の正妻扱いであったため、側室から生まれた信孝は一段低く見られ、三男の立場に置かれたのである。

　信雄は兄信忠と同腹とはいえ、人物としては兄にかなり劣っていたようである。一方の信孝は、兄弟の中で最も父信長と容貌が似ていたという。賤ヶ岳の戦いのとき信孝は岐阜城にいたが、信雄に攻められて降伏する。その後身柄は尾張知多半島に移され、そこで自害させられた。享年二十六。

●晩年は悠々自適の暮らし

　信雄のその後だが、賤ヶ岳の戦いが終息すると、専横ぶりが目立ち始めた秀吉を見限り、徳川家康《とくがわいえやす》と手を組む。そして小牧《こまき》・長久手《ながくて》の戦いで秀吉と対立するが、長引く戦いに嫌気がさした信雄は、家康に無断で秀吉と講和を結んでしまう。苦労知らずで育った御曹司《おんぞうし》らしい変わり身の早さだ。

その後の信雄は秀吉に服属して正二位内大臣にまで栄達する。しかし、小田原征伐後の論功行賞において国替えを拒んだことから秀吉の怒りを買い、改易《かいえき》（所領没収）となる。そして信雄は裸同然で下野国《しもつけ》（栃木県）を経て秋田へと流される。

そんな信雄の境遇を憐れんだのがかつての盟友家康で、秀吉へのとりなしが奏功し、信雄は赦免《しゃめん》され、秀吉の御伽衆《おとぎしゅう》に加えられる。三十五歳のときであった。豊臣氏滅亡後は家康から大和国《やまと》（奈良県）と上野国《こうずけ》（群馬県）で五万石を与えられている。

晩年は京都に隠居し、茶や鷹《たか》狩りなど悠々自適の日々を過ごした。寛永七年（一六三〇年）、七十三歳で亡くなった。数多くいた信長の子の中で、江戸時代に大名として存続したのはこの信雄の系統だけである。

●長兄信忠に殉じた五男勝長

四男於次丸秀勝《おつぎまるひでかつ》は永禄十一年（一五六八年）ごろの生まれという。十歳前後で秀吉に養子としてもらわれている。本能寺の変が勃発したとき、秀勝は養父秀吉と共に備中《びっちゅう》（岡山県西部）高松城を包囲していた。永禄十一年誕生説を信じれば、このとき秀勝は十五歳である。

その後秀勝は秀吉に命じられるがままに

賤ヶ岳の戦い、ついで小牧・長久手の戦いに参戦した。天正十二年（一五八四年）の小牧・長久手の戦いの直前には丹波亀山城（京都府亀岡市）城主となり、同十三年からは丹波中納言と呼ばれた。新しい天下人・秀吉の後継者として輝かしい未来が待っていると思われたのもつかの間、その年の十二月十日、突然病を発して急死してしまう。まだ十八歳の若さだった。

五男勝長《かつなが》は幼くして武田氏の人質となるなどつらい幼少年期を過ごした。武田氏が滅亡し、ようやく父信長のもとに戻ることがかなったが、すぐに本能寺の変に遭遇し、二条御所で長兄信忠に殉《じゅん》じた。元亀元年（一五七〇年）の生まれとされ、享年十三。薄幸な人生と言わざるを得ない。

六男信秀《のぶひで》。信長はなぜか自分の父の名前を付けている。本能寺の変後、秀吉に属し、羽柴三吉侍従《じじゅう》と呼ばれた。のちに出家し、文禄年間（一五九二～一五九六年）に亡くなったとも、次の慶長年間に亡くなったとも言われ、はっきりしていない。

女子も十一人いた

七男信高《のぶたか》と九男信貞《のぶさだ》も本能寺の変後は秀吉に属し、二人とも近江国（滋賀県）に知行地を与えられる。関ヶ原の戦いに際しては二人は相談して徳川方に走った。そのため二人は徳川家の高家旗本として織田の家名をつないだ。

八男信吉《のぶよし》は本能寺の変後、母と共に小倉に逃れていたが、十一歳のとき秀吉に召し出され、羽柴姓と官位を与えられる。関ヶ原の戦いでは西軍に味方したため、戦後に改易となる。晩年は出家し京都で暮らした。享年四十三という。

十男信好《のぶよし》は本能寺の変の際、まだ幼少であったため、成長してから秀吉の家来になった。詳しい足跡は不明だが、茶人でもあったらしい。慶長十四年（一六〇九年）に亡くなった。享年は未詳。十一男長次《ながつぐ》は本能寺の変後、秀吉の馬廻り衆となる。関ヶ原の戦いでは西軍に属し、戦死した。

このほか、信長には若いころに成した信《のぶ》正《まさ》という庶子《しょし》の長男がいたことがわかっている。嫡男信忠が誕生する三年前の出生だ。信正は本能寺の変の後、三十二歳で出家した。亡くなったのは正保《しょうほう》四年（一六四七年）、九十四歳の長寿だったという。

また、信長には女子が、男子と同様、十一人確認できるという。最も有名なのが、長女徳姫であろう。わずか九歳にして政略結婚で家康の嫡男松平信康《のぶやす》に嫁いだ女性だ。やがて夫信康が織田と徳川の板挟みとなって自害すると、京都で暮らした。寛永十三年（一六三六年）に七十八歳で没したが、秀吉が亡くなったあたりからずっと徳川氏の庇護を受けていたようである。

信長はこの徳姫の結婚生活が不幸に終わったことが余程こたえたのか、次女以下の娘たちには、あからさまな人質婚を強《し》いることがなかったという。敵対する相手からは魔王とまで恐れられた信長も、娘には甘いごく普通の父親だったのである。

大坂夏の陣で滅んだ豊臣氏の遺児たちは、その後どうなったか

豊臣秀頼《とよとみひでより》（1593〜1615年、享年23）
豊臣秀吉《とよとみひでよし》の子。秀吉の死で家督を継ぐ。関ヶ原の戦いで敗れ、一大名に転落する。大坂の陣でも敗れ、母淀《よど》殿《どの》と共に紅蓮《ぐれん》の炎に巻かれ豊臣家は滅亡する。

●千姫に助命され鎌倉の縁切り寺へ

慶長二十年（一六一五年）五月八日未明、豊臣秀頼《ひでより》は母の淀殿《よどどの》と共に燃え盛る大坂城内で自害して果てた。一説に、このとき秀頼と淀殿は無事に城を脱出したという。二人の遺骸が見つからなかったことや現場の地形から出た説だが、淀川から舟で海上に逃れ、薩摩へ落ち延びたとされている。

また、真田一族に守られ薩摩から琉球、東南アジアへ渡ったとの説もある。むろん、俗説の域を出ないが、源義経《みなもとのよしつね》と同様、若くして命を散らした悲運の貴種に対する世間の判官贔屓《ほうがんびいき》がこうした俗説を生んだことは間違いない。

ところで、この秀頼には側室に生ませた

二人の子があったことをご存じだろうか。一人は長男国松《くにまつ》、このとき八歳。大坂夏の陣後、京都・伏見町の商家に潜んでいたが、探索にあい、京都所司代・板倉勝重《いたくらかつしげ》に身柄を送られる。そして五月二十三日、洛中《らくちゅう》を引き回された後、六条河原で処刑された。

このときの国松の振る舞いを『パゼー日本耶蘇教史《やそきょうし》』は、

「この勇敢なる小児は、その最期に臨みて内府様（家康《いえやす》）の、太閤様及び秀頼に対する背信の罪を責め、勇ましく頭を差し延べて斬首せられたり」

と感嘆をもって伝えている。

もう一人の子は女で、当時七歳の結姫《ゆう》である。こちらは国松より先に探し出された。結姫は女子であり、千姫《せんひめ》（徳川秀忠の娘）の嘆願もあって助命され、縁切り寺として知られる鎌倉の東慶寺《とうけいじ》に入れられる。このとき幼い結姫は家康から望みを聞かれ、

「開山以来の寺法が途絶えることがないように」

とはっきり答えたという。つまり、不幸な女人を救済するという寺の伝統を存続させてほしいと願ったのである。七歳とはいえ、さすがに天下人の血縁であった。家康はこの願いを快諾した。

寺に入った結姫は天秀尼《てんしゅうに》と号した。次項で触れるのちの二十世天秀法泰大和尚《てんしゅうほうたいだいおしょう》である。天秀尼は縁切り寺法の確立と寺の隆盛に生涯を捧げた。寛永二十年（一六四三年）には、会津藩の老臣堀主水《ほりもんど》の妻子が東慶寺に逃げ込むという事件があった。

謎の二人目の男子は僧侶に？

堀は藩主加藤明成《かとうあきなり》の苛政《かせい》を諫《いさ》めたために国を追われたのだった。明成は追っ手を差し向けて妻子らの身柄を拘束しようとしたため、天秀尼は千姫に訴え、明成を所領没収に至らしめている。

この事件があって二年後、天秀尼は三十七歳の若さで没した。

一説に、秀頼にはこの二人以外に、もう一人、男児があったという。それが浄土宗の僧、求厭上人《きゅうえんしょうにん》である。上人は元禄のはじめ、八十歳で亡くなったが、臨終に際して弟子に、自分は秀頼の次男であり、落城の折は三歳であったこと。その後、しばらくは江戸に隠れていたが、増上寺の学僧となったことなどを告白した。

この逸話は『浄土本朝高僧伝』に記録されている。これは確度が高い話だ。求厭は僧侶であり、臨終の場面で嘘をつく必然性も見当たらないからだ。求厭は壮年時、秀吉が築いた伏見城跡に立ち、無常観に胸を塞《ふさ》がれはらはらと落涙したという。

豊臣秀頼の遺児が縁切り寺で果たした役割とは

天秀尼《てんしゅうに》（1609～1645年、享年37）
豊臣秀頼《とよとみひでより》の娘で千姫《せんひめ》（徳川家康《とくがわいえやす》の孫）の養女。七歳のとき大坂の陣で助命され、鎌倉の尼寺東慶寺《とうけいじ》に入れられる。のち住持となり不幸な女の救済に努めた。

●妻から離縁する権利はなかった

今日、夫婦の離婚はいたって簡単だ。ところが、江戸時代となると、そう簡単ではなかった。

男尊女卑が幅をきかせていた時代だけに、夫から離縁したい場合、いわゆる三行半《みくだりはん》と呼ばれる離縁状を妻に突きつけるだけでよかったが、妻から離縁する権利はなかった。夫の生活態度が悪く、どうしても離縁したいと思ったときは、親族に間に入ってもらい、夫に離縁状を書かせるしかなかった。

もう一つ、非常手段として妻が縁切り寺に逃げ込むという方法もあった。縁切り寺に入ってしまえば、身柄は寺側で保護され、夫は手を出せないしきたりだった。その後、寺では夫に離縁を進める通達を出し、もしも夫がそれを拒《こば》んだ場合、妻は「寺入り」となり、足かけ三年（実質満二年）たつと、離婚が成立した。

●女人救済にこだわった理由とは

江戸時代、幕府公認の縁切り寺として、鎌倉の東慶寺《とうけいじ》と上野国《こうずけ》新田郷《にったごう》（群馬県太田市）の満徳寺《まんとくじ》があった。全国にたったこの二カ所である。とりわけ、江戸の人々には地理的関係から東慶寺が知られていた。古川柳にも恰好《かっこう》の題材となり、

松ヶ岡（東慶寺のこと）男をみると犬がほえ

縁なき衆生《しゅじょう》を済度《さいど》（救済）する松ヶ岡

出雲《いずも》にて結び鎌倉にてほどき

——などなど様々な句がつくられている。

縁切り寺のこの制度は、明治五年（一八七二年）に女性からの離婚請求権が認められるようになるまで続いていたようで、江戸の中期から末期にかけての百五十年間で東慶寺だけでもざっと二千人以上の女性を救済しているという。

駆け込んだ理由としては、夫の大酒、悪口雑言、暴力、女狂い、怠《なま》け癖、生活能力の無さ……などがあげられ、このあたり、妻が夫を見限る理由は現代と少しも変わらないことがわかる。

この東慶寺の「縁切り寺法」の確立に生涯をささげた人物こそ、誰有ろう、豊臣秀頼《とよとみひでより》の娘結姫《ゆうひめ》で、のちの二十世天秀法泰大《てんしゅうほうたいだい》和尚《おしょう》である。大坂夏の陣において父秀頼

は燃え盛る大坂城とともに運命を共にし、一つ上の兄国松《くにまつ》は処刑されたものの、七歳の彼女だけは助命され、東慶寺に入れられることとなった。

現世で豊臣秀吉《ひでよし》の血を伝えるたった一人の存在となった彼女はその後、東慶寺で一体どのように過ごしていたのだろうか。さらにまた、そこまで女人救済にこだわった理由とはなんだったのだろうか。そのあたりを調べてみた。

●住持としての英才教育を受ける

東慶寺は鎌倉時代中期に開山し、以来、明治に至るまで本山を持たない独立した尼《あま》寺《でら》であった。鎌倉時代には北条氏、室町時代には関東公方《くぼう》、戦国時代には後北条氏の庇護《ひご》を受けている。

女人救済は東慶寺開山以来の制度で、同寺を開いた覚山尼《かくざんに》（鎌倉幕府第八代執権《しっけん》・北条時宗《ときむね》の正室）の言葉として、

「女であれば不法の夫（ダメ亭主のこと）に身を任せることも少なくない。そうなると女は心が狭いため自殺もしかねない。それでは不憫《ふびん》なので、はやまって自殺などしないでこの寺に駆け込んでもらおうと考えたわけです（現代語訳）」

と述べたことが記録されている。

秀頼の娘がこの東慶寺に入ったのは、大坂夏の陣の翌年の元和《げんな》二年（一六一六年）のことである。彼女は秀頼と側室との間にできた子だったが、秀頼の正室千姫《せんひめ》（徳川二代将軍秀忠《ひでただ》の娘）はこの薄幸の少女を憐

れんで自分の養女とし、祖父家康《いえやす》に助命嘆願して東慶寺に入山させたといういきさつがあった。

当時、東慶寺は鎌倉尼五山の一つとして格式を誇る尼寺で、当代は十九世瓊山法清《けいざんほうせい》尼《に》が住持《じゅうじ》を務めていた。瓊山尼の妹は豊臣秀吉の側室月桂院《げっけいいん》という縁から、彼女は入ってすぐ瓊山尼付きの仏弟子となり、天秀法泰の法名を得て次の住持としての英才教育を受けることとなった。

東慶寺は禅寺（臨済宗円覚寺派）であったことから、天秀尼は瓊山尼の指導を受けながら日々厳しい禅の修行に明け暮れたようである。おそらくは、この尼寺に骨を埋《うず》めることが自分の使命と早くから悟っていたのであろう。

これはのちの話だが、たくあん漬けの考案者とも言われ、当時随一の禅僧であった沢庵宗彭《たくあんそうほう》（吉川英治著『宮本武蔵《みやもとむさし》』の中で武蔵を禅によって導いた人物として登場）に対し、教えを請《こ》いたいとたびたび手紙を出していることからも、天秀尼の修行にかける熱心さがしのばれるというものだ。

●会津騒動の巻き添えを食う

寛永《かんえい》十一年（一六三四年）、天秀尼は瓊山尼の跡を継いで東慶寺の住持となる。二十六歳のときである。このとき天秀尼は将軍秀忠に手紙を出し、女人救済という寺法の継続を願い出ている。そして、このころから寺に駆け込もうとする女性を一段と積極的に受け入れるようになったという。

寛永十六年、参禅と女人救済の日々を過ごす天秀尼に、思わぬ事件がふりかかった。会津（福島県西部）藩主加藤明成《かとうあきなり》の重臣、堀主水《ほりもんど》の妻が東慶寺に駆け込んできたのだ。ことの顚末《てんまつ》はこうである。

　加藤明成は、羽柴《はしば》（豊臣）秀吉と柴田勝家《しばたかついえ》が覇《は》を競った賤ヶ岳《しずがたけ》の戦いにおいて、七本槍の一人に数えられるほどの活躍を見せた秀吉麾下《きか》の武将加藤嘉明《よしあき》の息子だった。この明成という人は暗愚《あんぐ》な殿さまで領民に圧政を敷いたことから、主水はたびたび諫《いさ》めたという。ところが聞き入れてもらえず、主水は家族と一族郎党を引き連れ、会津を退転したのだった。城下を出る際、主水は城に向かって鉄砲を撃ちかけている。よほど腹に据えかねていたのだろう。

　主水一行は明成が差し向けた追手を逃れ、紀州（和歌山県）の高野山《こうやさん》を目指した。途中、主水は妻など一族の女性たちを東慶寺に入れている。高野山は女人禁制で連れて行くことができなかったからだ。

　その後、高野山に無事入山した主水一行だったが、会津藩では幕府を動かして高野山に対し主水らの引き渡しを執拗《しつよう》に要求、ついに主水らを下山させることに成功する。こうして主水らは会津に連れ戻され、明成からひどい拷問を受けたのち、誅殺《ちゅうさつ》されてしまう。

●女の細腕で反逆者を守る

　明成にとって、憎い主水一族の中で残るのは東慶寺に逃れた女たちだけとなった。

さっそく明成は東慶寺に兵を向かわせ、身柄の引き渡しを寺側に要求する。この会津藩の傍若無人《ぼうじゃくぶじん》な振る舞いに激怒したのが、天秀尼だった。

「源頼朝《みなもとのよりとも》以来、この寺に来る者如何《いか》なる罪人も出すこととなし。然《しか》るを理不尽の族《やから》、無道至極《しごく》せり。明成を滅却《めっきゃく》さすか、この寺を退転せしむるか、二つに一つぞ」

周囲の者にこう言ったと、『松岡東慶寺考』に記録されている。「二つに一つ」と言い切ったところに、この女性が本来持っている気性の激しさがうかがえよう。仏教の一大聖地高野山ですら見捨てた会津藩の反逆者の一族を女の細腕で守り抜こうとしたのである。こののち天秀尼は幼少期からなにかと目をかけてくれていた千姫に、そのことを訴えて出る。

これが奏功し、明成は寛永二十年（一六四三年）五月、会津四十万石を没収され、石見国《いわみ》（島根県西部）でたった一万石の大名に転落した息子明友《あきとも》にお預けの身となり果てる。

もちろん、この「会津騒動」だけが原因ではなく、当時の幕府は隙《すき》あらば外様《とざま》の有力大名を取り潰《つぶ》したいと考えており、このときの事件を幕府がうまく利用して加藤家の牙を抜いたというのが真相だろうが、それにしても天秀尼と幕府の結び付きが千姫を通じていかに深かったを示す好エピソードであることは間違いないだろう。

「会津騒動」が落着して二年後の正保《しょうほう》二年（一六四五年）二月七日、天秀尼は入滅《にゅうめつ》した。まだ三十七歳の若さだった。

●東慶寺中興の大和尚

ところで天秀尼が女人救済に生涯をささげた理由だが、おそらくは七歳のときの大坂城が落城した際の地獄絵図が頭から離れなかったからではないだろうか。

男どもが勝手に起こした戦《いくさ》の犠牲となり、紅蓮《ぐれん》の炎に巻かれながら死んでいった女たちの苦悶《くもん》の表情と泣き声が幼い脳裏に焼き付けられたはずだ。そこから、そんな男社会の中で弱い立場の女性を一人でもわが手で救いたい、と胸に誓ったとしても何の不思議はない。

これは開祖・覚山尼自身、東慶寺を開いた最も大きな理由として、「戦乱の犠牲となった女性の救済」をあげており、天秀尼はその開祖の考えに共鳴するところが大であったに違いない。

とにかく、こうしてのちに天秀尼は「縁切り寺法」を守り抜いたことで「東慶寺中興の大和尚」と呼ばれるようになった。

「会津騒動」の際に寺に匿《かくま》われた堀主水の妻なえのその後だが、天秀尼のもとで三年間、夫の菩提《ぼだい》を弔《とむら》う日々を過ごしたのち、天秀尼から持仏《じぶつ》として阿弥陀《あみだ》像をもらい受け、故郷会津に戻って尼になったという。

このことは昭和になってから、堀主水の妻女の子孫と称する女性が東慶寺に現れ、はじめてわかったことだった。このとき、女性は代々伝わっている、なえが天秀尼からもらった阿弥陀像を寺に寄贈している。

徳川家康の十一人の子、それぞれがたどった悲喜劇

徳川家康《とくがわいえやす》①（1543〜1616年、享年75）
三河国の土豪出身。八歳から約十一年間も今川氏のもとで人質生活を送る。のち織田信長《おだのぶなが》に接近し、信長の忠実な同盟者となってから家康の躍進が始まる。

●父家康に愛された信康を襲った悲劇

徳川家康《とくがわいえやす》には正室のほかに生涯を通じて二十人近くの側室がいた。その女たちとの間で男子だけでも十一人の子をもうけたことが記録に残っている。そのうち最も有名なのは、二代将軍となった三男秀忠《ひでただ》である。

家康が長男をもうけたのは十八歳のとき。最後は六十二歳のときの子だ。つまり、十一人の子供たちは兄弟とはいえ、最初と最後で年齢差が四十四もあったことになる。人質となった不遇な少年時代、周辺を切り従え足場を固めていった青年時代、豊臣秀吉《とよとみひでよし》に伍して勢力を拡大していった壮年時代、そして天下の覇権を握った晩年期と、それぞれの時代によって生まれた子供たちの運

命も大きく異なる。

この世に生をうけた後、彼ら十一人の子供たちはどんな人生模様を描いたのだろうか。もっとも劇的な生涯を送った長男信康《のぶやす》を中心に、十一人の人生をたどった。

長男信康は二十一歳という若さで、しかも父家康から自決を命じられた悲運の嫡《ちゃく》子《し》だ。なぜ、こんな悲劇が起こってしまったのだろうか。

信康は永禄二年（一五五九年）三月、家康の最初の子として駿府《すんぷ》で生まれた。幼名は竹千代。母は家康の正妻駿河御前《するがごぜん》、のちの築山殿である。このころ家康は松平元《まつだいらもと》康《やす》と名乗っており、今川氏の人質として駿府で肩身狭く暮らしていたときの子だ。

築山殿は今川義元の妹婿関口親永《せきぐちちかなが》の長女で、のちに義元の養女となって家康に嫁した。年齢はわからないが、家康よりも年上であったらしい。

竹千代はこの母からわがまま一杯に育てられる。九歳で織田信長《おだのぶなが》の娘徳姫《とくひめ》と結婚。十二歳で元服し、信長の一字をもらい、岡崎次郎三郎信康と名乗る。性格は英邁《えいまい》にして剛毅《ごうき》、その半面粗暴なところが目立った。

十五歳で初陣《ういじん》し、その後、武田軍との合戦など何度か戦場に出たが、勇猛ぶりはつねに際立っていた。家康も自分の血を受け継いだ信康を愛し、頼りにすること一入《ひとしお》だった。そんな緊密な親子関係に突然、亀裂が生じる。原因は母の築山殿にあった。日ごろ、徳姫と姑《しゅうとめ》の築山殿は仲が悪く、たまたま築山殿に謀叛《むほん》の噂があることを知った徳姫が、手紙で父の信長にそのことを内通したのである。

疑いを解くため妻と長男を処刑

築山殿の謀叛とは、武田氏と手を結び、夫の家康と信長を滅ぼした後、両者の所領を信康に分け与えてもらうよう画策したというものだった。真偽は定かでないが、これによって信長は激怒し、家康に断固とした処分を求めた。もしも、その命令に背《そむ》けば、家が滅亡することは火を見るより明らかだった。

家康は高慢な築山殿に対しては何の未練もなかったが、信康を失うことは身を切られるに等しい辛さだった。信康は母親に名前を利用されただけで、自分に対し謀叛の気持ちなど露ほどもないことは明白だった。信長の再三の督促《とくそく》にもかかわらず、二人の処分を決定するまでに約一カ月半を要しており、それだけ、家をとるか息子をとるか、家康は迷いに迷ったことを裏付けている。

天正七年（一五七九年）八月二十九日、家康は家臣に命じて築山殿を殺害する。続いて、九月十九日、信康を切腹させる。信康は「自分に謀叛の疑いがかかるとは思いもしなかった。このことを父上によくよく伝えてくれ」と介錯《かいしゃく》の服部半蔵《はっとりはんぞう》に言い残し、腹に刃を突き立てた。信長が本能寺で亡くなる三年前のことである。

後年、家康は関ヶ原合戦の折など「年老いて骨の折れることだ。倅《せがれ》が生きていたらこんな苦労をしなくて済んだものを」と嘆息し、信康をしのんだという。

以下、残り十人の男子の生涯を順番に見ていこう。二男結城秀康《ゆうきひでやす》は家康が三十三歳のときに誕生した。長子信康が生まれてから十六年の歳月が経っていた。やっと生まれた二人目の男子だったが、家康はなぜかこの秀康を疎《うと》んじ、冷遇した。

母親は、於万《おまん》の方といい、元は築山殿の侍女だった。その女に色好みの家康が手をつけたのである。於万の方が身籠ったことを知ると、築山殿は烈火のごとく怒り、於万の方を赤裸にして庭先の立ち木に縛り付け、さんざん打擲《ちょうちゃく》し、そのまま晒《さら》しものにして辱めたという。

家康が秀康を嫌った理由を、通説では秀康の顔が生まれつき醜かったから、とされているが、そんなことで我が子を遠ざけるとはとても思えない。おそらく妬心《としん》の強い築山殿に遠慮し、秀康を疎んじたというのが真相だろう。

秀康は十一歳のとき、豊臣秀吉の養子となり、さらに六年後、秀吉が小田原を攻めた際、結城家へ養子に出される。これにより、秀康は豊臣大名から徳川大名へと転身したのである。関ヶ原合戦の際は戦場に参加していないが、上杉軍を牽制《けんせい》する重い役目を任されている。

秀康という人は生まれながらに周囲を黙らせる威厳を備えており、本当なら二代将軍になってもおかしくなかった。それが適わなかったのは、幼少時のぎくしゃくした家康との親子関係が最後まで尾を引いたからであろう。慶長十二年（一六〇七年）閏《うるう》四月、三十四歳の若さで病死する。このとき六十六歳の家康は秀康の死をどう受け止めたのだろうか。

一代で四十一人の大名を改易

三男秀忠については今さら触れる必要はないであろう。その平凡な人柄故に家康に愛された人物だ。政情が安定した以上は、性格の激しい秀康のような人物より凡庸《ぼんよう》で律儀な秀忠のような人物のほうが国は治まる、と家康は判断したのである。そして、その目論見《もくろみ》は成功した。秀忠は一代のうちに四十一人の大名の改易を断行し、寛永九年（一六三二年）、五十四歳で亡くなった。

四男松平忠吉《ただよし》は勇将として聞こえ、父家康の天下取りを側面から支えた人物だ。忠吉は天正八年（一五八〇年）、浜松城で誕生した。秀忠とは一つ違いである。二歳のとき、家康の計らいで後嗣《こうし》の絶えた一族の東条松平家を継いでいる。関ヶ原合戦では先頭を駆ける勇ましさを発揮し、家康の期待にこたえた。

関ヶ原後は、家康の分身として戦後処理に奔走《ほんそう》する。その一方、伏見城にとどまり、豊臣恩顧の大名が多い西国に対する家康不在の押さえとしてにらみをきかせた。そんな忠吉も、やがて病に倒れ、二十八歳で帰らぬ人となる。

五男武田信吉《のぶよし》は、家康の四十二歳のときの子だ。幼名は萬千代《まんちよ》。天正十八年（一五九〇年）、武田氏の名跡が絶えるのを惜しんだ家康が萬千代に武田氏を継がせることとし、下総《しもうさ》に三万石を与えた。その後、佐倉十万石を経て常陸水戸二十五万石へと移封される。しかし、水戸に移ってわずか一年で病死する。享年二十一歳。信吉は生まれつき多病で、床についていることが多かった。家康の子の中で、成人しても無位無冠に終わったのはこの信吉のみである。

六男は松平忠輝《ただてる》。文禄元年（一五九二年）、家康五十一歳のとき江戸城で生まれた。二男の結城秀康同様、生まれつき容貌が醜く、生まれたばかりの忠輝（幼名辰千代《たつちよ》）を見て、家康が思わず「捨てよ」と側近に命じたくらいだ。忠輝は八歳のとき、長沢松平家を継ぎ、武蔵国深谷城一万石を領する。

家康の子供は、信康や秀康など気性の激しいグループと、秀忠や忠吉などどちらかといえば大人しいグループに分けられるという。それに当て嵌《は》めれば、忠輝はまさに前者のグループだった。幼いころから粗暴で、周囲に騒動が耐えなかった。家康は死に臨んで、自分が死んだら忠輝を改易にするよう命じたほどだった。

家康の死後、この遺命は守られた。当時、忠輝は越後・信濃両国を支配していたが、大坂夏の陣に遅参したことと秀忠の旗本二人を勝手に斬り殺したことを理由に改易となり、伊勢国に配流となる。このとき忠輝二十五歳。その後、信州諏訪に移され、天和三年（一六八三年）七月、九十二歳で亡くなるまで、この信州でなんと五十八年間もの永い幽閉生活を過ごしたのである。

九男、十男、十一男で御三家を形成

七男松千代と八男仙千代は年子である。母親は異なるが、合わせ鏡のように二人は似通った短い生涯だった。ともに幼くして他家へ養子に出され、どちらも数えの六つで早世した。二人とも、逸話の類がまったく伝わっていない点も共通している。松千代は慶長四年正月、養子先の長沢松平家で、仙千代は翌年二月、こちらも養子先で家康の側近の一人、平岩親吉《ひらいわちかよし》のもとで亡くなった。

九男義直《よしなお》、十男頼宣《よりのぶ》、十一男頼房《よりふさ》の三人はいずれも家康が天下を掌握してから誕生した。義直は慶長五年十一月、頼宣はその二年後、頼房はさらに一年後に生まれている。頼宣と頼房を生んだのは同じ女性（於万の方）で、二男結城秀康を生んだ女性と同名だが別人だ。

徳川家の将来の礎《いしずえ》として家康は、義直には尾張を、頼宣には紀伊を、頼房には水戸を与えた。いわゆる徳川御三家である。この御三家には将軍の後嗣になれるなど他の大名にはない様々な特権が与えられた。

さて、家康がもうけた男子十一の人生をざっとみてきた。実は、家康にはあと二人の男子がいたことが記録によって明らかとなっている。なぜ、その二人の子を家康は自分の子として認めなかったのだろうか。そのあたりの謎は次項で解いていくことにする。

家康がひた隠しにした謎の「ご落胤」が記録から消された理由

徳川家康《とくがわいえやす》②（1543〜1616年、享年75）
家康の子は男子だけでも十一人いたが、これは信用できる身内でまわりを固めるため。幼少期からあらゆる辛酸をなめてきた家康ならではの考え方だった。

●五男はなぜ家康に遠ざけられたのか

徳川家康《とくがわいえやす》は正室と側室との間に、十一人の男子を成したことは前項で述べた。しかし、のちの記録から除外されることが多いが、実際はあと二人、男子がいたことがわかっている。その謎の男子とは、松平民部《まつだいらみんぶ》と小笠原権之丞《おがさわらごんのじょう》である。なぜ二人は記録から消されたのか、そのきっかけとなった出来事とその後の彼らの人生を追跡した。

松平民部は天正十年（一五八二年）、家康が四十一歳のとき側室に生ませた子だ。民部は順当にいけば、家康の五男として大事に育てられるはずだった。しかし、そうはならなかった。生まれてすぐに養子に出されたのである。その理由は、厄年（四十一歳の前厄）に生まれた子は親にあだなすとか病弱で長生きしないといった当時の禁忌《タブー》を家康が恐れ、民部を実子として認めなかったからである。

なんだそんなことくらいで天下を取った家康らしくもない、と現代の人は笑うかも知れないが、当時の人々は誰彼なくそうした禁忌を信じた。あの、合理主義の権化のような織田信長《おだのぶなが》でさえ、合戦の前には古式に則《のっと》った戦勝祈願を執《と》り行っている。

しかしながら、五男武田信吉《のぶよし》は家康四十二歳の大厄の年に生まれている。信吉はなぜ民部の例にならって他家へ養子に出されなかったのだろうか。これについて記録は何も伝えていない。当時の家康の気まぐれとしか言い様がない。

民部の養子としての受け入れ先は、二男結城秀康《ゆうきひでやす》だった。つまり、家康は民部を八つ違いの兄の家に託したのである。こうして秀康のもとで民部はすくすくと成長し、聡明でたくましい若者となる。長じて越前藩主となった秀康に仕え、何不自由なく暮らしていたが、慶長十二年（一六〇七年）、民部二十六歳のとき、秀康が突然病に倒れる。親も同然の兄だっただけに、民部の受けた衝撃は大きかったはずである。

その後、民部は慶長十九年十一月の大坂冬の陣、翌年五月の夏の陣と、秀康の長男松平忠直《まつだいらただなお》にしたがって出陣する。特に、夏の陣において越前勢は、家康の本陣を急襲した真田幸村《さなだゆきむら》隊と死闘を展開した。民部も戦功を挙げたと伝えられる。

この夏の陣後、ほどなく民部は越前で病没する。家康にすれば、民部という子は親にあだなすどころか、反対に親の危難を救ってくれた得難い孝行息子だったのである。

●キリスト教に帰依した小笠原権之丞

さて、もう一人のご落胤、小笠原権之丞について語ろう。権之丞は五男武田信吉の後に誕生した。はっきりした年月はわからない。六男松平忠輝《ただてる》の兄とされ、忠輝が文禄元年（一五九二年）に生まれていることから、五男信吉が生まれた一五八三年から九二年の間に生まれたのは確実だ。

当時、家康が寵愛《ちょうあい》していた側室の一人が孕《はら》み、その女をおなかの子供ごと譜代の旗本・小笠原広朝《おがさわらひろとも》に家康は下げ渡した。お手つきの女に飽きると臣下に下げ渡すという例は日本の歴史にいくらもある。この女が小笠原家に入って生んだのが権之丞だという。権之丞は小笠原家の跡取りとして育てられる。

慶長十七年三月、家康は家中のうちキリスト教信奉者の弾圧に乗り出すが、このなかに小笠原権之丞も含まれていた。権之丞がいつどんな理由でキリスト教に傾倒したのか、それはわからない。ただ、レオン・パジェスの『日本切支丹宗門史』に、「公《く》方《ほう》（家康）が追放した十四人の中で、筆頭はディエゴ小笠原という武家である」と記されている。ディエゴは洗礼名であろう。

また、『徳川実紀《とくがわじっき》』には、これによって小笠原家は改易、権之丞は死一等を減ぜられて追放になった、とある。ごく近い血縁に自分が禁止したキリスト教信奉者がいたというのでは為政者《いせいしゃ》としてしめしがつかない。おそらく家康は権之丞に対し「命を助けるかわりに、今後、わしの子であるなどと広言してはならぬ」とでも言って絶縁宣言したのではないだろうか。

やがて、天下の浪人となった権之丞は思わぬ行動に出る。大坂方の武将でキリシタンの明石掃部《あかしかもん》に誘われた権之丞は家族を捨て、大坂城に入ったのだ。実の親に刃向かう反骨心の強さは、やはり家康の子だからであろうか。このの ち権之丞は大坂夏の陣で戦死したとされるが、遺体は見つからなかった。

激戦のさなか、敵方で権之丞を知る者が、逃亡することを勧めたが、権之丞は、

「わしは大御所の子と噂される男だ。そのわしが手柄も立てず逃げ出したとあっては、たとえ徳川家に帰参が適《かな》っても笑いものになるばかりだ」

そう言い残し、敵陣深く突入していったのが、権之丞の最期の姿と伝えられる。彼もまた、紛れもなく家康の勇猛さを受け継いだ子の一人だった。

『徳川諸家系譜《しょかけいふ》』に、権之丞を家康の子として、「小笠原権之丞。母は京の三条某氏の女。歳は松平忠輝朝臣の上。小笠原越中守養子。大坂城に入り、夏の陣において死す」と、短く記されている。

八　日本文化の担い手たちの知られざる結末

水墨画を完成させた画僧・雪舟の知られざるその後

雪舟等楊《せっしゅうとうよう》（1420〜1506年、享年87？）
室町時代の水墨画家・禅僧。現在の岡山県総社市に生まれる。十歳ごろから禅の修行と共に絵も学び始める。国宝に指定された絵画だけでも六点現存する。

四十八歳で遣明船に乗り中国大陸へ

雪舟等楊《せっしゅうとうよう》は室町時代中期の画家で禅僧。年配の人なら、寺の小坊主時代の有名な逸話を小学校の教科書で読んで知っていることだろう。

絵を描いてばかりでお勤めがおろそかになっていた雪舟は和尚に咎《とが》められ、柱にぐるぐる巻きに縛られてしまう。夜になっても許してもらえず、空腹感はつのる一方。雪舟は床にポタポタと落ちる自分の涙で鼠《ねずみ》の絵を足の指で描き、空腹感をまぎらせた。そのときの鼠はさながら生けるもののようだったという。

雪舟は応永二十七年（一四二〇年）、今の岡山県総社市で誕生したとされる。ときは足利義持《あしかがよしもち》（四代将軍）の治世である。当時、日本全国で飢饉《ききん》が相次ぎ、疫病《えきびょう》も大流行していた。

雪舟は幼少時に地元の宝福寺という禅寺に入る。足の指で描いた鼠の話はこのころの出来事だ。やがて、少年僧の雪舟は上洛《じょうらく》して京都五山の一つ、洛北・相国寺《しょうこくじ》に入る。当時、相国寺は幕府の直轄で、京の学問をリードしていた。

雪舟は禅僧として修行を積むかたわら、天性の素質を生かして同寺の高僧・周文《しゅうぶん》に絵を習う。周文は将軍家御用達の絵師でもあり、雪舟は周文から水墨画の技術を貪欲に学び取った。雪舟は結局、三十代半ばまでこの相国寺にいたが、その間の経歴や暮らしぶりは一切伝わっていない。

享徳三年（一四五四年）、雪舟は突然相国寺を出て、中国地方を漂泊する。寺を出たのは幕府権力に縛られることに嫌気が差したからと伝えられる。以来、京都に足を向けることはなかった。やがて、雪舟は周防《すおう》山口の大内氏の庇護《ひご》を受け、同地に画房・雲谷庵《うんこくあん》を構えて画業に専念する。

応仁元年（一四六七年）、応仁の乱が起こったこの年、四十八歳の雪舟は大内氏の遣明船《けんみんせん》に乗り、中国大陸へ渡る。水墨画の本場で絵の勉強をしたいという夢が叶ったのである。

三年におよぶ明滞在で、雪舟は禅の修業にも励み、天童山景徳禅寺では修行僧中の首席になったほどだ。禅僧としても雪舟は第一級の人物だった。

記念碑的な作品『慧可断臂図』の完成

帰国後は山口の雲谷庵に定住。宋画・元画の模倣《もほう》に留まらない日本的な水墨画の完成に努め、障屏画《しょうへいが》の先がけとなった。文明十八年（一四八六年）には大内氏の求めにより、全長十六メートルにおよぶ大作『山水長巻』を描いている。

また、明応五年（一四九六年）、『慧可断《えかだん》臂図《ぴず》』を発表。達磨に入門を断られた慧可が、自らの左腕を切断して不退転の覚悟を示し、入門を許されたという故事に画題をとったものだ。

この『慧可断臂図』は日本絵画史上、記念碑的な作品となった。なぜなら、それまでの絵画というのは、画家には必ず後援者（パトロン）がいて、その後援者の要請に応じて画題が決められた。ところが、雪舟はこの作品によって初めて画家が描きたい絵を描いてみせたのである。

このとき、雪舟七十七歳。慧可の仏教に帰依《きえ》するひたむきな思いは、そのまま絵に精魂を傾ける雪舟の熱い思いでもあった。七十七歳にしてこの前向きな姿勢には頭が下がる。

晩年は再び各地を漂泊した後、永正三年（一五〇六年）、八十七歳で没したという。

今日、現存する雪舟作品のうち、国宝には『慧可断臂図』など六点が、重要文化財には十九点が指定を受けている。

『おくのほそ道』完成後の松尾芭蕉、その謎めく足跡

松尾芭蕉《まつおばしょう》（1644〜1694年、享年51）
江戸前期の俳諧師。現在の三重県伊賀市の生まれ。遊戯性が強かった俳諧を発展させて芸術の域にまで高めた功労者。紀行文『おくのほそ道』が特に有名。

●三十代半ばで俳諧の宗匠として独立

古池や蛙《かわず》とびこむ水の音

名月や池をめぐりて夜もすがら

閑《しず》かさや岩にしみ入蝉《せみ》の声

いずれも松尾芭蕉《まつおばしょう》が詠んだ句だ。古今を通じて芭蕉ほどその作品が愛された俳人もいない。芭蕉の句は今や様々な国の言語に翻訳され、「世界で最も短く、最も優れた作品をものにした詩人」として海外でも知名度を高めている。

松尾芭蕉は旅に生き、旅に死んだ。故郷を捨て、定住すべき家を持たず、妻も子もなく、旅から旅への人生を送って俳句を読み続け、そして旅先で没した。芭蕉の旅で最も有名なのが、

「月日は百代《はくたい》の過客《かかく》にして、行きかふ年も又旅人也……」

で始まる、東北をめぐった『おくのほそ道』の旅である。この旅を終えたとき、芭蕉四十六歳。亡くなる五年前のことだ。さすがの芭蕉も、旅から旅の人生に倦《う》み、晩年はどこかに定住し平穏な日々を過ごしたのかと思いきや……。

松尾芭蕉は正保《しょうほう》元年（一六四四年）、伊賀上野（三重県上野市）で生まれた。伊賀上野は藤堂高虎《とうどうたかとら》が築いた城下町だ。父の松尾与左衛門は土着の郷士《ごうし》である。

十代の後半、芭蕉は藤堂藩主の一族の藤堂新七郎の嫡男《ちゃくなん》・良忠《よしただ》に料理人として仕《つか》える。良忠は蝉吟《せんぎん》と号した俳人でもあった。

若い芭蕉は俳諧《はいかい》の道に深く分け入ることになり、次第に俳諧の宗匠として生きる決意を固めていく。寛文十二年（一六七二年）、二十九歳になった芭蕉は故郷を捨て、江戸へと向かう。

その後、数年間の消息は不明だ。芭蕉は江戸の俳人と交わり、俳諧の研鑽《けんさん》を積んだのであろう。やがて後援者もつき、念願の宗匠《そうしょう》として独立する。三十代半ばになっていた。それまで芭蕉は桃青《とうせい》の俳号を名乗っていたが、このころから芭蕉を名乗る。草庵の庭に門人の一人が芭蕉の株を植えたことに由来するという。

天和《てんな》二年（一六八二年）十二月、駒込の大円寺から出火した大火によって、深川にあった芭蕉の草庵《そうあん》が焼失。焼け出された芭蕉は以来、漂泊生活を送ることになる。

貞享《じょうきょう》元年（一六八四年）八月、江戸を旅立った芭蕉はまず故郷の伊賀上野を訪ねて母の墓参を済ませると、その足で奈良、京都、滋賀、美濃《みの》大垣、名古屋とめぐり歩いた。江戸に戻ったのは翌年四月のことだ。この旅が、いわゆる『野ざらし紀行』となって結実した。

門人同士の確執を仲裁するため大坂へ

貞享四年八月には鹿島、潮来《いたこ》に遊んだ。このときの紀行文が『かしまの記』である。茨城から戻ると、同年十月、芭蕉は再び東海道の旅に出る。今度は兵庫の須磨、明石まで足をのばした。これが『笈《おい》の小文』だ。その帰り道、美濃から信州に入り、江戸に戻るまでの旅が『更科紀行《さらしなきこう》』である。

東海道、信州とめぐる長い旅から帰ってわずか半年後の元禄二年（一六八九年）三月、芭蕉は門人の河合曾良《かわいそら》を供に奥州へ旅立つ。『おくのほそ道』の始まりである。奥州は未知の国であり、芭蕉にとってあこがれの旅であった。

芭蕉は白河の関を越え、郡山《こおりやま》、白石を通って仙台に入る。松島の海を見物するとさらに北上し、平泉に到着。そこで、

夏草や兵《つわもの》どもが夢の跡
五月雨《さみだれ》の降りのこしてや光堂

の句を詠む。芭蕉はそのまま奥羽山脈を横断すると出羽国を抜け越後から北陸道に入り、金沢、越前と進んで美濃大垣に至る。ここでようやく『おくのほそ道』は完結する。美濃大垣に到着したのはその年の八月

二十日ごろだった。

念願の奥州の旅を果たしたその後の芭蕉だが、旅へのあこがれは一向に衰えることはなかった。そのまま近畿を漂泊し、元禄四年十月になってようやく江戸に戻る。江戸を出発して約二年半の歳月が流れていた。

ときは元禄文化の真っ只中。戦乱に疲れた庶民の心にもようやくゆとりが生まれ、俳諧を習う者が急増、俳諧師は引っ張りだこの人気だった。

元禄七年五月、芭蕉は清書の出来上がった『おくのほそ道』を笈に入れると、東海道の旅に出る。大坂にいる門人同士が互いに門戸を張って確執《かくしつ》を深めていたことから、その仲裁が旅の目的だった。

大津から京都に入り、いったんは伊賀上野に帰郷した後、九月九日、奈良を通って大坂に到着する。芭蕉はその翌日に発熱し、床についてしまう。実は今回の旅は当初から体の調子がおもわしくなかった。それを押しての旅立ちだったのである。

師匠が倒れたことを聞きつけ、各地から門人が駆けつけた。下痢《げり》がひどくなり、日に日に痩せ衰えていく芭蕉。十月八日の夜、「病中吟」として、
旅に病んで夢は枯野をかけ廻《めぐ》る
の句を書き取らせたとされる。芭蕉の生涯にふさわしい見事な句であった。十日になって容態は急変。遺書をしたためると翌朝から食を断ち、香をたいて眠った。そして十二日午後四時ごろ、芭蕉は大勢の門人に看取られながら永眠する。

エレキテル製作後、平賀源内はどうなったのか

平賀源内《ひらがげんない》（1728～1780年、享年52）
江戸中期の元祖マルチ人間。現在の香川県さぬき市の出身。興味の赴《おもむ》くままに様々なことに手を出した。杉《すぎ》田玄白《たげんぱく》はその墓碑《ぼひ》に「非常の人」と刻ませた。

●長崎に留学して蘭学を学ぶ

平賀源内《ひらがげんない》はつねに新奇なことを好み、自らの興味の趣《おもむ》くままに博物学、化学、戯作《げさく》、浄瑠璃《じょうるり》、絵画……と様々なことに手を出した。どれをとっても一流で、まさに、万能の天才であった。なかでも、源内の代表的な功績に「エレキテル」（摩擦起電機《まさつきでんき》）の製作がある。このとき、源内四十九歳。これを絶頂期とするなら、その後亡くなるまでの三年間は一転して地獄の日々だった。一体、功成り名を遂げた源内に何が起こったのだろうか。

平賀源内は享保《きょうほう》十三年（一七二八年）、高松藩の御蔵番、白石家の三男として生まれた。幼少時から異才ぶりを発揮し、「天狗《てんぐ》

小僧」と呼ばれた。兄二人が早世したため、二十二歳で家督を継ぐ。このとき源内は戦国時代の先祖の姓である平賀に改姓している。

二十五歳のとき、藩の命令で長崎に留学。蘭学《らんがく》や医学を学んだ。この長崎でオランダ渡りの医学書、医療機器、薬品のほか、楽器や時計、地図、辞書、望遠鏡など西洋文明の品々に触れ、カルチャーショックを受ける。帰郷するや家督を妹婿に譲り、江戸へ出る。源内は本草(博物)学者で医師の田村藍水《らんすい》の門弟となり、本草学を中心に最先端の知識を貪欲《どんよく》に吸収していった。

三十歳で藍水と協力し、日本初の物産会(薬品の博覧会)を湯島で開く。この成功が転機となり、正式に高松藩の士籍を捨てるや、まさに水を得た魚のごとく、その後様々な分野で活躍した。そんな源内に、今でいう肩書きを付けてみると——、

発明家、化学者、博物学者、画家、陶芸家、俳人、小説家、戯曲作家、浄瑠璃作家、鉱山師、コピーライター、プロデューサーなどなど実に多彩だ。

発明家・化学者としての代表的作品はエレキテル、量程器《りょうていき》(現代の歩数計)、寒熱昇降器(寒暖計)、火浣布《かかんふ》(耐火織物)、もぐさ点火用火付器(ライター)、方位磁石、水銀鏡、下剤、利尿剤などが挙げられる。

エレキテルというのは長方形の木箱で、上に二本の電極があり、側面にハンドルが付いていた。このハンドルを回せば静電気が発生し、電極の間にパチパチと火花が散

るというものだ。オランダから伝来し、もともと病気の治療用に開発された。

今ならごく単純な構造だが、触るとビリッとくるというので、当時、見世物小屋で大評判となった。源内はこのエレキテルの壊れたものを長崎で入手し、電気知識のなかった日本で、七年がかりで復元したのだった。現在、郵政博物館にそのときの現物が保存されている。

「非常の人」を待ち受けていた悲劇とは

エレキテルに代表されるこうした源内の発明・工夫の数々は当時の人々を驚嘆させこそすれ、ビジネスとしてはほとんど成功しなかった。江戸時代という閉塞《へいそく》した封建社会にあっては彼のような存在は所詮異端児でしかなかったのである。

それはともかく、このエレキテルを製作したあたりが、源内が最も輝いていた時代だ。その後、坂道を転げ落ちるように破滅の道をひた走ることになる。そのきっかけは、皮肉にもエレキテルだった。

長年、源内の下で仕事を手伝ってくれていた職人に弥七《やしち》という男がいた。ある日、この弥七が捕らえられてしまう。彼はエレキテルの人気に目をつけ、源内に内緒で人から資金を集めてエレキテル製作に乗り出したのだが、結局成功せず、詐欺《さぎ》で訴えられてしまったのだ。

源内のまったく預かり知らぬこととはいえ、この事件が引き金になり、「源内は大山師だ」との評判が広まってしまう。日ごろ源内は天才ゆえに強い自負心と、そんな自分を受け容れようとしない世間の冷たさに対し強い不満を持っていた。この事件によってその不満が一気に噴出し、精神に異常をきたしてしまう。以来、源内はますます奇矯《ききょう》な行動に出る。

安永八年（一七七九年）、五十二歳になった源内は周囲が反対するのも聞かず、お化け屋敷と噂される屋敷に移り住む。その年の十一月二十一日、源内は自宅で友人二人を殺傷してしまう。彼が請け負った某侯別邸の庭修理の見積りのことで行き違いがあったのが原因という。事件直後、自殺を図るが失敗し、投獄される。

翌月十八日、源内はその罪も決まらぬうちに破傷風《はしょうふう》にかかり、獄死する。生前親しかった杉田玄白《すぎたげんぱく》が源内の墓碑文を次のようにしたためている。

嗟《ああ》非常ノ人　非常ノ事ヲ好ミ行ヒ是《こ》レ非常　何ゾ非常ニ死セルヤ

せめて明治の時代に生まれていたなら、彼の活躍の場もあったであろうが、如何《いかん》せん、この世に登場するのが早すぎた。そんな源内の天才性を惜しんでか、獄死に関して異説も残っている。

源内は幕府の実力者・田沼意次《たぬまおきつぐ》の庇護《ひご》を受けていたため、発狂した源内を意次が憐れみ、獄死した罪人の屍《しかばね》を源内のそれとして扱い、夜陰に紛《まぎ》れて源内を江戸から脱走させたというのだ。そして、源内は八十有余歳まで長生きしたという。むろん真偽は定かでない。

七代目市川団十郎はなぜ江戸追放の憂き目に遭うことになったのか

七世市川団十郎《いちかわだんじゅうろう》（1791～1859年、享年69）
江戸後期に活躍した歌舞伎役者。屋号は成田屋《なりたや》。市川家の芸として今に伝わる「歌舞伎十八番」を制定したことでも有名。綱紀粛正《こうきしゅくせい》のやり玉にもあがった。

●市川家の中興の祖として名を残す七代目

市川団十郎《いちかわだんじゅうろう》といえば、『助六《すけろく》』『暫《しばらく》』『勧進帳《かんじんちょう》』などの豪快な荒事芸《あらごとげい》を得意とする江戸歌舞伎を代表する役者の名前だ。江戸の元禄期に活躍した初代団十郎から、平成の世の十二代団十郎までおよそ三百年以上も続いた大名跡で、当然、この先も十三代、十四代と続くはずである。

初代から十二代まで、いずれ劣らぬ名優を輩出しているが、とりわけ役者としての才能や人気もさることながら、十二人の中で飛び抜けて波瀾《はらん》に富んだ一生を送った団十郎がいる。それが、七代目市川団十郎である。

七代目団十郎は、江戸の町人文化が花開

いた文化・文政期（一八〇〇年代初頭）を中心に活躍した役者だ。市川家の中興の祖ともいわれる人物で、市川家の芸として今日に伝わる『歌舞伎十八番』を制定したことでも知られる。

そんな七代目団十郎が、人気が絶頂期を迎えていた五十代前半に突如、幕府の命令で江戸を追放され、旅回りの憂き目に遭ってしまう。しかも、その旅回りのさなかに、息子で芸の後継者である八代目団十郎が謎の自殺を遂《と》げるという不幸な事件にも遭遇しているのだ。

一体、なぜ七代目団十郎はこんな悲劇に見舞われることになったのだろうか。そのあたりの真相を解明するため、いざ舞台の幕を開けることにしよう。

●役者としては万能型

七代目市川団十郎は、寛政三年（一七九一年）に江戸で生まれた。母は五代目団十郎の次女すみで、生後間もなく六代目団十郎の養子となった。同六年、市川新之助の名で初舞台を踏むと、その二年後、六歳で『暫』をつとめる。

寛政十一年、六代目団十郎が二十二歳の若さで急死したため、翌年、わずか十歳で七代目団十郎を襲名した。文化三年（一八〇六年）には祖父の五代目団十郎が亡くなって後ろ盾を失うが、同八年、二十一歳で『助六』を演じてからというもの、『暫』『毛抜《けぬき》』『不動』など市川家に伝わる人気演目に次々と挑戦し、そのいずれもで観客の喝采《かっさい》を浴びている。

　七代目団十郎は、内面的で写実的な演技が要求される「実事《じつごと》」をはじめ、「実悪《じつあく》」「色悪《いろあく》」「女形《おんながた》」までなんでもござれの万能型の役者だった。とりわけ『東海道四谷怪談』の民谷伊右衛門《たみやいえもん》のように色気のある悪役――色悪を得意としていた。体躯《たいく》は小柄だったが、目玉が大きく、朗々《ろうろう》たる美声の持ち主で、まさに荒事を演じるには最適な条件を備えた役者だったといわれている。

　七代目団十郎が最も輝いていたこの文化・文政期というのは、松本幸四郎（五代目）、中村歌右衛門（三代目）、坂東三津五郎（同）、尾上《おのえ》菊五郎（同）ら名優が綺羅《きら》星の如く登場しており、それらの名優と切磋琢磨《せっさたくま》するなかで団十郎は着実に自らの芸を築き上げていったのである。

　天保三年（一八三二年）三月、四十二歳になった七代目は、長男に八代目団十郎を継がせると、自らは五代目海老蔵《えびぞう》を名乗る。そして、成田屋（市川団十郎家の屋号）相伝の荒事十八種類を選び、これを『歌舞伎狂言組十八番』と題した摺物《すりもの》にして贔屓《ひいき》客に配った。『歌舞伎十八番』の始まりである。

　天保十一年には、初代団十郎没後百九十周年追善興行として『勧進帳』を演じた。この『勧進帳』は初代団十郎のころからある演目だが、新たに山伏の武蔵坊弁慶《むさしぼうべんけい》と関守《せきもり》（関所の番人のこと）富樫左衛門《とがしさえもん》とのテンポのよい問答を挿入するなどの演出上の工夫が奏功し、大当たりをとった。

　こうした『歌舞伎十八番』の制定や『勧

進帳』の大当たりによって、市川団十郎家は特別な地位と権威を高めることに成功し、江戸歌舞伎を代表する大名跡《みょうせき》へと上り詰めていったのである。

●幕府の見せしめにされた千両役者

天保十三年四月六日、五十二歳になった七代目は突如、江戸南町奉行所から手鎖《てぐさり》・家主預かりの処分を言い渡され、さらに江戸十里四方追放に処せられる。

ときはあたかも老中水野忠邦《ただくに》による「天保の改革」のまっただ中であった。天保四〜七年にかけての全国的な大飢饉によって米価が暴騰し、庶民の生活を圧迫した。幕府はその打開策としてぜいたくな料理や装飾品、歌舞伎などの庶民の娯楽にことごとく制限をかけた。歌舞伎興行の中村座、市村座、森田座の江戸三座も神田などから、当時はさびれた郊外だった浅草へと強制的に移転を命じられている。

当時、年に千両以上を稼ぐ文字通り「千両役者」であった七代目は、私生活では妻や妾《めかけ》を次々と取り替え、豪華な屋敷に住んでいた。そうした派手な暮らしぶりが幕府の逆鱗《げきりん》に触れ、今回の江戸追放処分へとつながったのだった。

ふだんなら千両役者ゆえに多少は奢侈《しゃし》が過ぎても、これほどきついお咎めをくらうことはなかっただろうが、時代が悪かった。七代目団十郎は人気者であるがゆえに幕府によって綱紀粛正《こうきしゅくせい》の見せしめにされてしまったのである。

江戸を追放された七代目は、一時成田山新勝寺《しんしょうじ》延命院に身を寄せる。市川宗家と成田山の結びつきは古く、初代団十郎の父が成田山の近くの出身だった。さらに祖先をたどると甲州（山梨）の武田武士に行き着くという。

跡継ぎに悩んでいた初代団十郎が、信仰していた成田山に祈願したところ、めでたく男子（二代目団十郎）を授かったことから、代々の団十郎は成田山詣《もう》でを欠かさなかったのである。

明けて天保十四年二月、七代目は駿府《すんぷ》（静岡）へと移り、そこでしばらく滞在したのち、大坂に移住する。そして大坂を拠点に、京、大津、桑名などを回って芝居の舞台に立った。

●律義で生真面目な八代目の突然の死

嘉永《かえい》二年（一八四九年）、七代目団十郎の赦免《しゃめん》がようやくかなった。追放から七年の歳月がたっていた。江戸に舞い戻った七代目は再び舞台に立つが、不思議なことにすぐにまた旅興行に出ている。

嘉永七年八月、関西を回る旅興行の途中に、江戸から呼び寄せた息子の八代目団十郎が大坂の宿屋で自殺するという不幸に見舞われる。事件は、父と一緒の芝居に出るはずだった、まさにその初日に起こった。

まだ三十二歳という若さであった。

八代目は、豪放でわがままな父とは対照的に律義《りちぎ》で生真面目な性格だったという。すこぶる美男子で、『与話情浮名横櫛《よわなさけうきなのよこぐし》』の与三郎などはまさにはまり役だった。八代目の人気のすさまじさを物語る逸話はいくつも残されている。たとえば、『助六』を演じた際、助六が飛び込んだ天水桶《おけ》の水が、徳利一本一分《いちぶ》（一両の四分の一）という高額で飛ぶように売れたという。

肝心の自殺の原因だが、父に頼まれて仕方なく大坂の舞台に立とうとしたが江戸の興行主には無断出演だったから、浪費に明け暮れ高利貸しからも借金を重ねる父の行状を悲観したから、九代目団十郎の襲名を巡って家族（父の妻や妾たち）との折り合いが悪くなったから——など様々な説が挙がっているが、真相は不明だ。

安政五年（一八五八年）五月、七代目は六年ぶりに江戸に戻った。翌年正月、中村座において『正札附根元草摺引《しょうふだつきこんげんくさずりびき》』で曽我《そがの》五郎《ごろう》を演じたのを最後に、同年三月二十三日、巷《ちまた》では大老井伊直弼《なおすけ》の大獄の嵐が吹き荒れるなか、六十九歳で没した。

七代目団十郎という人は、自らの芸に厳しく、歌舞伎の面白さをとことん追求した役者でもあった。ところが、一介の市井人《しせいじん》として見た場合、次々と新しい女をつくったり、稼いだ金を湯水のごとく使い、足りなくなれば借金を重ねたりと、誰にとっても身内にはいてほしくない欠陥人間である。しかし、当時の庶民はそんな破天荒な団十郎を愛し、その生き様も含めて、

「次は何を見せてくれるのだろう」

と、きっと胸をわくわくさせていたに違いない。

天才絵師・葛飾北斎の「晩年」をめぐるもうひとつの物語

葛飾北斎《かつしかほくさい》（1760〜1849年、享年90）
江戸後期の浮世絵師。現在の東京都墨田区の生まれ。十代後半から画業に専念し、あらゆる分野を描き分けた。今日、海外で最も名前が知られた日本人画家。

●ヨーロッパの芸術界に多大な影響を

　七十年にも及ぶ画業人生で森羅万象《しんらばんしょう》を描ききり、三万点もの作品を残したと言われる浮世絵師・葛飾北斎《かつしかほくさい》。明治時代になり、彼の版画作品がヨーロッパに大量に移入され、ゴッホやゴーギャン、ルノワールなど当時の一流画家は言うに及ばず、ガラス工芸家のエミール・ガレ、「冨嶽《ふがく》三十六景　神奈川沖浪裏」に着想を得て交響詩「海」を作曲したとされるドビュッシーなど、ヨーロッパの芸術界に多大な影響を与えたのはご存じのとおり。

　また、一九九九年にはアメリカの権威のある雑誌『ライフ』で、「この千年でもっとも偉大な業績を残した百人」として、北斎が日本人でただ一人選ばれているほどなのである。

そんな北斎は七十五歳のとき、絵手本『富嶽百景』（初編）を発表したのだが、その跋文《ばつぶん》（あとがき）には大要、こんなことを書いていた。

「自分は六歳のころから絵を描いてきた。七十歳以前に描いた絵はどれもとるに足らないもので、七十三歳にしてようやく動植物の骨格や出生を悟ることができた。こののち八十歳ではさらに成長し、九十歳で絵の奥義を極め、百歳ともなれば神妙の域に到達、百十歳になれば一点一画が生きているように描けるはずだ」

百歳を超えても絵師を続けたいと宣言するだけでもすごいのに、北斎は百歳を超えたその後も絵師としてまだまだ成長したいと、七十五歳の時点で考えていたのだ。画業にかけるこの執念には頭が下がるというより、むしろあきれるばかりだ。

しかし、実際の北斎は数え九十歳で亡くなっている。百歳を超えても描き続けたいと願った夢は果たせなかった。本項では、この「百歳宣言」をしてから九十歳で亡くなるまでの十五年間、すなわち北斎にとっての晩年期の仕事ぶりや暮らしぶりを追いかけてみた。

●売りに行こうとした絵を破られる

葛飾北斎は宝暦《ほうれき》十年（一七六〇年）、江戸は本所割下水に下級武士の子として生まれた（異説あり）。幼名時太郎、のち鉄蔵と称した。幼いころに幕府御用鏡磨師《とぎし》の養子となり、十代半ばで木版画の彫師に弟子入りする。本格的に絵を勉強したのは十九歳で勝川春章《しゅんしょう》の門下に入り、春朗《しゅんろう》を名乗ってからである。

二十八歳のとき、修行の身でありながら師匠から禁じられていた自作の絵を絵草子屋に売りに行こうとして、途中で兄弟子の春好にみつかり、持っていた絵を破かれてしまう。当時、北斎はすでに所帯を持っており、身重の妻の出産費用をこしらえようとしたのだった。

いったんは途方に暮れた北斎だったが、お金欲しさに絵を描いた己の志《こころざし》の低さを反省し、以後数年間は七味唐辛子や暦などを売り歩いて生計を立てながら絵の修行に専念した。後年北斎は、「あのとき春好に辱《はずかし》められたことが、今の自分の原点」と正直に吐露《とろ》している。

その後の北斎は、役者絵をはじめとして、狩野《かのう》派、中国画、土佐派、西洋画などの垣根を越えて様々な画法を身につけ、それを役者絵や美人画、風景画、黄表紙（絵入りの読本）など幅広い分野で発揮した。

年代によって画号をいくつも使い分けたのも北斎ならではで、最初の勝川春朗から年代順に並べると、宗理《そうり》、北斎、画狂人、戴斗《たいと》、為一《いいつ》、卍《まんじ》――などがよく知られている。ほかの画号も合わせると、生涯で三十以上の号を用いた。これらの号ごとに画風は変化したという。

なぜこれほど画号を変えたのか、はっき

りしたことはわかっていない。弟子に号を売って収入の助けにしていたという説もあるが、それよりも名を変えることで別人に生まれ変わり、新たな画風を追求したいと願ったからではないだろうか。

なによりも、「不染居《ふせんきょ》」という画号を、間隔をあけて二度三度と用いたことでもわかるように、自分は誰の絵にも、自分の絵にさえも染まらず、つねに変化し続けたいと願う気持ちが北斎には強かったのであろう。

●北斎の才能を受け継いだ娘お栄

北斎という人は六尺豊かな大男で、おまけに生涯を通じて大きな病気と縁がなかった。壮健な体に生まれついたことが、彼の画業にとっては大きな支えとなった。いつも焼酎をベースとした自己流の健康酒をちびちびとなめ、そのおかげか八十八歳のときには板元に「腕は萎《な》えず、眼もよく見える」と自慢するほどだった。

北斎は二度結婚し、二男四女があった。男子は養子にやり、女子はさっさと嫁に出した。持ち家はなく、生涯に九十三回も引っ越しを繰り返した。基本的に掃除はやらないので、部屋が汚れたら引っ越す、を繰り返した結果である。

家の中に鍋釜、食器類はほとんどなく、食事はほぼ毎日近所の煮売り屋から取り寄せたご飯ですませていた。酒も煙草《たばこ》もやらず、大福餅を食べるか、夜中、寝る前に食べる一杯のそばが何よりも楽しみだった。

お金にも驚くほど無頓着《むとんちゃく》で、板元から もらう画料を勘定したことがなく、煮売り屋が掛取りにやって来ると、板元が置いていった未開封の包みをそのままポンとほうり出すのがつねだった。

二度目の妻が亡くなって数年がたった天保《てんぽう》三年（一八三二年）ごろから、北斎は出戻り娘のお栄《えい》と二人で暮らした。北斎七十三歳、お栄は三十代半ばと思われる。六人の子供たちの中ではお栄が最も北斎の血を色濃く受け継いでおり、北斎の代筆をしていたと言われるほど絵が達者で、おまけにものぐさなところまで似ていた。そのため、親娘でごみの山に埋もれながら朝から晩まで絵筆を握っていたという。

このお栄は「応為《おうい》」という画号を持っていた。北斎がいつも名前を呼ばず、「おーい」と呼んだことから、付いたものだ。性格は男勝り、容貌は馬面で顎《あご》が張っており、お世辞にも十人並みとは言えなかった。いったんは絵師をしていた男に嫁ぐが、夫の絵の不出来《まずさ》をあからさまに指摘して、離縁されたのだった。

●訴訟に負けて江戸を追放に

北斎はこの二度目の妻が亡くなったあたりから、家族に関することである心配ごとができてしまう。それは、長女お美代がもうけた男児、北斎にとっては孫の存在だった。

北斎はこの孫を幼少期にはとてもかわいがったが、孫は成長するにつれ、博打《ばくち》にうつつを抜かすなど手におえない放蕩者《ほうとうもの》となる。博打の借金で首が回らなくなると、そのつど北斎は尻拭いをしてやり、定職につかせようと骨を折ってもみるが、糠《ぬか》に釘で一向に不行跡は改まらなかった。北斎が年中お金に困る生活をしていたのは、この孫のせいだったとも言われている。

天保五年、つまり七十五歳になった北斎が『富嶽百景』の中で「百歳宣言」をした年だが、この孫の不始末が原因で北斎は町奉行所に訴えられ、敗訴してしまう。結果、江戸払いを命じられ、一時的に相模の三浦半島に閑居《かんきょ》するはめに陥《おちい》る。

やがて赦《ゆる》され、江戸に戻るが、北斎の制作意欲は一向に衰えていなかった。天保十年（一八三九年）、八十歳のときには類焼《るいしょう》にあい、それまで描きためていた大八車一杯分もの画稿を焼失するという悲劇に見舞われる。さすがにこのときは気落ちしたが、それでもあきらめず、転居先では徳利を割り、それを絵皿にしてさっそく筆をとったという。

天保十三～十五年にかけては、かねてより北斎の絵に惚《ほ》れ込んでいた信濃国《しなの》（長野県）小布施《おぶせ》村の豪商で儒学者、自らも絵筆を握った高井鴻山《こうざん》に招待され、専用に建ててもらった工房で制作活動にいそしんだ。

真正の画工を目指して

嘉永元年（一八四八年）、浅草聖天《しょうてん》町の小さな借家に引っ越す。北斎はすでに八十九歳になっていたが、精力的に制作を続け、翌二年には「雪中虎図《せっちゅうとらず》」「雨中虎図《うちゅうとらず》」「富《ふ》士越龍図《じえつりゅうず》」などの肉筆画の傑作をものにしている。

この「富士越龍図」が北斎の絶筆とされており、富士山の向こうに龍が天に向かって飛翔する光景を描いた一枚だ。自らの死を悟って描いたものだと言われている。

このころにひいた風邪が悪化し、北斎は床についてしまう。北斎は死の淵をさまよいながらも、

「天があと十年、いや五年の命をくれれば、真正の画工になれたものを……」

そう何度もつぶやいたという。

こうしてお栄の懸命の看病もむなしく、その年の四月十八日、北斎は九十歳で没した。この臨終の様子から北斎は自分のことを最後まで未熟な絵師だと思っていたことがわかる。この飽くなき向上心の源泉は一体どこからくるのだろうか。

北斎の最期を看取った娘お栄のその後だが、数年後に絵筆を携えてふらりと旅に出、そのまま消息は途絶えてしまった。一説には北陸の金沢で亡くなったという。

不世出の柔道家コンデ・コマ前田は戦うことを止めてから何をした？

コンデ・コマ前田光世《まえだみつよ》（1878〜1941年、享年63）
講道館黎明《れいめい》期の柔道家。青森県弘前市の生まれ。若くして単身で海外を飛び回り、柔道の普及に努めた。二千回以上戦って敗戦はわずか二回だったという。

●世界を飛び回った天才柔道家

一九〇八年（明治四十一年）四月二十八日、日本人七百八十一人を乗せた東洋汽船の「笠戸丸《かさとまる》」が神戸を出港、シンガポールや南アフリカを経由し、六月十八日、南米ブラジルのサンパウロ州サントス港に到着した。これこそ、日本政府公認のブラジルへの移民第一号であった。

以来、二〇〇八年までの百年間で十三万人の日本人が移住し、今や「日系人」と呼ばれる人々はブラジル全土で約百九十万人（総人口の〇・六％）を数えるという。世界の中でもブラジルが最大の日本人居住国であることは言うまでもない。

それまでのアメリカにかわって、ブラジ

ルが最大の日本移民受け入れ国となったのは一九二〇年代のことだ。そのころ、ブラジルにあって日本人移民とブラジル人をつなぐパイプ役として活躍した日本人がいた。

その人物こそ、コンデ・コマの通称でも知られた前田光世《まえだみつよ》である。それまで、柔道着一つを肩に担いで世界中を飛び回り、行く先々の腕自慢と真剣勝負を繰り返した天才柔道家が、なにゆえ日本人のブラジル移住をサポートする活動に後半生を捧げたのであろうか。

二十三歳の若さで講道館柔道の三段に

若いころ、海外で様々な格闘家と二千を超える試合をこなし、不敗伝説を残した前田光世。そんな前田は一八七八年（明治十一年）十二月十八日、青森県中津軽郡船沢村（現・弘前市）の庄屋の家で長男として誕生した。家は裕福だった。少年のころから力が強く、米俵を両手に一俵ずつ軽々と持ち上げて見せたという。

地元の高校を中退して単身上京し、現在の早稲田高校に入る。そこで柔道と出会い、講道館に入門する。その後、早稲田大学（当時は「東京専門学校」）に入っても柔道にのめり込み、明治三十五年一月には二十三歳の若さで嘉納治五郎《かのうじごろう》講道館初代館長より三段位を授けられている。

人生の転機が訪れたのはその二年後のことで、四段に昇っていた前田は柔道使節の一員として渡米することになった。このころの前田は覇気横溢《はきおういつ》とした青年で、友人らに常々「大陸（中国）にわたって馬賊になりたい」と広言してはばからなかったくらいで、この渡米話に一も二もなく飛びついたという。

こうして前田の海外武者修行が始まった。使節団が帰国しても一人残った前田はアメリカ各地を、強敵を求めて転戦。さらに大西洋を越えてヨーロッパ（イギリスやベルギー、フランスなどに足跡が残っている）、再びアメリカ大陸に戻ってメキシコから中南米を回り、最終的に腰を落ち着けたのが南米ブラジルだった。

●生涯で敗戦はわずかに二回

「柔道の強さを世界に広めたい」と常々念願していた前田は、それこそどこどこどこの町に強敵がいると伝え聞くと、そこへ喜んで出かけ、対戦を申し込んだ。相手は町一番の荒くれ者から、プロのボクサーやレスラーまでいたが、それらを悉《ことごと》く柔道の技でぶん投げ、絞め落とし、あるいは関節技で悲鳴を上げさせた。こうして試合を重ねることで賞金が入り、滞在費にも事欠かなくなったという。

全盛期の前田は柔道家らしくがっちりとした体形だが、身長は百六十五センチ程度と西洋人から見れば小柄だった。そんな前田を侮《あなど》ってか、対戦相手たちは無造作に掴《つか》みかかっていくが、次の瞬間、まるで魔法にでもかかったようにあっけなく床やマットに背中から叩きつけられるのが毎度のことだった。

ニューヨークで道場を開いたときは、噂を聞いて入門者が殺到したという。ところが、張り切りすぎた前田は遠慮なく生徒をぶん投げるものだから、そのうち誰も来なくなってしまった。受け身など単純な練習を繰り返させられるのも、当時のニューヨークっ子には合わなかったようである。

生涯で二千回以上戦ったうち、敗戦は二回だけだったというから、凄《すさ》まじい。この数字に確かな裏付けがあるわけではないが、世界各国に残された試合の目撃談から判断して稀《まれ》にみる天才柔道家だったことは間違いないようである。

いつも金に困っていた？

前田が勝ち続けることができたのは、当時、欧米では柔道という格闘技がほとんど未知数で、それが前田に有利に働いたのだ、と指摘する向きもあるが、それは真剣勝負を知らない人の言葉である。考えてほしい。前田にとっても毎回相手は何を仕掛けてくるかわからない未知の対戦者だったのだ。

それも前田は、事前に相手の提示する条件をほとんど飲み込んだ上で試合をした。たとえばブラジルで、同国の伝統武術で足技を主体とするカポエイラの達人と戦ったときはナイフの使用まで認めている。それでも前田はこの男をあっさり退《しりぞ》けたという。

ヨーロッパでも前田の盛名はとどろき、スペイン滞在中には前田が強すぎて対戦相手がみつからなくなったため、わからないように名前だけでも変えようということになった。スペイン人の後援者たちは、日本の武術家然とした前田の折り目正しい態度から、スペイン語で「伯爵《はくしゃく》」を意味する「コンデ」と付けることを提案。

それを聞いて前田が、「では、自分はいつも金に困っているから、コンデ・コマルではどうだ」と言った。のちにこのコンデ・コマルがコンデ・コマになったという次第。この話の真偽《しんぎ》は定かでないが、前田という人は普段なかなか茶目っ気のある人物であったことは間違いないようである。

四十四歳で公開試合から身を引く

ヨーロッパを後にした前田が、中南米から南米大陸に入り、ペルーやボリビア、チリ、アルゼンチンなどを歴訪し、運命の地ブラジルの土を初めて踏んだのは一九一四年（大正三年）十一月のことだった。前田はリオ・デ・ジャネイロやサン・パウロ、マナウスなどブラジル各地を精力的に回り、試合をしたり警察や学校などで柔道を実演したりした。

そして、永住の地となるアマゾン川河口の都市ベレンに入ったのは、翌一九一五年十二月であった。その後、請《こ》われて一時的にヨーロッパやアメリカに渡って試合をすることはあったが、基本的にはベレンで暮らした。アマゾンの大自然とベレンのヨーロッパ風の美しい街並みとの対比の面白さ、さらには親切で大らかな性格の人たちが多く、前田の心をなごませたという。

一九二二年、キューバでいくつかの試合

をこなした後、ベレンに戻る。このとき四十四歳になっていた前田は、ここで自らの格闘家人生に一つのピリオドを打つことを決意する。その数年前からベレンで柔道場を開設していたが、柔道を人に教えることはあっても公開試合からは一切身を引くことにしたのである。

この前田の道場に熱心に通ってくる、あるスコットランド系移民の一族がいた。彼らこそが、のちに前田から習った柔道を基《もと》に組み技主体の格闘技「ブラジリアン柔術」を編み出したグレイシー一族である。

入植交渉はとんとん拍子に運ぶ

日本国内では一九二〇年代を迎えると、それまでの第一次世界大戦時の好景気（いわゆる「大戦景気」）の反動で不況の波がひたひたと押し寄せ、そこに関東大震災や金融恐慌などが加わって日本経済は暗黒時代に入ろうとしていた。それを憂慮した政府は国民に向かって盛んに海外移民を呼びかけた。

ところが、それまで最大の受け入れ先だったアメリカが、アジア出身者など有色人種の移民を厳しく制限する法律を成立させたことから、困った政府は新しい入植先として南米ブラジル、それもアマゾン川流域の開拓に目をつけた。

こうして日本側の経済人や医師、農学博士、土木技師などからなる第一回アマゾン調査団が、前田が住むベレンを訪れたのは一九二六年（大正十五年）五月末のことであった。

調査団がまっ先にベレンを選んだのは、同地には上流社会にも顔がきき名士として尊敬されているコンデ・コマ前田という名の風変わりな日本人柔道家が住んでいることを事前に把握しており、その前田の人脈を利用してアマゾンへの入植事業を成功裏に導こうと考えたからである。

ブラジル政府や市の当局者たちとの交渉はとんとん拍子に運び、広大な土地を無償提供してもらえることで話はまとまった。この交渉において前田がどんな役割を果たしたかは記録がなく、よくわかっていない。日本側の調査団にすれば、帰国したときに自分たちの力だけでこの交渉をまとめたと自慢したかったのだろう。

私設領事官として尽力

このあたり、幕末期のジョン万次郎の場合とよく似ている。咸臨丸《かんりんまる》でアメリカに渡った際、同じ船に乗っていた勝海舟《かつかいしゅう》や福《ふく》沢諭吉《ざわゆきち》らは、行き帰りの操船をはじめ現地での通訳や調整役《コーディネーター》と、万次郎にさんざん世話になっておきながら、日本に帰国した途端、手のひらを返したように万次郎に冷たく当たった。土佐の漁師上がりに世話になったことが、誇り高き武士には赦《ゆる》せなかったのである。

しかし、そんなことはどこ吹く風で、前田にすれば祖国のために働けることが単純にうれしかったようである。それから三年後の一九二九年九月に、四十三家族を含む約百九十人からなる第一次アマゾン移民を乗せた大型商船「モンテビデオ丸」がリオ・デ・ジャネイロ港に到着すると、前田は嬉々《きき》として出迎え、入植地への道案内を務めるなどなにやかやと世話を焼いている。

その後も前田は、外務省の嘱託《しょくたく》職員になったこともあり、ベレンに邦人がやってくるたびに入植や仕事の世話を買って出た。ときには開拓の辛さから逃げ出し物乞《ものご》い同然に落ちぶれた男にまで救いの手を差し伸べたという。一九三四年にはベレンに日本領事館が開設されるが、その後もベレンを訪れる邦人らはむしろ前田を頼りにするほどで、彼らは前田のことを「私設領事官」と呼んで敬愛した。

アマゾン移民たちはその後苦労の末に、胡椒《こしょう》とインド麻（ジュート）の栽培を成功させ、ブラジルの国庫を大いに潤わせたという。

葬儀では車が道路を埋め尽くす

前田は一九三〇年（異説あり）にブラジルに帰化しており、家庭にはスコットランド出身の妻と二人の養女がいた。一九四〇年には日本政府が前田のこれまでの功績を認め、二十五歳で海外に出てから一度も日本に帰っていない前田を喜ばせてやろうという親心もあり、「皇紀二千六百年祭」の記念柔道大会に招待しようとした。しかし前田はこの式典に参加していない。妻が、いったん故郷に帰ってしまえば、夫はもう二度と戻らないのではと心配し引き止めたからだと言われている。

その翌年の一九四一年（昭和十六年）十一月二十八日、前田は持病の腎臓病が悪化し、自宅で亡くなった。享年六十三。それは真珠湾攻撃の十日前のことだった。その葬儀では、ベレン中の自動車が集まったのではないかと思わせるほど、市街地から墓地までの道のりを車が埋め尽くし、柩《ひつぎ》を見送った。

人生の大半を、強さを追い求めて真剣勝負に明け暮れたコンデ・コマ前田。それは言ってみれば自分勝手な人生だったが、やがて家族ができ、祖国日本からも頼られる存在となったことで、人のために尽くすことの喜びに目覚めたのではないだろうか。そして、そんな前田を在留邦人にとどまらず、ベレン中の人々が愛したのである。彼の葬儀がそれを証明している。

前田は死後、講道館から七段位を追贈されている。

不滅の六十九連勝を成し遂げた大横綱・双葉山の「幕引き」後とは？

双葉山定次《ふたばやまさだじ》（1912～1968年、享年56）
第三十五代横綱。大分県宇佐市の生まれ。昭和十一年一月場所から十四年一月場所にかけて（当時は今と場所数などが異なる）、不滅の六十九連勝を達成。

●煙草盆や火鉢までが宙を舞う

昭和十四年（一九三九年）という年は、ポーランドに侵攻したドイツに対し、イギリスとフランスが宣戦布告し第二次世界大戦が始まった年である。日本ではこの年の一月十五日、大相撲一月場所四日目が両国国技館（旧）で行われ、結び前の一番が日本中を興奮の渦に巻き込むことになった。

その一番こそが、三十五代横綱双葉山《ふたばやま》と西前頭三枚目安芸ノ海《あきのうみ》との取組だ。この日、両者は初対決だった。双葉山は三年前の一月場所七日目から連勝街道をひた走っていただけに、観衆の誰もが双葉山の勝利を確信していた。ところが、いざ蓋を開けてみれば、新鋭の安芸ノ海が双葉山を外掛けで破り、七十連勝目に待ったをかけたのである。なにしろ相手は三年間というもの無敗を誇っていた大横綱だけに、観衆は信じられないものを目にして国技館の中は文字通り興奮の坩堝《るつぼ》と化した。

大津波が押し寄せてくるような地鳴りがしたかとみるや、次の瞬間、館内は一気に爆発した。四方八方から土俵上に座布団や羽織、蜜柑《みかん》などが乱れ飛び、なかには客席に備え付けられていた煙草盆《たばこぼん》や火鉢までもが宙に舞ったという。このとき、ラジオ中継を担当していたNHKのアナウンサーはマイクに向かって何度も「双葉山敗れる」を繰り返し、その興奮を全国の茶の間に伝えたのであった。

一体、双葉山はこのときなぜ敗れたのであろうか。そのあたりの謎に迫りながら、力士を引退後、日本相撲協会理事長として果たした功績についても述べてみたい。

身体的ハンデを乗り越えて

双葉山が連勝を続けていたころ、どうすれば双葉を倒せるかと、どこの相撲部屋でも日夜作戦が練られたという。それは安芸ノ海が所属する出羽海《でわのうみ》部屋でも同じだった。

打倒双葉の作戦参謀は安芸ノ海の先輩力士の笠置山《かさぎやま》という人物で、当時としては稀有《けう》な大学（早稲田大学）卒の「インテリ力士」であった。笠置山らは相撲協会の映画部が保管している動画フィルムを借りるなどして双葉山の相撲を徹底的に研究した。

当初こそ、このインテリ力士をもってし

ても双葉山の取り口は完璧で、兎の毛でついたほどの弱点も見出せなかったが、それでも研究を重ねるうち、とうとうある弱点をみつけだすことに成功する。

その弱点とは「双葉関は右に食いつかれるのを嫌がり、それを振り払うため無理な投げを打って体勢を崩すことがある。そこを掬うか足を掛けるかしてみてはどうか」というものだった。結果的にこの作戦が見事に当たったわけである。

双葉山がなぜ自分の右側に食いつかれるのを嫌がったかといえば、実は彼の右眼は半失明状態だったからである。これは彼が五歳のときに遊び友達の一人が物陰から放った吹矢によって傷付いたもので、以来、ずっと片眼での生活を余儀なくされていたのだ。しかし、立浪《たつなみ》部屋に入門してからの双葉山はそのことを仲間の力士に打ち明けたことがなく、ずっと隠していた。自分の右眼が見えないことを公表するのは力士を引退してからである。

この子供のときの事故については、郷里である現在の大分県宇佐市下庄に、次のような逸話が伝わっている。吹矢が放たれた現場にたまたま双葉山（当時は穐吉定次《あきよしさだじ》少年）の父親もいて一部始終を見ていたのだが、父親は誰が矢を放ったのか定次に名前を明かさなかったという。息子がその子を一生恨《うら》むようなことがあっては本人のためにならないと考えたからだ。まさに、この父親にしてこの子あり、である。

定次少年は学業が優秀で進学を目指して

いたが、父親が事業（海運業など）で失敗し、多額の借金を負ってしまう。そこで家計を支えるため、体が大きく力も強かった定次は十五歳で角界に飛び込んだのだった。

●連勝が止まった次の場所は全勝

双葉山の六十九連勝は二十四歳、東前頭三枚目だった昭和十一年一月場所の七日目から始まった。当時の本場所（東京場所）は年に一月と五月の二場所で、一場所十一日制だった。その後、双葉山人気が高まると十三日制になり、七十連勝がストップした十四年の一月場所が最後の十三日制の場所となった。その年の五月場所から十五日制となるのである。

さて、気になるのは四日目で敗れてからのその後だが、五日目と六日目はそれまでの疲れが出たのか連敗し、九日目にも黒星を喫している。結局その一月場所は九勝四敗で終わった。

「さすがの大横綱も人の子、ピークは過ぎたか」と誰もが思った次の五月場所、双葉山は十五戦全勝で見事な復活劇をみせる。翌十五年一月場所も十四勝一敗の好成績で七度目の優勝を遂げた。次の五月場所こそ七勝五敗三休と不調だったが、その後、滝に打たれるなど精神修養を重ね、復活を果たす。

結局、双葉山は昭和二十年十一月場所（この年は戦争の影響で六月と十一月に開かれた）まで横綱の地位を守った。十八年に三十七代横綱となった安芸ノ海とは初対決で負けて以来九回対戦したが、一度も負けていない。

連勝が止まった翌場所（十四年五月場所）から引退するまでの全十四場所の通算成績は百四十五勝二十敗二十二休、勝率はなんと八割八分（休場を除く）という高さだ。十分余力を残して引退したことがわかる。優勝回数は全部で十二回だ。

安芸ノ海（本名永田節男《ながたたかお》氏）は廃業後、ベースボール・マガジン社発行の相撲雑誌のインタビューにこたえ、しみじみとこう語っている。

「当時は二場所、今は六場所。今のほうがきついと思うかもしれないが、元気なときは場所がいくらあっても平気なもの。むしろ場所が多いほうが調子はいい。もしも双葉関の時代が六場所だったら、百五十連勝ぐらいはしたと思う。それくらい強い力士だった」

まさに、不世出の大横綱だったのである。

大相撲の近代化を推進

双葉山は引退後、親方時津風《ときつかぜ》を襲名《しゅうめい》する。横綱時代に立浪部屋から独立して「双葉山道場」を設立しており、二足のわらじを履きながらすでに多くの名力士を育成していた。昭和二十二年十月、協会の理事になると、十年後の三十二年五月、四十五歳で出羽海のあとを受け理事長となった。

この理事から理事長時代にかけては、台頭してきたほかのプロスポーツ（プロレス、プロ野球、プロボクシングなど）に対抗するため、土俵上の四本柱の廃止、本場所の年六場所制の確立、部屋別総当たり制の導入、定年制や退職金制度の新設、相撲茶屋制度の改革、相撲診療所の開設……など今日にもつながる様々な改革を断行し大相撲の近代化を推進した。

　このなかで、わかりにくいものを補足説明すると、例えば四本柱の廃止。大相撲の土俵風景を描いた江戸時代の浮世絵を見たことがある人ならおわかりだろうが、昔は土俵上の屋根を支えるのに四方に太い柱が立っていた。これが視界を妨げると評判が悪かったため、昭和二十七年秋場所から吊り屋根式とし、柱を取り払った。

　部屋別総当たり制というのは、それまで同じ一門の力士は対戦が組まれなかった。一例をあげれば、二所ノ関《にしょのせき》部屋の大鵬《たいほう》（四十八代横綱）は片男波《かたおなみ》部屋の玉乃島《たまのしま》（のち玉の海、五十一代横綱）と対戦できなかった。これでは対戦がマンネリ化し本当の意味で相撲ファンを喜ばせることにならないと時津風は考え、部屋が違えば総当たりとするよう改めたのである。昭和四十年（一九六五）一月場所からスタートしている。

　こうした数々の改革が認められ、昭和三十七年には角界から初めて紫綬褒章《しじゅほうしょう》を受章した。亡くなったのは四十三年十二月十六日で、病名は劇症肝炎。まだ五十六歳だった。没後、従四位勲三等旭日中綬章《きょくじつちゅうじゅしょう》を贈られている。力士として土俵上だけでなく、協会幹部としても光彩を放ち続けた見事な人生だった。

九 時代を駆け抜けた あの人たちのその後の顚末

天皇になろうとした男・道鏡とそれを阻んだ男・和気清麻呂のその後

和気清麻呂《わけのきよまろ》（733〜799年、享年67）
奈良時代末期から平安時代初期にかけての貴族。皇位を狙った妖僧・道鏡《どうきょう》の思惑《おもわく》を阻止したことで流罪となる。のちに赦《ゆる》され、実務官僚として重用された。

●女帝の病を祈祷で治す

日本の歴史上、政治に影響を与えた僧侶も数多《あまた》いるが、奈良時代後期に登場した弓《ゆ》削道鏡《げのどうきょう》は、その最右翼であろう。なにしろ、一介の僧侶の身でありながら天皇に成ろうとしたのだ。これほど大胆不敵な暴挙は、後にも先にも例がなかった。

怪僧とも妖僧とも言われた道鏡は最初、病気を癒《いや》す祈祷僧《きとうそう》にすぎなかった。たまたま近江《おうみ》（滋賀県）の保良宮《ほらのみや》において、女帝孝謙《こうけん》上皇（のちの称徳《しょうとく》天皇と同一人物、上皇は天皇譲位後の尊称）の病《やまい》を祈祷によって回復させたことから運が開け、女帝の寵愛《ちょうあい》を一身に受けることになった。

その後、女帝のあと押しで僧侶としては

最高位の法王の地位にまで昇った道鏡は、最終的にはこともあろうに天皇の地位を望んだが、それは宇佐八幡宮《うさはちまんぐう》の神託《しんたく》で拒否され、ついに失脚してしまう。

そんな「天皇になろうとした男」道鏡は失脚後、一体どんな人生を歩んだのであろうか。道鏡の天皇即位を、身を挺《てい》して阻止した和気清麻呂《わけのきよまろ》の知られざる晩年とあわせて紹介してみたい。

●異例の超スピード出世

道鏡は河内国《かわち》（大阪府）の豪族弓削氏の出身で、奈良時代が始まった八世紀初頭に生誕したと考えられている。父母の名は不明だ。名前からもわかるように、弓を作る一族の末である。

道鏡の出家した時期はわからないが、最初に法相宗《ほっそうしゅう》（南都六宗の一つ）を学んだらしい。しかし、大人しく寺にこもって教学を身につけるというよりも、もっぱら深《しん》山幽谷《ざんゆうこく》に分け入って道なき道を走ったり滝にうたれたり――といった修験者《しゅげんじゃ》に近い難行苦行に明け暮れたようである。

孝謙上皇に病気見舞いを行ったのは天《てん》平宝字《ぴょうほうじ》六年（七六二年）四月のことで、ときに上皇は未婚の四十五歳。対する道鏡は確かな生年は未詳だが五十代半ばとみられている。当時としては二人とも老境に差し掛かった年齢と言ってよい。

後世、二人の間に恋愛感情があったとも言われているが、年齢を考えると疑わしい。上皇にすれば、自分の病を治してくれたことで道鏡への信任を厚くし、さらにまた、相手が部外者だからこそ安心して政治に関しての悩み事を打ち明けていたのだろう。そうした仲のよさを周囲が勘ぐったというのが本当のところではないだろうか。

　このころ中央政界では、左大臣藤原《ふじわらの》武《む》智麻呂《ちまろ》の次男仲麻呂《なかまろ》（恵美押勝《えみのおしかつ》とも）が幅を利かせていた。仲麻呂は、孝謙上皇が氏素性もはっきりしない祈祷僧を寵愛することを心配し、ときの淳仁《じゅんにん》天皇を通じて上皇に道鏡を遠ざけるよう諫《いさ》めさせたという。しかし、上皇はこれに猛反発したため、仲麻呂は七六四年、道鏡の排除を名目に兵を挙げたのである。

　ところが、孝謙上皇の命を受けた仲麻呂追討《ついとう》軍（大将は吉備真備《きびのまきび》）は精強で、たちまち仲麻呂軍を琵琶湖西岸の三尾《みお》に追いつめ、仲麻呂以下その一族をことごとく捕えて処刑したのだった。

　この藤原仲麻呂の乱（恵美押勝の乱とも）が終息すると、上皇は称徳天皇として復位（重祚《ちょうそ》）し、道鏡を大臣禅師《だいじんぜんじ》に任じている。左大臣に相当する高位だった。その後道鏡は翌七六五年には太政大臣《だじょうだいじん》禅師となり、天皇の臣下で最高の地位につくと、翌年には法王となって天皇に準じる立場となった。孝謙上皇と知り合ってからわずか四年目という、まさに超異例のスピード出世だった。

●清麻呂を抱き込む道鏡

　七六九年、九州の神社を統轄《とうかつ》する阿曽麻《あそま》呂《ろ》という者から、「道鏡を皇位につかせれば、天下は太平になるだろう」という宇佐八幡宮の神託があったと、朝廷に報告がもたらされた。『続日本紀《しょくにほんぎ》』によれば、阿曽麻呂が道鏡に媚《こ》びて神託をでっちあげたものだったという。当時、宇佐八幡宮は九州一円は言うに及ばず、その神威《しんい》は全国にとどろいていた。

喜んだ称徳帝は、神託を確かめるため、儒学者で清廉潔白の人柄で知られていた和気清麻呂を宇佐へ派遣することにした。道鏡は清麻呂が使者に決まると高価な贈り物をし、「帰京したら高い官位を与えよう」と清麻呂の耳元でささやいたという。

ところが、宇佐から清麻呂が持ち帰った神託は称徳帝と道鏡の二人には意外なものだった。すなわち、

「わが国は開闢《かいびゃく》以来、君臣が定まっている。臣下を君とすることはできない。天皇には天皇の血筋の者を立て、無道の者は速やかに除くがよい」

という内容だったからだ。これを聞いて称徳帝と、「無道の者」道鏡は激怒した。二人は「清麻呂が嘘をついた」と決めつけ、清麻呂の官位をはく奪し、あまつさえ別部《わけべの》穢麻呂《きたなまろ》と改名させて、大隅国《おおすみのくに》（鹿児島県）へ流してしまったのである。

その後、称徳帝は二度と道鏡を皇位につけようとはしなかった。内容はどうあれ正式に下った神託に対し、それを覆《くつがえ》すことはさすがにはばかられたのであろう。

この神託事件があった翌年（七七〇年）の八月、称徳帝が五十三歳で崩御《ほうぎょ》した。す

ると、藤原百川《ふじわらのももかわ》らが白壁王《しらかべのおおきみ》（のちの光《こう》仁天皇《にんてんのう》）を立てて皇太子とし、喪に服していた道鏡を、下野国《しもつけのくに》（栃木県）の薬師寺別当《やくしじべっとう》（別当は寺務を管理する役目）に左遷《させん》した。そして、その二年後、一代の怪僧弓削道鏡はこの下野国で亡くなった。葬られたときは庶民の扱いだったたという。

●道鏡の呪いを畏れる

ここで注目したいのが、道鏡の都落ちはあくまで「左遷」であって、罪人としての島流し的な「配流《はいる》」とは違うということだ。『続日本紀』にも「発遣《はっけん》（派遣と同義）」という表現が使われており、配流でなかったことがうかがえる。

そもそも下野薬師寺という寺は当時、奈良の東大寺や筑紫《つくし》（福岡県）の観世音寺《かんぜおんじ》などと肩を並べるほどの格式の高い名刹《めいさつ》であった。東国における仏教施策の一翼を担う重要な寺院として位置づけられていたのである。罪人がそんな名刹に送り込まれるわけがない。本当に配流であれば、もっと田舎の名もない荒れ寺に送られたはずである。

この地で道鏡は比較的自由に暮らしていたらしく、薬師寺の近くで河内という郷里の名を付けて住んでいた。道鏡のあとを慕って称徳帝の女官たちも集団で移住して来たという。

道鏡はまた、いくつかの寺を創建することにも熱心に取り組んでおり、今日残っている寺では小山市宮本町の持宝寺《じほうじ》（新義真《しんぎしん》言宗《ごんしゅう》）が道鏡の開山によるものだという。

同寺には、道鏡と孝謙天皇によって創建されたことを記した梵鐘《ぼんしょう》が伝わっている。

ところで気になるのは、天皇の地位を簒《さん》奪《だつ》しようとしたほどの極悪人が、なぜ殺されることもなく、「左遷」という軽いお咎《とが》めで済んだかということだ。それについては推測の域を出ないが、道鏡による復讐を中央の貴族たちが畏《おそ》れたからではないかとみられている。

道鏡の供養を盛大に執り行う

なにしろ道鏡は密教占星術「宿曜道《すくようどう》」の大家で呪術《じゅじゅつ》を得意としただけに、藤原一族など中央の貴族たちは、へたに道鏡の恨みを買って呪い殺されでもしたらたまらないと考えたのだ。こうした感覚は現代人には納得できないかもしれないが、この当時、中国から伝わった道教の影響で、困ったときや良くないことが起こったり、病気になったりしたときに、それを払いのける術として呪術が大流行していた。

それは今日、平城京跡から呪術に使われたと思われるたくさんの呪いの人形《ひとがた》が出土していることでも明らかだ。なかには、目や心臓部に釘《くぎ》が打たれた人形までみつかっている。誰かを呪い殺そうとしたなによりの証拠と言えよう。

そのためか、道鏡の死を伝え聞くと中央の貴族たちはようやく厄介払《やっかいばら》いができたといったんは胸をなでおろしたものの、道鏡なら死んでもあの世からわれわれを呪い殺すくらい朝飯前だ、と誰かが言い出したため、あわてた貴族たちは道鏡の供養を盛大に執《と》り行うよう命じている。それは道鏡が亡くなって九年目のことだった。きっと道鏡は、あの世から貴族たちのこうした狼狽《ろうばい》ぶりを見ていて、少しは腹の虫がおさまったに違いない。

平安京遷都の推進者に

さて一方の道鏡の皇位簒奪を阻止した「正義の人」、和気清麻呂のその後についてもふれておこう。

道鏡が失脚後、清麻呂は光仁天皇のはからいで都に戻され従五位下に復位し、名誉を回復した。そして、播磨《はりま》（兵庫県）や豊《ぶ》前《ぜん》（福岡県）の国司《こくし》（地方官）を歴任した後、新しく即位した桓武《かんむ》天皇の下で有能な実務官僚として律令《りつりょう》政治の立て直しなどに尽力する。

清麻呂の晩年の功績で最も大きいのが、「鳴くよウグイス」で知られる平安京の建設に中心的人物としてかかわったことだ。

桓武帝は七八一年に即位後、地理的不利を内包していた奈良の平城京に見切りをつけ、平城京の北方約四十キロメートルにある長岡の地に新しい都を建設しようとしていた。ところが、洪水の被害や日照りによる飢饉《ききん》、疫病《えきびょう》の大流行、皇后《こうごう》ら桓武帝の近親者の相次ぐ急死……などにより新都建設は途中でストップしていたのである。

この状況を憂慮した清麻呂は、ある日のこと、狩猟にことよせて桓武帝を京都・東山にお連れし、京都盆地を一緒に見下ろしながら、「ここなら唐の長安や洛陽《らくよう》にも負けないすばらしい新都を建設できることでしょう」と述べた。

●清麻呂、正一位にのぼる

桓武帝は清麻呂のこの意見に動かされ、即座に長岡京の建設を中止し、葛野《かどの》方面（京都市）への再遷都《せんと》を命じた。そして、その新都づくりの最高責任者（造宮大夫《ぞうぐうだいぶ》）に抜擢《ばってき》された清麻呂は、鴨川の流れを変える土木工事を行うなど、いくつもの治山《ちさん》・治水《ちすい》事業を推進し、その後の京阪神地区発展の礎を築くことになるわけである。

七九九年、天皇に成ろうとした男の野望を砕き、晩年はありあまる才能で平安遷都実現の推進者となった古代史の英雄は六十七歳でこの世を去った。時代は下って、明治三十一年（一八九八年）、ときの明治帝が、皇室にとっては大恩人にあたるこの清麻呂に対し、薨後《こうご》千百年を記念して正一位の位階を追贈《ついぞう》している。

本能寺の変で謀叛人の娘となった細川ガラシャの数奇な後半生

細川《ほそかわ》ガラシャ（1563〜1600年、享年38）
明智光秀《あけちみつひで》の娘。本名はたま。細川忠興《ただおき》（肥後細川家初代）の正室。本能寺の変ののち、キリシタンに。関ヶ原の戦いで人質になるのを拒《こば》み、自害を遂《と》げた。

●戦国期を代表する悲劇のヒロイン

古今東西、美しく生まれついたばかりに数奇な運命をたどる女性は多い。特に戦国時代、お家のためにと政略結婚させられ、悲しい最期を迎えた女性の例は枚挙にいとまがない。

なかでも、戦国期を代表する悲劇のヒロインと言われるのが、織田信長《おだのぶなが》の妹お市《いち》の方《かた》と、のちに「ガラシャ夫人」と呼ばれる明智光秀《あけちみつひで》の娘たまである。

ことにたまは、主殺しの謀叛人《むほんにん》の娘と後ろ指をさされ、苦難の後半生を送った。その後、関ヶ原の合戦に巻き込まれて亡くなるまでの約二十年間、彼女は何を思いどう過ごしたのだろうか。

たまは永禄六年（一五六三年）、明智光秀の三女（次女説もある）として生まれた。信長の家臣となって手柄を立てた光秀は坂本城（滋賀県大津市）を築城し、たまはこの城で少女期を過ごす。やがて、たまはたいへんな美人に成長する。

たま十七歳のとき、人生の転機が訪れる。信長の命により勝竜寺《しょうりゅうじ》城（京都府長岡京市）城主細川藤孝《ふじたか》の長男忠興《ただおき》の妻となる。忠興も同じ十七歳。荒々しさと優雅さを併せ持つ青年武将だったが、人一倍嫉妬《しっと》心が強かった。忠興は美しいたまを溺愛《できあい》し、たとえ雄猫《おすねこ》一匹でもたまの部屋に近づくことを禁じたという。

しかし、二人のそんな蜜月時代も長続きしなかった。天正十年（一五八二年）六月二日未明、光秀が本能寺に宿泊していた主君信長を急襲し、自害に追い込む。日本の歴史を変えた大事件「本能寺の変」である。これでたまの運命は一変した。

丹後半島に幽閉される

細川家は上を下への大騒ぎとなり、謀叛人の娘をそのまま留め置くことはできない、と家来たちが忠興に詰め寄った。そこで忠興は不承不承《ふしょうぶしょう》ながら、たまを生まれたばかりの子供から引き離し、わずかな供回りをつけて丹後半島の味土野《みどの》という山里に幽閉してしまう。たまの苦難の人生はこの山里から始まった。

夫や子供と離れ離れになっただけでもたまには五体を引き裂かれる苦しみだったが、

そこに、人づてに聞いた明智一族の無惨な最期の様子が追い打ちをかけた。しかも、このとき妊娠していた子を死産するという悲劇も加わり、たまは地獄の責め苦を味わうことになる。

そんな悲しみに明け暮れるたまに救いの手を差し延べたのが、侍女の佳代《かよ》である。マリアという洗礼名を持つ佳代は、たまにデウス（天主）の教えを説いて慰《いと》め励ましたという。

天正十二年、天下人となった秀吉は忠興に、大坂城下に屋敷を新築するよう命じ、たまを迎え入れることを許した。忠興にとって二年ぶりのたまとの再会だった。忠興はたまに外出を禁じて邸内に閉じ込め、以前と変わらず溺愛したという。

十五年三月、忠興は秀吉に従い九州の島津征伐に出陣した。その留守にたまは侍女数人と屋敷を抜け出し、念願の教会に出向く。以来、たまは佳代を使って宣教師と手紙のやりとりをし、信仰を深めていった。そして、ついには洗礼を受ける決意を固めるのだが、折悪しく秀吉がキリシタン禁制を布告する。

それでも受洗したいたまの気持ちは変わらなかった。同年、たまは佳代を通じて洗礼を受ける。洗礼名「ガラシャ」はラテン語で「恩寵《おんちょう》」という意味だ。このとき三男の忠利《ただとし》と侍女十三人も一緒に受洗した。

遠征から帰った忠興はたまの受洗を知り、激怒する。忠興は一緒に入信した侍女の耳や鼻を削《そ》いで追放してしまう。しかし、キリシタンへの取り締まりがいったん緩むと、忠興も態度を軟化させ、たまの希望を聞いて屋敷内に礼拝堂や孤児院を建てるほどだった。忠興はよほどたまに惚《ほ》れ抜いていたのであろう。

●石田三成の要求に抗しきれず自害を

文禄元年（一五九二年）、秀吉は明征伐《みんせいばつ》を決断、諸将を肥前《ひぜん》に集結させた。忠興もその中にいた。その隙をついたものか、大坂城にいる自分のところまで来るよう秀吉はたまに命じた。

かねてから美人と噂が高いたまを見てみたいと好き心がうずいたのである。たまを引見し、その匂うような美しさにすっかり参ってしまった秀吉。たまはよだれを垂らさんばかりの秀吉の好色な眼に気付くと、両手をついて深々とおじぎした。その途端、懐から一振の懐剣がスルリと畳に滑り落ちた。たまはあわてもせずゆっくりと短刀を懐へ戻すと、粗相《そそう》を詫びた。

このとき秀吉は出鼻をくじかれたように照れ笑いをしながら退室したという。こうしてたまは操を守った。秀吉は、たまを首尾よく手ごめにできたとしても、後で自害されては諸将に顔向けできなくなると、そこは冷静に判断し、己の好色を押さえ込んだのである。それ以後、秀吉はたまを招こうとはしなかった。

秀吉の死後、徳川家康《とくがわいえやす》と石田三成が対立、天下は再び乱れた。忠興は家康に三男の忠利を人質として差し出し忠誠を誓った。慶長五年（一六〇〇年）五月、家康の会津討伐に従った忠興の留守に三成が挙兵、大坂の諸将の妻子を人質に取ると宣言し、細川邸も包囲した。

●家来に胸を突かせる

たまは「夫忠興の許しがない」としてこれを拒否する。しかし、三成の要求に抗しきれなくなり、進退窮《きわ》まったたまは自害を決意する。といっても、キリスト教は自害を禁じているため、たまは家老の小笠原《おがさわら》少斎《しょうさい》に命じて自らの胸を突かせた。少斎はたまが事切れたのを確認すると屋敷に火を放ち、割腹して果てた。同年七月十七日、たま三十八年の生涯であった。

戦国乱世に生きる夫の愛とキリスト教との板挟みになりながらも、細川家の面目を保つため死を選んだたま。忠興はキリスト教式の葬儀を執り行い、その死を悼《いた》んだという。

「間宮海峡」を発見した探検家、間宮林蔵の不可解なその後

間宮林蔵《まみやりんぞう》（1775〜1844年、享年70）
江戸後期の幕府の御庭番《おにわばん》、探検家。常陸《ひたち》（茨城県）の貧農の子。間宮海峡を発見したことで有名。幕府隠密として各地の探索やシーボルトの摘発も行った。

●伊能忠敬に測量術を学び蝦夷を探検

ある出来事をきっかけにその人に対する世間の評価が百八十度変わってしまうことがある。

江戸の後期、樺太《からふと》を探検した間宮林蔵《まみやりんぞう》がその好例だ。探検を終えた林蔵は一躍、人気者となり武家・庶民を問わず尊敬されるが、ある事件を契機に世間の冷たい視線を浴びることとなる。一体、林蔵に何が起きたのだろうか。

間宮林蔵は安永四年（一七七五年）、常陸《ひ》（茨城）の貧農の子として生まれた。早くから数学の才能を発揮し、それが認められ江戸に出る。林蔵は伊能忠敬《いのうただたか》に師事し測量術を学ぶ。二十九歳のとき、西蝦夷《えぞ》を、

三十五歳で樺太を探検する。この樺太探検で当時は半島だと思われていた樺太が島であることを確認する。

文政四年(一八二一年)、蝦夷地は幕府直轄《ちょっかつ》領から松前藩の管轄《かんかつ》となる。林蔵は翌年、江戸に帰り、勘定奉行配下の三十俵三人扶持《ふち》の普請《ふしん》役となった。このとき四十八歳。百姓の身分から異例の出世だった。

江戸に戻った林蔵は諸大名や有力幕臣などに招待され、まさに時の人となる。そんな林蔵に近づいてきた人物の中に、ドイツ人医師シーボルトがいた。シーボルトは蝦夷地と樺太の地理や民情に興味を持ち、その探検談を林蔵から聞こうとしたのである。このことが、のちのシーボルトの運命を変えることになった。

文政十一年八月、五年間の任期を終え、オランダへ帰ろうとしていたシーボルトの荷物の中から、国外への持ち出しが禁止されている日本地図、葵《あおい》の紋服など数点が発見される。このためシーボルトは幕府からスパイ容疑で厳しい取り調べを受けることになる。

薩摩藩の探索では忍者もどきの活躍も

取り調べの結果、シーボルト自身は国外永久追放処分となり、シーボルトにそれらの物品を贈った蘭学者、医者らも身内を含めて厳しい処分を受ける。これが世に言う「シーボルト事件」である。実は、この事件を幕府に密告した人物こそ、間宮林蔵なのだ。

事件以来、林蔵は世間から「卑劣な密告者」のレッテルを貼られてしまう。林蔵はそれを知ってか知らずか、この事件後、幕府の隠密《おんみつ》へと転身する。探検で培った知識と行動力が買われたものであろう。林蔵の隠密活動で明らかになっているのは、薩摩藩の密貿易探索と石見《いわみ》（島根県西部）浜田藩の密輸事件摘発である。

特に薩摩藩を探索したときは忍者もどきの活躍をみせている。他国者の流入を警戒する藩の目をあざむくために林蔵は隣国の者になりすまし、鹿児島城下の経師屋《きょうじや》（襖《ふすま》などを表具する商売）に弟子入りする。

そして親方に従って城内に入ると、自分の名札を襖の中に隠してきたという。のちにこの名札は重い意味をもってくる。

「密貿易に関してはすべて調査済みである。嘘だと思うなら、城中のこれこれの部屋の襖紙を破ってみるがよい。そこに隠密の名札が隠されているはずである」

そう言って、幕府は薩摩藩を脅した。つまりこの名札は、遠国といえども幕府の監視の目は絶えず光っているのだということを証明するうえでの重要な小道具となった。薩摩藩はこのときの幕府の脅《おど》しに屈し、十万両の上納金（詫び料）を差し出している。

「間宮海峡」シーボルトが命名

薩摩から戻った林蔵は働きが認められ、二十俵の加増を受ける。林蔵六十一歳のときだ。のちに林蔵は隠密という役目の苦労をこう語っている。

「探偵をしていると様々な人物になりすます必要が出てくる。これまでに一番困ったのは乞食《こじき》になったときだ。身に着るものは薄く、手荷物も持ってはいけないため、自分はつねに路費百両ほどを所持していたが、それを隠すのに困ったものだ」（小宮山綏介『間宮林蔵遺事追加』）

弘化元年（一八四四年）二月二十六日、林蔵は江戸・深川の住まいで縁者に看取られ、七十年の生涯を閉じる。士分は自分一代と考え、後継は置かなかったが、幕府は林蔵の生前の忠勤ぶりを評価し、相応の人物を選んで間宮家を存続させた。

シーボルト事件でミソをつけ、後半生を隠密として過ごしたこともあり、同時代の伊能忠敬と比べると間宮林蔵の人気は低い。しかし、林蔵が偉大な探検家であることは疑いのない事実である。後年、樺太とアジア大陸の間の海峡が、シーボルトによって「間宮海峡」と名付けられ、世界に広まったことは歴史の皮肉と言うべきだろう。

蝦夷地を探検した秀才・近藤重蔵が後に追放となるまで

近藤重蔵《こんどうじゅうぞう》（1771〜1829年、享年59）江戸後期の幕臣、探検家。江戸・駒込の生まれ。幼少期から頭がよく神童として有名だった。蝦夷《えぞ》地（北海道）探検で知られ、特に札幌発展の礎《いしずえ》を築く。

二十八歳から五度も蝦夷を探検

江戸時代後期の北方探検家、近藤重蔵《こんどうじゅうぞう》をご存じだろうか。この近藤同様に北方を探検し、間宮海峡を発見した間宮林蔵とは同時代を生きた人物である。

このころ、ロシアの商船や軍艦が盛んに蝦夷《えぞ》（北海道）近海に出没していた。そこで幕府はロシアの脅威に対抗するため蝦夷を直轄《ちょっかつ》地とする必要があると考え、近藤や間宮らを蝦夷に派遣して地理や風土を調べさせたのであった。

近藤は二十八歳からの約十年間で、幕府に命じられて蝦夷を五度も探検している。特に、今日では北方四島と呼ばれる国後《くなしり》島や択捉《えとろふ》島にも足を伸ばし、北方四島の中では最も東にある択捉島の北端に、この島が日本の領土であることを示す標柱を立てたことでも名を残している。

近藤はこの蝦夷地探検で特に道路の建設や航路の開拓、アイヌとの交易などに力を入れた。また、蝦夷の中央部から日本海側（石狩湾）に向かって流れる石狩川の存在を知るや、当時は原生林に覆われていた札幌の重要性を説き、札幌を蝦夷地経営の拠点とするよう幕府に具申《ぐしん》してもいる。まさに近藤重蔵こそは、その後の札幌発展の先《せん》鞭《べん》をつけた人物でもあったのだ。

探検から戻った近藤は、その有能ぶりが幕府に認められ、幕臣は幕臣でも、それまでの御家人の身分から旗本へと異例の栄達を遂げている。

ところが、その後の近藤の足跡をたどると思わぬ不幸に見舞われ、失意のうちに亡くなったことがわかった。一体、偉大な探検家の身にどんな不幸な出来事が降りかかったのであろうか。

蝦夷地調査の意見書を幕府に提出

近藤重蔵は明和八年（一七七一年）、御《お》手先《てさき》組与力の子として、江戸・駒込に誕生した。与力は町奉行を補佐する重い役目を担っていたが、職掌柄《しょくしょうがら》、罪人を扱うため不浄役人と蔑《さげす》まれ、将軍には謁見《えっけん》が許されない御家人の身分だった。

重蔵は幼児期から秀才ぶりを発揮し、八歳ごろには四書五経（儒学の経典）を悉《ことごと》く諳《そら》じるほどだった。また、十七歳のときには私塾「白山義学」を開いてもいる。

二十歳になった寛政二年（一七九〇年）のとき、隠居した父に替わって町与力として出仕する。同六年、湯島聖堂で開かれた学問試験「学問吟味」において、重蔵は最優秀で合格する。合格者は約六人に一人という狭き門だった。このとき、あの桜吹雪の金さんこと遠山金四郎の父遠山景晋《かげくに》、狂歌で有名な大田南畝《なんぽ》（蜀山人《しょくさんじん》）らも一緒に合格している。

この試験が出世の糸口となり、重蔵は翌年、長崎奉行所への赴任を命じられる。その二年後の寛政九年、江戸に帰参すると、幕府の勘定方に勤める。町与力の身分からは異例の栄達だった。

翌寛政十年（一七九八年）、ロシア船が蝦夷地近海に出没しはじめたことを知った重蔵は、蝦夷地調査の意見書を幕府に提出する。これが即採用され、重蔵は蝦夷地へと向かう。道案内は、蝦夷に何度も上陸したことがある探検家の最上徳内《もがみとくない》がつとめた。

その後、約十年間にわたって重蔵は蝦夷地探検を重ねた。最後の探検は文化四年（一八〇七年）に行った西蝦夷探検で、帰国後、ときの十一代将軍徳川家斉《いえなり》に謁見を許されるという栄誉に浴する。その際、重蔵は札幌の重要性を家斉に力説したという。

こうした度重なる蝦夷地探検の功により、学才があった重蔵は文化五年、三十八歳で江戸城紅葉山《もみじやま》文庫（歴代将軍の図書館）を管理する書物奉行に抜擢《ばってき》される。

探検家、学者、能吏《のうり》として、ここまでは

順風満帆の人生だった。重蔵の目の前にはますます明るい未来が開けているように見えたのだが……。

●自信過剰で独断専行の性格が災いを招く

書物奉行の仕事は、蔵書の管理に始まり、収集、分類、整理、保存、調査など多岐にわたる。重蔵はそれこそ寝る間も惜しんで膨大な蔵書に一冊一冊目を通し、時間があると著述に没頭した。ところが、文政二年(一八一九年)、とつぜんその書物奉行の職を解かれ、大坂勤番御弓《おゆみ》奉行への左遷《させん》を命じられる。

理由ははっきりしないが、秀才にありがちな自信過剰で独断専行、人を人とも思わない尊大な態度が周囲に嫌われたものと考えられている。そうした重蔵の性格を端的に伝える一つの逸話を紹介しよう。

ある日のこと、将軍の鷹《たか》を飼育している鷹匠《たかじょう》と重蔵が道で行き合った。鷹匠に腕に鷹を止まらせ、「御鷹《おたか》、御鷹」とふれながら、道の真ん中を悠々と歩いてくる。普通なら、人々は後難を恐れて道をあけ、鷹匠が通り過ぎるのを頭を下げてじっと待つのだが、重蔵は違った。

何を思ったか重蔵は、「御人《おひと》、御人」と声を張り上げながら、鷹匠にずんずん迫っていくではないか。一瞬驚いた鷹匠だったが、重蔵を狂人と判断し、体がぶつかる直前に自分からあわてて道をよけたという。

このように、学才があって、堂々と正論を吐く重蔵の存在が周囲から煙たがられたことは想像に難《かた》くない。案の定というべきか、次の御弓奉行もすぐに解任されている。そのため重蔵は幕臣としての出世をあきらめ、江戸・滝野川村に引きこもってしまう。文政四年（一八二一年）、重蔵五十一歳のときであった。

その後、著述で気を紛らわせる重蔵であったが、やがて思わぬ不幸が降りかかる。その不幸をもたらしたのは他でもない、重蔵の長男富蔵《とみぞう》であった。

父と子の間に横たわる深い溝

近藤富蔵は文化二年（一八〇五年）、重蔵三十五歳のときに生まれた子だ。当時の重蔵は女性関係が激しく、妻や愛人を取っ換え引っ換えしていたころで、富蔵の母も何が原因か富蔵を生んですぐ近藤家を出されている。

そんなわけで富蔵は父重蔵になつかず、幼少期から重蔵に逆らってばかりいた。わが父が当代一流の学者であるということも、富蔵にとっては重荷だったようで、学問には一切目を向けなかった。父と子の確執《かくしつ》は深まる一方だった。

その富蔵が二十二歳のとき、世間を騒がせる刃傷事件を起こしてしまう。事件の顛《てん》末《まつ》はこうである。

当時の近藤家は本宅のほかに、三田村鎗《やり》ケ崎《がさき》（現在の中目黒のあたり）に広大な土地を所有していた。文政二年、富士講の信者たちに懇願《こんがん》され、そこに富士塚を造ることになった。富士塚とは、文字通り富士山を模して造られた人工の塚——ミニ富士山で、実際にはなかなか富士山まで足を運んでお参りに行けないという江戸っ子にそれを疑似体験してもらうために造営されたものだ。今日でも、東京都内の数カ所で実物を見ることができる。

この中目黒で造営された富士塚は、目黒新富士、東富士などと呼ばれ、連日参詣客でにぎわった。周辺に参詣客目当ての露店も出るほどだった。重蔵からこの富士塚の管理を任されていたのが富蔵だ。

富蔵は露店用にと博徒《ばくと》あがりの塚原半之助という者に富士塚のそばの土地を貸していたのだが、所場代を請求すると半之助はいつものらりくらりと言い逃れして支払いを拒否した。ある日のこと、富蔵はまたも所場代をめぐって半之助と喧嘩《けんか》になり、そのあげく、半之助の子供を含む一家七人を殺傷してしまったのである。

八丈島でがぜん学問に目覚める

富蔵はすぐに拘束《こうそく》され、取り調べを受けることになった。調べてみると、半之助は所場代を払わないばかりか、ワル仲間と共謀して富蔵に普段からなにかと嫌がらせをしていたことが判明する。半之助は富蔵を鎗ヶ崎から追い払い、近藤家の土地を横取りしようと裏で画策していたのである。

そこで情状酌量の余地ありとして、本当なら死罪になるところだが罪一等を減ぜられ、文政十年（一八二七年）、二十三歳の富蔵は八丈島へと流される。

一方、父である重蔵は「家事不行届き」としてこの事件に連座し、近江国《おうみ》（滋賀県）大溝藩《おおみぞ》に預けられる。かの地で重蔵は植物採取などをして静かに余生を過ごした。文政十二年、重蔵は五十九歳で亡くなった。死因は痛風だったという。

八丈島に流された富蔵のその後だが、どうした風の吹き回しか、がぜん学問に目覚め、島の若者や子供たちに読み書きを教える傍ら、島の地理や歴史、風習、特産品、住民の系図などに関する地誌書《ちししょ》の執筆に精魂を傾け始める。おそらく環境が大きく変わったことで、それまで富蔵の体の中に眠っていた、父から受け継いだ学者の血が騒ぎだしたのであろう。

富蔵がのちに完成させたその『八丈実記《はちじょうじっき》』は六十九巻に及ぶ大作で、のちに八丈島の百科事典と称された。民俗学者の柳《やなぎ》田国男《たくにお》は富蔵に対し「日本における民俗学者の草分け」との評価を与えている。

富蔵は明治十三年（一八八〇年）、七十六歳のときに政府から赦免《しゃめん》され、いったん本土に戻ったが、すぐに帰島している。その後富蔵は、島の人々に慕われながら穏やかに暮らし、明治二十年（一八八七年）、八十三歳で没した。

アメリカから帰国したジョン万次郎は、その後どんな人生を歩んだか

ジョン万次郎《まんじろう》（1827～1898年、享年72）
現在の高知県土佐清水市出身。十五歳で漂流し、米国船に救助される。のち米国で最新知識を学んだ万次郎は帰国し、幕末期の日本に多大な貢献を果たす。

●十五歳で漂流後アメリカへ渡る

土佐沖を漂流し、米国の捕鯨船《ほげいせん》に救われたことが縁で、日本人で初めて北米大陸の土を踏んだジョン万次郎《まんじろう》。その十一年後、幕末期の日本に帰還した万次郎を待ち受けていた運命とはいかなるものだったのだろうか。

天保十二年（一八四一年）、十五歳の少年万次郎は漁師仲間四人と小舟で土佐・中浜から漁に出る。これがすべての始まりだった。万次郎らが乗った小舟は足摺岬《あしずりみさき》沖でシケに遭遇し、舟は黒潮に乗って東へ東へと流される。十日間の漂流ののち、八丈島のはるか沖の無人島、鳥島に漂着する。

島で五人は海藻や海鳥で飢えをしのぎ、

百四十三日間も過ごした。運よく米国の捕鯨船に救助されたが、鎖国下の日本では外国船は入港できない。そこでホイットフィールド船長は五人をハワイに連れて行き、ホノルルで下船させた。ところが、万次郎だけは捕鯨船員として船に留まりたいと懇《こん》願《がん》する。万次郎の人柄を見込んだ船長はそれを快諾し、そのまま自分の故郷マサチューセッツ州フェアーヘブンへ万次郎を伴う。

ホイットフィールド船長にかわいがられた万次郎はフェアーヘブンで英語、数学、測量、航海、造船などの教育を受けさせてもらった後、捕鯨船の航海士となって世界の海をめぐった。嘉永《かえい》三年（一八五〇年）、二十四歳のとき、ホノルルへ渡って漂流した漁師仲間と再会した万次郎は、帰国を願った二人の仲間を伴い、日本へと戻る。琉球に上陸した万次郎らは薩摩、長崎へと護送され取り調べを受けた後、土佐に入る。このとき万次郎二十六歳。十五歳で漂流して十一年の歳月が経っていた

●咸臨丸に乗り再び米国本土を訪れる

ときは幕末動乱の最中である。米国帰りの万次郎は英語をはじめ欧米の知識が豊富なところを土佐藩に見込まれ、最下級とはいえ士分に取り立てられる。そして高知城下の藩校「教授館」の教授となる。そのとき万次郎が教えた生徒には、のちに政治家となる後藤象二郎《ごとうしょうじろう》、三菱の創始者・岩崎《いわさき》弥太郎《やたろう》らがいた。

その後、欧米の情報を必要としていた幕

府は万次郎を江戸に呼び寄せ、直参《じきさん》として名字帯刀を与えた。彼は出身地の中浜をとって中浜万次郎と名乗った。

ところで、ジョン万次郎という名前だが、漂流中に救われた捕鯨船ジョン・ハウランド号にちなみ、乗組員たちが彼を「ジョンマン」と呼んだことに由来する。江戸で万次郎は西洋式帆船の製造に関わり、航海術の本を訳したり、英会話本を編集したりした。西洋式捕鯨術の指導で箱館（函館）にも赴いている。

嘉永六年六月三日、米国のペリー提督率いる黒船が浦賀沖に現れた。万次郎は米国の事情を、開国への思いを込めて老中らに説くが、保守的な彼らは一向に耳をかさず、しまいには米国のスパイ扱いされてしまう。

そんな万次郎もやがて真価を発揮するときが訪れる。勝海舟《かつかいしゅう》を艦長とする咸臨丸《かんりんまる》の太平洋横断である。海舟は日本人の手で初めて太平洋を渡海するという壮挙に燃えていた。

その船に三十四歳の万次郎は通訳として乗り込んだ。このとき、たまたま日本に滞在していた米国海軍・ブルック大尉とその部下たちも一緒に乗船することになり、総勢九十六名がサンフランシスコへ向かった。

航海中、ひどいシケに遭い、日本人の士官や水夫が役立たずになってしまうという一大事が起こる。ブルック大尉は海舟に対し協力を申し出るが、海舟は「この船はどうしても日本人だけの力で操りたい」と突っぱねる。しかし、シケはひどくなる一方だった。海舟は背に腹は代えられず、ブルック大尉の協力をしぶしぶ受け容《い》れる。

こののち、事実上、ブルック大尉が艦長で、万次郎は航海長という役割になった。万次郎は元捕鯨船一等航海士の実力を如何《いかん》なく発揮して危機回避に努めた。そのとき、海舟は船酔いに苦しみながら艦長室で七転八倒していたというから、何ともしまらない。それはともかく、この出来事以来、日本人の士官や水夫の間で万次郎を見る目が変わった。それまで「たかが土佐の漁師あがりが……」と軽く見ていたのだが、一転して万次郎を敬うようになった。

船がサンフランシスコにたどりつくと、一段と万次郎の株は上がった。異国の言葉や習慣が皆目《かいもく》わからない日本人は誰一人として、万次郎がいなければ便所にも行けなかったからだ。彼らは何かにつけて万次郎を頼りにした。

●近代日本の幕開けに貢献

しかし、帰国後の万次郎に働き相応の役職が与えられることはなかった。士官たちは実際に船を操ったのがブルック大尉や万次郎であることをひた隠しにしたからだ。士官たちはさんざん万次郎の世話になっておきながら、日本に着いた途端、それまでの万次郎に対する態度を一変させた。武士である彼らは土佐の漁師あがりに頭を下げ指示を仰いだことにいたく自尊心を傷付けられていたのだった。

航海に同行した福沢諭吉でさえ、のちに

『福翁自伝《ふくおう》』の中で、日本人士官たちの手でこの快挙を達成したと強調している。こうして万次郎は身分制社会の前に大きく飛躍する好機の芽を摘みとられたのである。

その後万次郎は小笠原諸島の父島を拠点に捕鯨の事業を始めたがうまくいかなかった。慶応二年(一八六六年)、四十歳のとき、薩摩藩の開成所教授に就任するも、すぐに土佐藩に呼び戻され、藩校「開成館」の設立に携わる。

時代が明治に移り変わると、万次郎は新政府に招かれ、開成学校、現在の東京大学の教授となって教壇に立った。翌年、普仏《ふふつ》戦争視察団の一員としてヨーロッパへ出張する。太平洋を横断して米国経由で大西洋を渡るコースだった。このとき、漂流時の米国留学で世話になった人々と再会し、旧交を温めている。

ロンドンに着いて間もなく、足の潰瘍《かいよう》が悪化したため単身帰国。足が治るや今度は軽い脳溢血《のういっけつ》を起こして倒れ、現役を退《しりぞ》く。晩年は穏やかな日々を過ごし、明治三十一年(一八九八年)、東京・京橋の長男宅で七十二年の生涯を閉じる。

ジョン万次郎は若くして漂流という数奇な運命に翻弄《ほんろう》されたが、その後、自らの才覚によって日米の懸け橋となり、近代日本の幕開けに大きく貢献した。もっと高い評価を受けてよい人物である。現在、万次郎の故郷の土佐清水市は万次郎にとって第二の故郷ともいうべきフェアーヘブンと友好姉妹都市の関係を結んでいる。

徳川家に嫁いだ皇女和宮が明治維新でとった意外な行動とは

皇女和宮《こうじょかずのみや》（1846〜1877年、享年32）
仁孝《にんこう》天皇の第八皇女。孝明《こうめい》天皇の異母妹。公武合体という政略結婚によって第十四代将軍・徳川家茂《とくがわいえもち》に嫁ぐ。日本史上、唯一武家に降嫁《こうか》した皇女となる。

婚約者との仲を引き裂かれ徳川家へ

幕末、尊皇攘夷《そんのうじょうい》を旗印に掲げる過激派の間で倒幕の気運が盛り上がっていた。その力をそぐために幕府がひねり出した一発逆転の秘策が「公武合体」、すなわち天皇家と徳川家との政略結婚であった。対立する両者が和睦《わぼく》することで政局の安定を図ろうとしたのである。

ときの将軍は紀州家から来た十四代家茂《いえもち》。その結婚相手として白羽の矢が立ったのが、皇女和宮《こうじょかずのみや》であった。運命の波に抗《あらが》うこともならず、婚約者との仲を引き裂かれ、嫌々徳川家に嫁いだ和宮。一体、その後の彼女にどんな運命が待ち受けていたのだろうか。

和宮は弘化三年（一八四六年）閏《うるう》五月、

仁孝《にんこう》天皇の第八皇女として誕生した。六歳のとき、有栖川《ありすがわ》宮家の長男・熾仁《たるひと》親王と婚約が決まる。以来、来るべき結婚を夢見ながら少女和宮は成長していった。

万延元年（一八六〇年）、そんな和宮の甘い夢を打ち砕く一大事が出来《しゅったい》する。幕府から降嫁《こうか》（天皇家の女性が臣下に嫁ぐこと）の申し入れがあったのだ。はじめ兄の孝明《こうめい》天皇は反対するが、岩倉具視《いわくらともみ》に説得され、帝はしぶしぶ承諾する。

和宮は兄孝明帝からこの話を告げられ、どんなに驚いたことだろう。婚約者がいる和宮は当然拒絶した。しかし、幕府は諦めなかった。

孝明帝の周辺の公卿《くぎょう》を買収するなど様々な圧力をかけてきた。帝はついに抗しきれなくなり、自らの一人娘を代わりに江戸へ送ろうと考えた。それが断られた場合、帝位を退《しりぞ》こうとまで決めていたという。

孝明帝には昨年生まれた寿万宮《すまのみや》という一人娘がいて、その寿万宮を和宮の代わりに徳川家茂に嫁がせようとしたのである。この話を聞いて、和宮の心は痛んだ。

「自分が我を張れば、まだ乳飲み子の寿万宮が犠牲になり、帝も退位することになる。自分さえ我慢すれば八方丸く収まるはず」

そう考え、泣く泣く降嫁を承諾する。

●旧大奥派との確執の結末

文久元年（一八六一年）十月二十日、和宮の行列は江戸へ向かう。幕府は衰えぬ威勢を示すため、二万人ものお迎えを送ったという。行列はゆっくりとした道中で中山道《なかせんどう》を進み、十一月十四日、江戸に到着。和宮は九段の清水邸で約一カ月間滞在した後、江戸城に入る。

そして、翌年二月十一日、城内で家茂と和宮の祝言が盛大に執《と》り行われる。このとき新郎新婦は共に十七歳。家茂は病弱だが、眉目秀麗《びもくしゅうれい》な若者だった。

性格も温和で、か弱い少女の身で慣れない土地へやって来た花嫁に対し精一杯の優しさで接した。実際、和宮は身長が百四十センチ台前半、体重も三十キロそこそこの小柄な女性だったという。

家茂の優しさに触れ、和宮の心は少しずつほぐれていった。しかし、やがて彼女を悩ませる思わぬ障害が表面化する。それは、旧大奥派との確執だった。女の執念と権力欲が渦巻く伏魔殿、大奥を向こうに回し、新興勢力である和宮派はことごとく対立した。

両者の衝突は和宮が江戸城に入ったときに始まる。大奥老女花園から「これ以後、江戸風・大奥風にすべて致してほしい」と言われた和宮。その申し出をお付きの女官庭田嗣子《つぐこ》は一蹴する。

「もともと当方が出した降嫁の条件に、江戸では日常生活から年中行事に至るまで万事京御所風で行うという一文があったはず。その約束を反故《ほご》になさるのか」と突っぱねたのである。

御所風と江戸の武家風とでは習慣や仕来りに大きな隔《へだ》たりがあった。たとえば、雛《ひな》人形ひとつ飾るのでも、江戸では段飾りが普通だが、御所では畳の上にそのまま飾った。和宮派は降嫁の際の条件を盾に、すべてにおいてこうした御所風を貫こうとしたのである。

両者の確執を憂慮した朝廷の女官長・中山績子《いさこ》が「嫁したからには徳川家に和すように」と和宮派に手紙で諭《さと》したこともあった。「嫁《か》しては夫に従え」という当時の道徳観念からすれば、確かに和宮派の態度はほめられたものではなかった。

和宮自身、のちに反省したらしく、こんな話が伝わっている。当時、大奥を取り仕切っていたのが、先代の十三代家定《いえさだ》夫人・天璋院篤姫《てんしょういんあつひめ》（島津敬子《すみこ》）である。つまり、家茂夫人の和宮とは嫁姑の間柄になる。この二人が、江戸城の庭園で共に風景を楽しもうとしたことがあった。

庭の沓《くつ》脱ぎ石に降りようとして、ふと見ると和宮の履物だけが石の上に乗っており、天璋院の履物は地面にあった。それと見た和宮は裸足のまま地面に飛び降り、自分の履物を下へ降ろし、姑の履物を石の上に置き、うやうやしく一礼したという。のちに和宮に付いている女官たちは、

「お痛わしや、皇女の尊い御身が、下々の者（天璋院）にあのようなことをあそばされるとは」

そう言って嘆いたが、和宮としては徳川の嫁として当然のことをしたまでだった。この〝事件〟以来、両派の間に雪解けムードが漂い始めたという。

最愛の夫・家茂が大坂で病に倒れる

こうして朝廷と徳川幕府の間の橋渡しとして心をくだく和宮だったが、まもなく大きな不幸に見舞われる。長州征伐《せいばつ》のために大坂へ出陣していた家茂が大坂城中で病気（脚気《かっけ》）に倒れたのである。夫の病気を伝え聞いた和宮は大いに心配し、英国船で医者を向かわせる一方、自身、徳川家菩提寺《ぼだいじ》の増上寺《ぞうじょうじ》でお百度参りを行ったりしている。

しかし、和宮の懸命の願いも届かず、慶応二年（一八六六年）七月二十日、家茂は大坂でそのまま帰らぬ人となる。九月六日、家茂の遺体が江戸に戻ってきた。遺体のそばにはきれいな反物があった。京都の西陣織である。

征長出立の際、家茂から「土産は何がよいか」と尋ねられ、「西陣織を」とねだったことを家茂が覚えていてくれたのである。和宮はその反物を握り締めると奥の間にこもり、一人さめざめと泣き続けたと伝えられる。そのとき、和宮が作った歌がある。

空蝉《うつせみ》の唐織《からおり》ごろもなにかせむ綾《あや》も錦も君ありてこそ

その後、和宮は薙髪《ちはつ》し、静寛院宮《せいかんいんのみや》と名を改め、亡き人への供養に明け暮れる。ところが、平穏の日々は長続きしなかった。大政奉還ののち、倒幕軍が江戸へ江戸へと押し寄せてきたのである。このとき、和宮は江戸を離れ実家である天皇家に帰ってもよかったのだが、ここで思わぬ行動に出る。

かつてライバルだった姑の天璋院と共闘

戦線を張り、朝敵となった徳川慶喜《よしのぶ》を罰せず徳川家を存続させるよう、さらに江戸市中を焼き討ちしないよう、朝廷に対して繰り返し嘆願運動を展開したのである。

「夫や子がなくても自分は徳川の嫁である」と腹を括《くく》っていたからこそ、和宮はこんな行動に出たのであろう。

このとき和宮二十三歳。十七歳で何も知らずに嫁いできた京人形のような少女が、わずか数年で徳川家の屋台骨を支えるほどの強い女へと変貌を遂げていたのである。時代の荒波にもまれた結果といえばそれまでだが、それ以上に、亡き家茂に寄せる愛が和宮を強くしたといえる。病弱な夫が必死に守り抜いた徳川家を妻としてここで崩壊させてはならないと夫の墓前に誓ったのだろう。

明治二年（一八六九年）一月、徳川家がかろうじて残り、江戸市中も戦火から免れたことでほっと安堵した和宮は、いったん京都に戻る。そこで五年暮らした後、再び東京に出る。東京では麻布の御殿で過ごした。

三十歳を過ぎたあたりから、亡き夫の家茂と同様、脚気を患うようになる。明治十年九月二日、その療養のために逗留《とうりゅう》していた箱根温泉で他界する。享年三十二。遺体は増上寺に眠る夫君・家茂公の隣に葬られた。

日本の紙幣の父・キヨッソーネは引退後をいかに生きたか

エドアルド・キヨッソーネ
（1833〜1898年、享年65）
イタリアの版画家・画家で明治初期に来日し、お雇い外国人となる。来日後、大蔵省紙幣局（現・国立印刷局）を指導する。日本を愛し、日本で没した。

●絵を描くことにも才能を発揮

明治初期、西欧の科学知識や学問、諸制度を導入するため様々な分野の専門家が外国から日本に招聘《しょうへい》された。そうした外国人は日本の人々から「御雇《おやとい》外国人」と呼ばれた。

彼らは政府の各省から引く手あまたで、明治七〜八年のピーク時には五百人を超えていた。なかでも、一日も早く西欧に肩を並べたいと考えた明治新政府は、「富国強兵」に直接かかわる文部省と工部省でより多くの外国人を雇用した。

これから紹介するエドアルド・キヨッソーネも、そんな御雇外国人の一人である。イタリア人のキヨッソーネは、大蔵省紙幣寮（国立印刷局の前身）の招きで日本にやって来た。当時欧州を代表するほどの技量を持つ紙幣や銅版画の凹版彫刻師であった彼は、紙幣印刷の技術を日本に伝えるために来日したのだった。

キヨッソーネは、日本初の肖像画入り紙幣「一円紙幣」（通称神功皇后札《じんぐうこうごうさつ》）を造ったのを皮切りに、日本の歴史上の偉人を題材にした様々な肖像画入り紙幣を世に送り出したことでも知られる。芸術的素養をあわせ持っていた彼は、そのほとんどすべての肖像画を自らの手で描いている。

キヨッソーネにとって絵を描くことは余技にすぎなかったが、その卓越した技量が見込まれ、当時の元勲《げんくん》、またはその関係者からこぞって肖像画を依頼された。ざっと名前をあげると、西郷隆盛《さいごうたかもり》、その実弟西郷従道《つぐみち》、大久保利通《おおくぼとしみち》、木戸孝允《きどたかよし》、岩倉具視《いわくらともみ》、大村益次郎《おおむらますじろう》……など。明治天皇の肖像画も彼の作品だ。つまり、今日われわれが、教科書などで目にした明治維新を彩った偉人たちの肖像画はほとんどキヨッソーネの作品なのである。

それほどわれわれ日本人と縁が深いキヨッソーネだが、実際にどうやって紙幣を造っていたのかは今日あまり知られていない。そんな大蔵省紙幣寮での彼の仕事ぶりを中心に、退職後にどんな人生をすごしたのかも調べてみた。

実はキヨッソーネは大蔵省で足掛け十六年働いた後、故国イタリアに帰ることもなく、そのまま日本にとどまり、日本で没した。一体彼は、帰国を思いとどまらせるほどの魅力を日本のどこに感じていたのであろうか。

●若者に凹版印刷技術を指導

キヨッソーネはイタリア北西部の港湾都市ジェノバの出身。家は代々製版・印刷業を営んでいた。二十二歳でジェノバの美術学校を卒業すると、優秀な生徒であったところから、イタリア国立銀行の依頼で紙幣の印刷技術修得のため、当時その方面の先進国であったドイツに派遣されている。

インド洋経由で未知の国・日本の横浜港に到着したのは明治八年（一八七五年）一月十二日、満四十二歳のときだった。

当時の明治新政府はドイツに紙幣の製造を委託していたのだが、これがかなり高額で、財政を圧迫していた。そこで、どうしても自前で製造する必要に迫られたわけだが、その技術がなかった。この問題を解決するために招聘されたのが、欧州でも最新の紙幣印刷技術を身につけたキヨッソーネだった。

雇用契約の内容は、満三年間で、月給は四百五十四円七十一銭八厘と高額だった。この明治八年当時、巡査の初任給が四円と記録されている。つまり、巡査の百倍以上の月給をもらっていたわけである。キヨッソーネの給料がいかに破格だったかおわかりいただけるだろう。この契約はその後何度も更新され、結局、明治二十四年七月の任期満了までキヨッソーネは大蔵省印刷局

（紙幣寮から紙幣局を経て一八七八年に改称）で十六年間働いた。

キヨッソーネの最初の作品は、明治十年九月に完成させた「国立銀行紙幣・新券」で、当時の富国強兵政策を反映して表面に彫刻で水兵の姿が、裏面に商売の神さま恵比寿《えびす》が配されていた。こうした紙幣のほか、公債や印紙、郵便切手、有価証券などの製造にも携わる一方、キヨッソーネは次代の技術者を養成するため日本の若者を集めて印刷技術を指導することにも熱心に取り組んだ。

●神功皇后のモデルは女子工員

キヨッソーネが手掛けたわが国初の肖像画入り紙幣、神功皇后札は明治十四年に発行された。このときの神功皇后の肖像画を制作した際の苦心談が残っている。

神功皇后は『古事記』や『日本書紀』に登場する伝説上の人物だけに、その姿を正確に写した資料はなかった。そこでキヨッソーネは、『古事記』にあった「幼くして聡明叡智《そうめいえいち》、容貌壮麗《ようぼうそうれい》」という一文を頼りに、印刷局で働く、ややしもぶくれで美人と評判の女子工員をモデルに絵を仕上げたという。

最初に発行された一円券では、彫りが深い日本人離れした神功皇后だったが、五円券、十円券と進むにつれて日本人らしい表情の皇后に変わっていったという。

その後、こちらも伝説上の人物で、大和政権の初期に活躍したとされる武内宿禰《たけうちのすくね》が入った一円券（明治二十二年発行）では、顎髭《あごひげ》が豊かな神田明神の神官や、自分が雇用していたコックの顔を参考に宿禰の肖像画を完成させている。明治二十三年発行の十円券で採用された和気清麻呂《わけのきよまろ》（天皇家の危機を救った忠臣）の場合、誠実で武人の風貌をあわせ持った明治の元勲・木戸孝允をモデルにしたという。

●母親の死にも帰国せず

キヨッソーネ自身、余技と考えていた元勲たちの肖像画の制作は、大久保利通と西郷従道の二人から始まった。ともに明治九年の制作だ。キヨッソーネの作品で最も有名な西郷隆盛の肖像画は明治十六年に制作されたもので、西郷が故郷鹿児島の城山で亡くなって六年がたっていた。

キヨッソーネは西郷とは面識がなく、さらに西郷自身、生前写真を残さなかったため、肖像画の制作には苦心したようである。そこでキヨッソーネは、実弟従道と従兄弟にあたる大山巌の顔をミックスして、われわれがよく知るあの恰幅《かっぷく》がよく、ギョロリと大きな目をもつ「西郷どん」の肖像画を描き上げたという。上野公園のシンボルである西郷像は、のちにこの肖像画を基に高村光雲《たかむらこううん》が制作したものだ。

こうした本業以外の仕事もあって、キヨッソーネの毎日は目が回るほどの忙しさだった。彼は連日朝早くから夜遅くまで働き、日曜出勤は当たり前、夏休みを返上することも珍しくなかった。母親が亡くなったとの知らせを受けても帰国せず、仕事に没頭した。

明治政府はキヨッソーネのこうした献身的な忠勤に応えるべく、十三年に勲四等旭日章《きょくじつしょう》を贈ってその業績を称えた。さらに、翌年には月給を七百円にアップし、特別手当も増額した。

キヨッソーネは仕事柄、日本の歴史に触れる機会が多く、その関係で日本の美術品に並々ならぬ興味を抱いていた。わけても、印刷の仕事が一段落した十二年、キヨッソーネは得能良介《とくのうりょうすけ》印刷局長に誘われて古美術調査団に参加し、四カ月間にわたって関東や近畿にある神社仏閣を訪ね歩いたが、これがきっかけとなり、より深く日本美術に傾倒していったという。

収集品は故郷に寄贈

明治二十四年七月、キヨッソーネは五十八歳で印刷局を退職した。政府はその功に報いるため退職金三千円と年額千二百円の終身年金を与えることを決める。

この時点で故国イタリアに帰るという選択肢もあったが、キヨッソーネは大好きな日本の美術品をもっともっと収集したいと考えるようになり、日本の土に骨をうずめる決意をする。

こうして三十一年四月十一日に、東京・平河町にあった自宅で六十五歳で亡くなるまで全国の古美術商をこまめに訪ね歩き、美術品を収集した。彼が日本滞在中に集めた美術品は多岐にわたり、仏像や灯籠《とうろう》、陶磁器、浮世絵、書物（挿絵《さしえ》入りに限る）、着物、刀剣類など一万五千点にも及んだ。特に浮世絵のコレクションは、のちに分類・整理を任された岡倉天心《おかくらてんしん》を驚嘆させるほどだった。

古美術商たちはこの風変りな外国人のことを、親しみをこめて「キソさん」と呼んでいたという。彼はきっと、自分の鑑識眼を信じ、目についた物を片っ端から集めていったのであろう。さいわい蓄えは潤沢《じゅんたく》で購入資金に困ることはなかった。

これらキヨッソーネが収集した膨大な美術品の数々は、彼の死後、遺言によって若いころに学んだジェノバの美術学校に寄贈されたが、今日ではジェノバ市立キヨッソーネ東洋美術館にまとめられている。

遺産は現在のお金で数千万円あったという。生涯独身を貫いたキヨッソーネは、すべて使用人たちで分配するよう遺言している。遺体は青山の外人墓地に葬られた。

キヨッソーネの献身的な働きによって、日本の印刷技術は短期間で世界的水準にまで引き上げられたことは疑いのない事実。美術品の収集においても、当時の日本では二束三文でぞんざいに扱われていた品々を丹念に収集・保管してくれたお陰で現代に伝わったのである。今日、このキヨッソーネが日本で果たした業績はもっと評価されてよいはずである。

「命のビザ」を発給し続けた杉原千畝の語られなかったその後

杉原《すぎはら》千畝《ちうね》（1900〜1986年、享年86）
岐阜県美濃市の出身。第二次世界大戦中、リトアニアの領事館に赴任していた彼は、ユダヤ難民を救うため我が身の危険も顧みず、大量のビザを発給する。

●日本政府の命令に背いてビザを発給

日露戦争で名をはせた日本の軍人に乃木《のぎ》希典《まれすけ》と東郷平八郎《とうごうへいはちろう》がいる。乃木は難攻不落を誇った旅順《りょじゅん》攻囲戦の指揮で知られ、東郷は当時世界最強艦隊をうたわれたロシア帝国海軍バルチック艦隊を撃破した。

当時、ロシアから虐《しいた》げられていた周辺国のフィンランドやポーランド、トルコなどでは今日でもこの二人は日本の英雄として教科書にも記載されるほど国民の多くから敬愛されている。

一方、トルコと同じ西アジアにあるイスラエルでも、ある一人の日本人が国民の敬愛を集めている。その人物こそ、第二次世界大戦で大勢のユダヤ人の命を救った杉原《すぎはら》千畝《ちうね》である。のちに杉原はイスラエル政府から、日本人では初で唯一の「諸国民の中の正義の人」として「ヤド・バシェム賞」を贈られている。さらに、同賞のゴールデンプレート（ユダヤ民族で世界に偉大な貢献をした人物もしくはユダヤ人が忘れてはならない恩恵を与えてくれた人物の名を刻んだプレート）に、あのモーゼやメンデルスゾーン、アインシュタインらと並んで名を刻まれるという栄誉に浴しているのだ。

　肝心の日本での知名度はもうひとつだが、杉原千畝とは第二次世界大戦が始まった当時、バルト海沿岸のリトアニアの日本領事館に領事代理として赴任していた外交官である。杉原はナチス・ドイツのユダヤ人狩りから逃れてきたポーランド難民を救うため、日本政府の命令を無視して大量に日本通過ビザ（入国査証）を発給し、難民を日本経由で米国本土などへ逃したのである。

　一体、杉原はなぜ日本政府の命令に背《そむ》いてまで、縁もゆかりもないポーランド難民を救ったのだろうか。さらに、終戦後に杉原の身に待ち受けていた波瀾《はらん》の後半生についても以下で詳述してみたい。

●大学を中退してハルビンに渡る

　杉原千畝は明治三十三年（一九〇〇年）一月一日、岐阜県八百津町に生まれた。学業が優秀で、父好水《よしみ》は医者になることを期待したが、千畝はそれが嫌で、入学試験の当日、母が作ってくれた弁当だけを食べて受験せずに帰宅してしまう。その後、怒った父から千畝は勘当を言い渡されている。のちに外務省の意向に背いてまで己の意志を押し通した千畝らしい逸話である。

その後、語学が堪能だった千畝は英語の教師を目指し、早稲田大学高等師範部英語科予科に入学する。二年生になって大学の図書館で外務省の官費留学生の募集広告を見たことが人生の転機となった。これなら海外で語学が身につくうえに、のちに外交官に採用されるというのも魅力だった。

この試験に見事パスした千畝は大学を中退し、大正八年(一九一九年)十月、ロシア語留学生としてハルビンに渡る。十三年には正式に外務省に奉職。そして、満州とフィンランドで勤務した後、リトアニア日本領事館領事代理に任命されたのが昭和十四年(一九三九年)、三十九歳のときだった。

●約六千人の難民にビザを発給する

昭和十五年七月二十七日の早朝、リトアニアの首都カウナスにある日本領事館の建物は、ナチス・ドイツによってポーランドを追われてきた大勢のユダヤ系難民に取り巻かれていた。彼らは生きるためシベリアを通過して日本経由で米国へ行くことを望んだのである。

杉原はすぐに日本の外務省に大量ビザ発給を認めるよう打電したが、外務省は日独伊防共協定を盾にその申し出を拒絶する。杉原は一晩悩んだ末に、訓令違反のビザ発給を決断するに至る。のちに杉原はこのときの気持ちを聞かれ、

「わたしは目に涙をためて懇願する彼らに同情せずにはいられなかった。この人々をどうして見捨てることができようか。見捨てればわたしは神に背く」

と純粋に人道的、博愛的精神からユダヤ系難民を救ったと説明している。

領事館の門が開いた瞬間、建物を取り巻く群衆は狂喜し、大歓声を上げたという。この領事館はあと一カ月ほどで閉鎖が決まっていたが、杉原はその日から出国直前まで難民たちに「命のビザ」を書き続けた。用紙が足りなくなるとありあわせの紙を利用してまで書き続けたという。

最終的に杉原は約六千人の難民にビザを発給した。難民たちは杉原に心からの感謝の言葉を述べると、シベリア鉄道で大陸を横断していった。そして、ウラジオストクに到着すると船で日本に渡り、米国本土などへと旅立っていったのである。

映画『シンドラーのリスト』で、オスカー・シンドラーが助けたユダヤ人は約千二百人といわれている。それも、自身の軍需工場で働く労働者が中心だった。その点、杉原は縁もゆかりもないユダヤ人を六千人も救ったのだ。われわれは同胞としてこの人道・博愛主義者の杉原千畝をもっと誇ってよいはずである。

外務省に復職するもすぐに解雇される

リトアニアがソ連に併合《へいごう》された後、杉原はドイツ、チェコ、東プロセイン、ルーマニアの各日本領事館に勤務する。そして、第二次世界大戦が終結してルーマニアで抑《よく》留《りゅう》生活を送った後、昭和二十二年四月、ようやく帰国することができた。

杉原はすぐに外務省に復職したが、二カ月ほどたって当時の事務次官から呼び出しを受ける。それは寝耳に水の解雇通告だった。リトアニア時代、独断で大量にビザを発給した責任をとらされたのだ。上意下《じょういか》達《たつ》を旨《むね》とする役人社会にあって、それに従わない杉原は「異分子」でしかなかったのである。

その後の杉原だが、妻と三人の子を抱え、占領下の混乱の中で必死に生き抜いた。職探しに困り果て、コメの担ぎ屋になろうと考えたこともあったという。しかし、彼の卓越した語学力がその窮状を救った。


東京ＰＸ（進駐軍向けの商業施設）の日本総支配人を皮切りに貿易商社、ニコライ学院教授、ＮＨＫ国際局などに勤務。昭和三十五年からは「川上貿易」モスクワ事務所長として、再びソ連の地を踏んだ。その五年後には「国際交易」のモスクワ支店代表となる。こうして杉原は忙しくも平穏な日々を過ごすことになる。「命のビザ」の逸話も歴史の中に人知れず埋もれていくはずだった。しかし、その平穏が一本の電話によって突然破られることになる。

それは杉原六十八歳のときで、イスラエル大使館に勤務するニシュリ参事官からの電話だった。同参事官は杉原に面会すると、ぼろぼろになった「杉原ビザ」を見せながら、

「あなたはわたしのことを忘れたでしょうが、わたしたちは片時もあなたのことを忘れたことはありません。あなたに感謝の気持ちを伝えたくて、この二十八年間ずっとあなたのことを探し続けていました」

あふれる涙をぬぐおうともせず、そう告白したのである。

●外務省が正式に陳謝

翌年、杉原はイスラエルに招待され、バルハフティック宗教大臣から丁重なる歓迎を受ける。かつてリトアニアの領事館で出会った難民側の代表を務めていた人物である。同大臣は、あのときのビザ発給が杉原の独断であったことをこのとき初めて知り、しかもそれが原因で外務省を退官させられたことを杉原から聞くと、大いに驚き、かつ心からの同情の言葉を述べたという。

その後の杉原だが、七十五歳で「国際交易」を退職しモスクワから日本に帰国する。昭和六十年、八十五歳のときにイスラエル政府から「ヤド・バシェム賞」を受賞し、その翌年の七月三十一日、杉原は鎌倉市内の病院で静かに自らの人生の幕を引いたのである。享年八十六。

後日談として、平成十二年（二〇〇〇年）に当時の河野洋平外務大臣が、「外務省として杉原氏にご無礼があったことをお詫びしたい」と語ったことに触れておかねばなるまい。あれから半世紀が過ぎ、杉原千畝の名誉はようやく回復したのである。

■主な参考文献

「日本全史」（講談社）、「相撲の歴史」（新田一郎）「日本書紀」（宇治谷孟／以上、講談社学術文庫）、「合戦の日本史」（安田元久監修／主婦と生活社）、「明治の群像」（伊藤隆監修／実業之日本社）、「戦国武将百人百害」（山村竜也／PHP研究所）、「歴史を動かした男たち　古代・中近世編」「同　近世・近現代編」（以上、高橋千劔破／中公文庫）、「江戸の備忘録」（磯田道史／文春文庫）、「幕末維新人物１００話」（泉秀樹／立風書房）、「歴史と旅　平成7年2月号」「同　臨時増刊　昭和53年11月号」「同　特集・真犯人を探せ」「臨時増刊57　謎と異説の日本史総覧」「日本史暗殺１００選」（森川哲郎）「日本史異説１００選」（尾崎秀樹編著／以上、秋田書店）、「歴史読本　81年11月号」「同　93年10月号」「同　95年10月号」「同　03年9月号」「同　事典にのらない日本史有名人の晩年」「同　歴史のその後」「同　知ってるつもりの日本史」「同　徳川３００藩最後の藩主」「同　子孫が語る幕末維新人物１００」「歴史読本スペシャル　82年8月号」「同　87年5月号」「同　87年11月号」「同　10年7月号　知っておきたい幕末史の新・視点」「別冊歴史読本　江戸時代考証総覧」「同　誰も書かなかった戦国武将96人の真実」「同　事典にのらない日本史有名人の晩年と死」「同　日本史有名人の子ども」「同　教科書が教えない日本史素朴な疑問」「同　日本史のカラクリ」「同　間違いだらけの歴史常識」「同　戦国武将の晩年と最後」「同　幕末維新を生きた13人の女たち」「同　歴史を変えた女たち」「同　日本史・疑惑の重大事件１００」「同　特別増刊　日本の英雄３６０人とっておき裏話」、「同　84年5月号　日本史その後どうしたどうなった?」「天下取り採点　戦国武将２０５人」「教科書が教えない　歴史有名人の晩年と死」「御臨終　死の瞬間ドラマ」「幕末維新暗殺秘史」「歴史のその後」（以上、新人物往来社）、「歴史読本　特集　戦国武将の後継者」（中経出版）、「コンサイス人名辞典　日本編」（三省堂）、「朝日　日本歴史人物事典」（朝日新聞社編）、「日本奇談逸話伝説大事典」（志村有弘・松本寧至編／勉誠社）、「歴史人15年4月号」「ベスト新書　日本暗殺総覧」（泉秀樹／以上、KKベストセラーズ）、「戦国史が面白くなる　戦国武将　の秘密」（渡邉大門／洋泉社）、「相撲大辞典」（金指基・財団法人日本相撲協会監修／現代書館）、「仇討ち　日本史人物伝」（日本文芸社）、「東京人　江戸吉原　闇が生み出す江戸の虹」（都市出版）、「横綱傳」（彦山光三）「相撲　別冊夏季号　大横綱双葉山とその巨大な足跡」（以上、ベースボール・マガジン社）、「図説　２・２６事件」（太平洋戦争研究会編・平塚柾緒著／河出書房新社）、「考証　日本武芸達人伝」（綿谷雪／国書刊行会）、「大阪城の男たち　近世実録が描く英雄像」（高橋圭一／岩波書店）、「その後が凄かった!関ケ原敗将復活への道」（二木謙一編著／SB新書）、「不敗の格闘王　前田光世伝　グレイシー一族に柔術を教えた男」（祥伝社黄金文庫）など。

■本書は『日本史の舞台裏　その後の結末』（２０１５年／小社刊）、『誰も知らなかった日本史　その後の顛末』（２０１７年／同）に、新たな情報を加え、改題・再編集したものです。

編者紹介

歴史の謎研究会
歴史の闇にはまだまだ未知の事実が隠されたままになっている。その奥深くうずもれたロマンを発掘し、現代に蘇らせることを使命としている研究グループ。

本書では、日本史上の人物たちを待ち受けていた、あまりにも意外な“結末”のドラマを取り上げる。まばゆいスポットライトを浴びた後、彼らは一体どうなったのか。歴史の「その後」に迫った大好評ベストセラーの決定版！

日本史《にほんし》の表《おもて》舞台《ぶたい》から消《き》えた
「その後《ご》」の顛末大全《てんまつたいぜん》

2019年5月1日　第1刷

編　　者　歴史《れきし》の謎研究会《なぞけんきゅうかい》

発行者　小澤源太郎

責任編集　株式会社プライム涌光
電話　編集部　03(3203)2850

発行所　株式会社青春出版社
東京都新宿区若松町12番1号〒162-0056
振替番号　00190-7-98602
電話　営業部　03(3207)1916

印刷・大日本印刷　　製本・ナショナル製本

万一、落丁、乱丁がありました節は、お取りかえします

ISBN978-4-413-11289-5 C0021

できる大人の大全シリーズ

3行レシピでつくる おつまみ大全《たいぜん》

杵島直美　検見﨑聡美

ISBN978-4-413-11218-5

小さな疑問から心を浄化する!

日本の神様と仏様大全《たいぜん》

三橋健(監修)/ 廣澤隆之(監修)

ISBN978-4-413-11221-5

もう雑談のネタに困らない!

大人の雑学大全《たいぜん》

話題の達人倶楽部[編]

ISBN978-4-413-11229-1

日本人の9割が知らない!

「ことばの選び方」大全《たいぜん》

日本語研究会[編]

ISBN978-4-413-11236-9